目次

第Ⅱ部 考古学とアテルイの世界

アテルイと東北古代史

序論　アテルイと東北古代史

熊谷 公男

はじめに——歴史上の人物アテルイ——

アテルイといえば、古代東北の蝦夷（エミシ）のヒーローである。アテルイの名前が地元以外でも知られるようになるのは、前世紀末に高橋克彦氏がアテルイを主人公にして書いた歴史小説『火怨』や、それを原作としたわらび座のミュージカル「アテルイ」の上演などによってであろうが、二〇一三年早々にNHKのBSプレミアムと総合テレビで、やはり『火怨』を原作とする歴史ドラマ『火怨・北の英雄 アテルイ伝』が放映されて、アテルイの名前はさらに広く知られるようになった。

ところが肝心のアテルイに関する歴史史料はわずかしか残されていない。アテルイの名前が出てくるのは、別掲の「アテルイ関係史料」の史料1・5・6の三つですべてである。史料不足に悩まされるのが古代史研究の常とはいえ、アテルイの場合は蝦夷の族長ということもあって、さらに制約が大きいというのが実状である。そこでアテルイという人物を歴史学的に考えるには、どうしても間接的な史料や考古学の研究成果に活路を見出すしかないのである。この点、あらかじめご了解いただきたい。

今回の座談会は、古代史(文献史学)分野から樋口知志・鈴木拓也の両氏に熊谷の三名、考古学分野から伊藤博幸・八木光則の両氏が参加し、アテルイとその時代の東北・蝦夷について、両分野からさまざまな問題について話し合いを行った。鈴木氏を除く四名は、ドラマ『アテルイ伝』の時代考証を担当した仲間でもある。五名はひごろから研究を通して交流があり、さまざまな場で情報交換や議論をしてきた間柄であるが、今回、二日間にわたってアテルイをテーマに議論をしてみて、改めて相互に見解が異なるところが少なくないことや、考古学的な情報の重要さに気づかされた。そこでここでは、以下の座談会を読んでいただくにあたって、あらかじめ知っておいていただきたい基本的な事実や、座談会で意見の相違が明確になった論点の整理、さらには座談会で十分に議論できなかった問題の補足などをしておきたいと思う。なお、関連する集落遺跡・末期古墳・城柵跡などについては、第Ⅱ部「考古学とアテルイの世界」で別に解説が加えられているので、そちらを参照していただきたい。

1 アテルイの育った世界

アテルイの出身地と年齢

アテルイは、正式な名前を大墓公阿弖流為(阿弖利為とも書く)といい、古代の胆沢(現岩手県奥州市水沢区)を本拠にした蝦夷の族長である。「公」(天平宝字三年〈七五九〉以前は「君」と表記)はキミと読み、蝦夷の族長に与えられるカバネ(姓)である。蝦夷の族長は、和我君《わがのきみ》計安塁《けあるい》や伊治公呰麻呂《これはりのきみあざまろ》などのように、本拠地の地名+公(君)の姓をもつのが一般的である。したがって「大墓」は地名とみてよい。その「大墓」の読みは、タモとオオハカの両説があり、本座談会の参加者のなかでも意見が分かれる。どちらの説をとるかによって、アテルイ一族の歴史的な位置づけや、本拠地が水沢地域のどの辺かが微妙に変わってくるので、ないがしろにできない問題である。

古代の姓（ウジ名＋カバネ）は天皇から授かるものであった。したがってアテルイの「大墓公」という姓も、いつの日にか朝廷から賜与されたものと考えられ、その時期が問題となる。陸奥の蝦夷らに君姓を与えるのは和銅《わどう》三年（七一〇）以降のことである。アテルイの一族が大墓公（君）という姓を賜与された時期は正確には明らかにしがたいが、天平《てんぴょう》九年（七三七）には胆沢よりも北の和我《わが》（和賀、現岩手県北上市）の豪族とみられる和我君計安塁が朝廷の命を受けて行動しているので、それ以前に遡る可能性も十分に考えられる。そうであるとすると、つぎに述べるアテルイの推定年齢からみて、アテルイの父の代にいったんは律令国家に服属したことになる。

アテルイは延暦《えんりゃく》二十一年（八〇二）八月十三日に河内国で処刑される（史料6）が、生年は伝えられていないので正確な年齢はわからない。この座談会では、アテルイを坂上田村麻呂よりも年長とみることで全員の意見が一致した。田村麻呂は、延暦十年（七九一）に異例の若さで征夷副使《せいいふくし》（副将軍）に抜擢されたときが三四歳、同十三年にアテルイ率いる蝦夷軍と戦って勝利したときが三七歳である。それに対してアテルイは、延暦八年（七八九）に胆沢の蝦夷を率いて征夷軍を打ち破っているから、このときすでに胆沢の蝦夷のリーダーになるほどの年齢に達していたことになる。若くみつもっても四〇歳前後にはなっていたろう、というのが今回の座談会のメンバーの共通意見である。

山道蝦夷と海道蝦夷

さて、アテルイは延暦八年に胆沢の蝦夷のリーダーとして華々しく歴史に登場してくる（史料1）。その胆沢地域は、最北の前方後円墳である角塚《つのづか》古墳（全長約四五メートル）の所在地でもあるように、北上川中流域では古墳時代から特色ある地域であった。北上川中流から上流域にかけての蝦夷は、志波《しわ》・和我や宮城県北部の伊治の蝦夷などとともに「山道《さんどう》

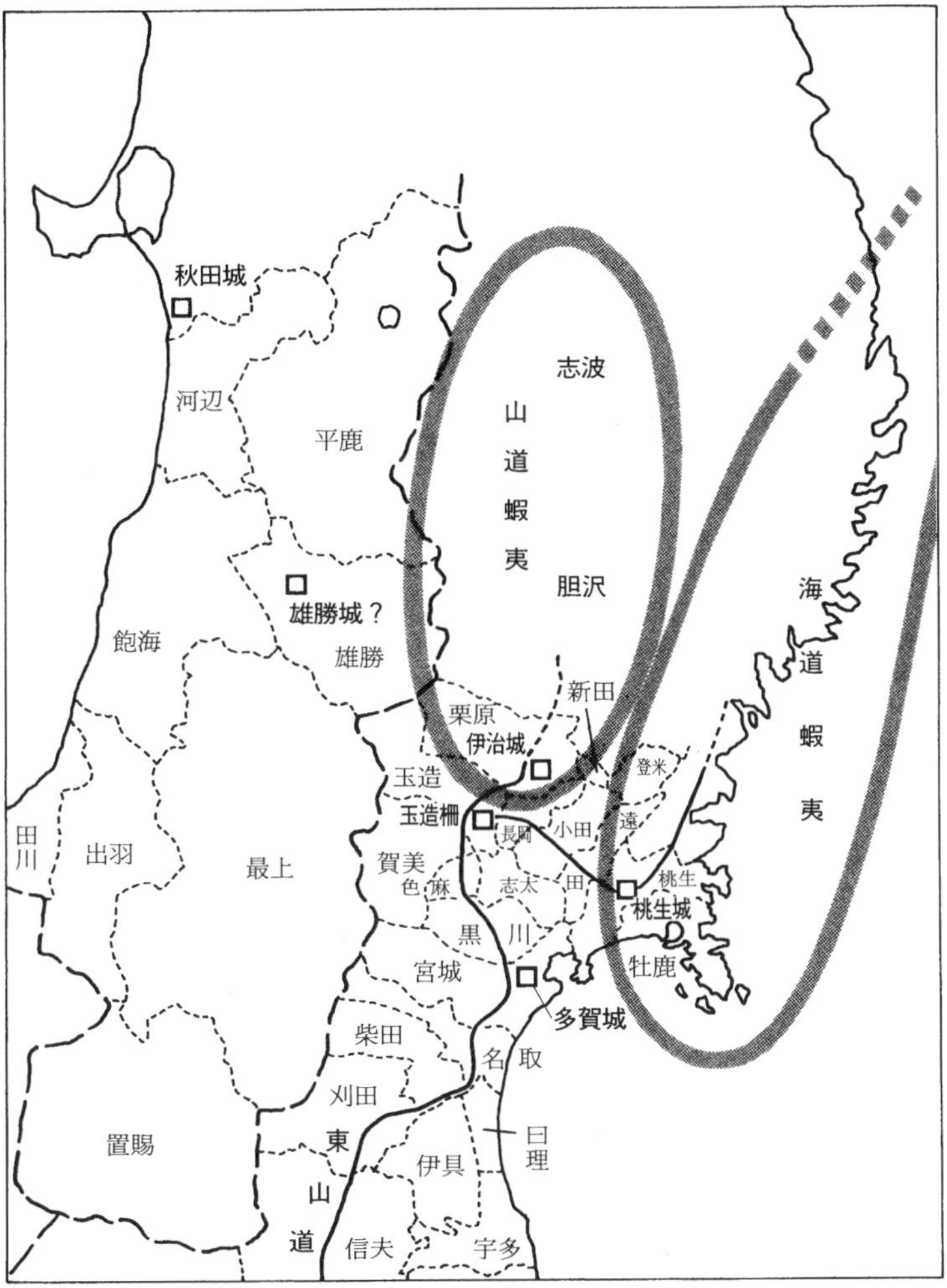

図１　山道蝦夷と海道蝦夷（熊谷公男作成）

蝦夷」と総称された。それに対して「海道蝦夷《かいどう》」とよばれたのが北上川下流域から三陸海岸方面の蝦夷である(図1)。両者は陸奥側の二大蝦夷グループを構成していたが、双方をむすぶネットワークも存在していたとみられ、連携して反乱に立ち上がることもあった。

平和な時代から再び戦乱の時代へ

養老《ようろう》四年(七二〇)に起こった蝦夷の反乱が、記録に残る確実な陸奥の蝦夷の反乱としては最初のものである。この反乱は空前の規模であったとみられ、直後の神亀《じんき》元年(七二四)に多賀城が創建されて、そこに国府とともに鎮兵《ちんぺい》の統括機関として鎮守府《ちんじゅふ》が併設されるなど、蝦夷の支配体制が大幅に強化された。その一方で、陸奥・出羽の公民には思い切った減税策を実施するとともに、蝦夷には夷禄の支給を行うなどの待遇改善もはかっている。こうした政策が功を奏して、神亀元年に起こった海道蝦夷の反乱を最後として、宝亀《ほうき》五年(七七四)に再び海道蝦夷が反乱を起こすまで、ちょうど五〇年の間、蝦夷の反乱は影をひそめるのである。

平和な時代の雲行きが怪しくなるのは、奈良時代の半ばを過ぎた藤原仲麻呂《なかまろ》政権の時代である。藤原仲麻呂は、息子の藤原朝猟《あさかり》(朝獦)を按察使《あぜち》・陸奥守《むつのかみ》・鎮守将軍に任じて多賀城に送り込んできた。朝猟は仲麻呂の意向を受けて、天平宝字《てんぴょうほうじ》三年(七五九)に海道のおさえとして桃生城《ものう》(現石巻市)、出羽の山北《せんぽく》地域(横手盆地)に雄勝城《おがち》(遺跡未発見、現横手市周辺か)の二城を造営する。二城の周辺には移民(柵戸)が送り込まれるが、それが蝦夷との間にさまざまな軋轢を生んでいったことは想像に難くない。積極的な版図拡大策はつぎの称徳《しょうとく》・道鏡《どうきょう》政権にも受け継がれ、神護景雲《じんごけいうん》元年(七六七)には山道のおさえとして伊治城《これはり》(現栗原市)が造営される。こうして仲麻呂政権から称徳・道鏡政権にかけての時期に、桃生城(陸奥国海岸部=海道)—伊治城(陸奥国内陸部=山道)—雄勝城(出羽国内陸部=山北)という前線ラ

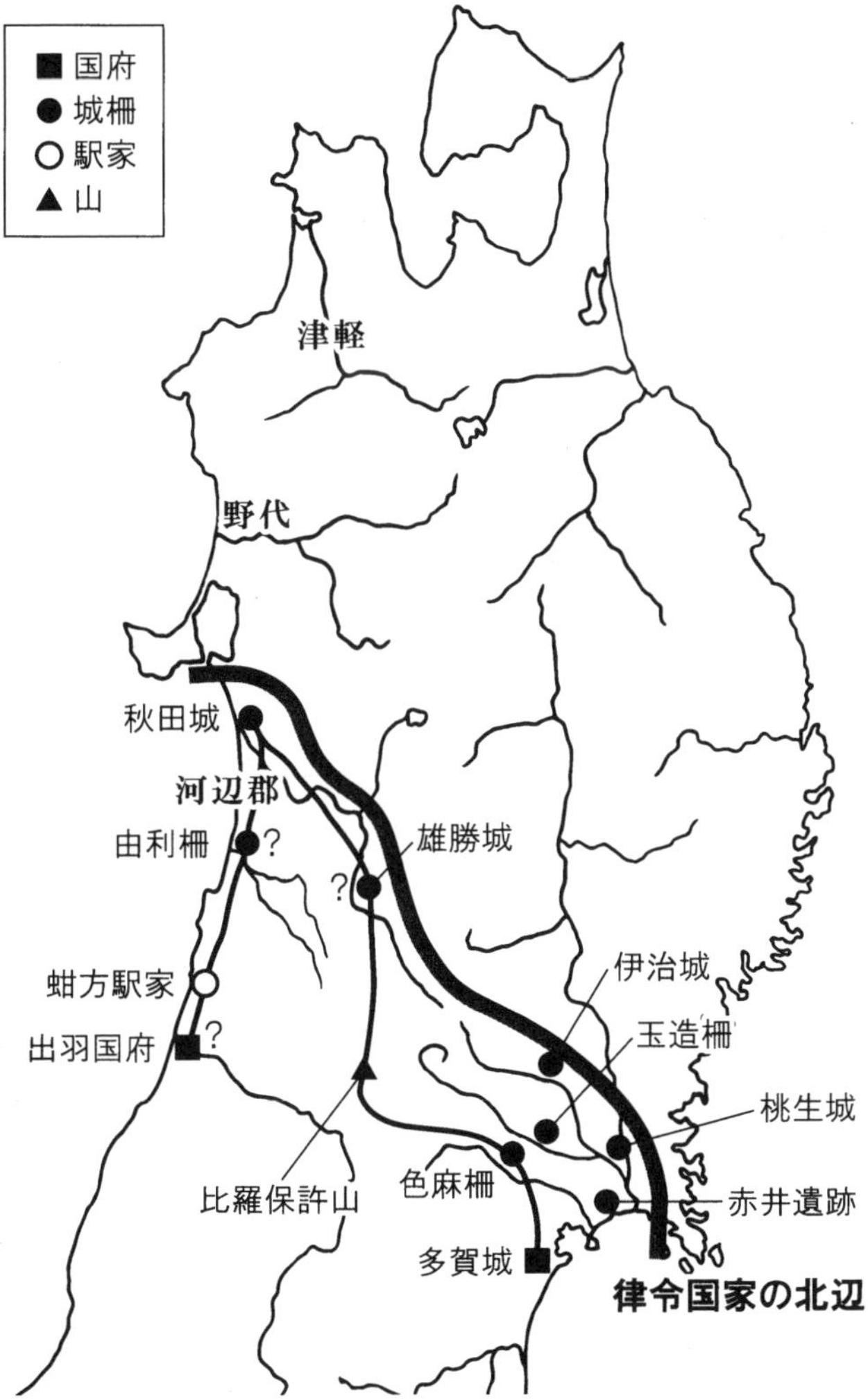

図２　律令国家北辺図（8 世紀後半）（熊谷公男作成）

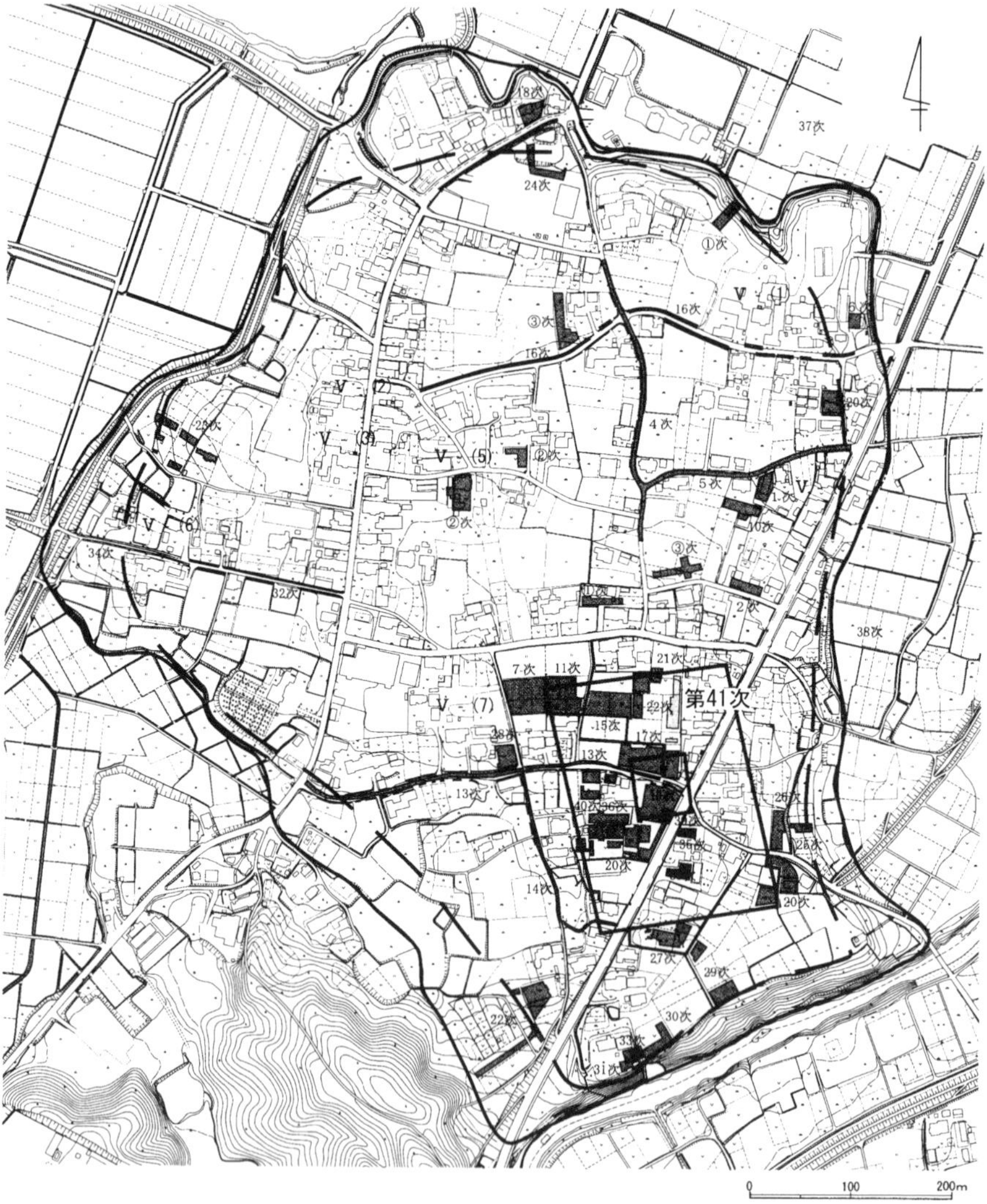

第41次調査区

これまでの調査区

外郭推定線

史跡範囲

①～③次　：宮城県多賀城跡調査研究所
第１～30次：築館町教育委員会
第31～41次：栗原市教育委員会

図３　伊治城平面図
（『伊治城跡―平成 24 年度：第 41 次発掘調査報告書―』栗原市教育委員会、2013 年）

インが新たに構築される。それに旧出羽柵を全面改修した秋田城(出羽国海岸部、天平宝字三・四年ごろ出羽柵を改称)を結んだラインがこの時期の律令国家の北辺となる(図2)。

疆域《きょういき》の拡大と柵戸の移配が相まって、蝦夷との対立はいっそう深まっていった。それを端的に示しているのが、伊治城に典型的にみられる三重構造城柵の出現である(図3)。多賀城をはじめとする通常の城柵は、政庁・外郭と築地塀ないし材木塀を二重にめぐらした構造をとるが、三重構造城柵はさらにその外側に区画施設をめぐらし、住居区を城柵内に取り込んだところに特徴がある。さらに同じころ、東山遺跡や城生《じょう》柵跡などの既存の城柵も、城外に広がっていた集落を取り込む形で土塁をめぐらし、三重構造化することが知られるようになった(村田晃一「三重構造城柵論」『宮城考古学』六、二〇〇四年)。三十八年戦争勃発の前夜には、このような防備をいっそう厳重にした新しいタイプの城柵が律令国家の北辺一帯にいっせいに出現するのである。

アテルイの生まれ育った時代

アテルイが処刑されたときの年齢を五〇代とみると、生年は七四〇年代半ばから五〇年代初頭、年号でいえば天平末年から天平勝宝年間にかけてのころということになる。都ではちょうど聖武《しょうむ》天皇が盧舎那仏《るしゃなぶつ》(大仏)の造立に邁進していた時期である。そのころの東北は戦乱がやみ、蝦夷も柵戸などの公民も平和な時代を謳歌していた。さらに天平勝宝元年(七四九)には、陸奥国小田郡(現宮城県涌谷町)で日本初の産金があり、大仏の鍍金用の金に頭を悩ませていた聖武天皇は歓喜して、自ら「三宝の奴《やっこ》」と名乗って大仏に感謝の気持ちを伝えた。地元陸奥でも陸奥守百済王《くだらのこにきし》敬福《きょうふく》が従三位という破格の位を授かり、祝賀ムード一色となる。アテルイがこの世に生を受けたのは、律令国家の北辺につかの間の平和が訪れていたころであったろう。

ところがその後、天平勝宝八歳(七五六)に聖武太上天皇が亡くなり、藤原仲麻呂が独裁的な権力を握ると、右に述べたように、状況は大きく変わり、律令国家と蝦夷との対立が深刻化していくのである。これをアテルイの推定年齢に当てはめると、幼少期ないし思春期から仲麻呂政権による版図拡大策が始まり、二〇代ないし三〇代初めのころに三十八年戦争が勃発したことになる。平和な時代に生を受けて、青年期にしだいに戦乱の時代へと歩みを進めていくなかでアテルイは何を思い、どう行動したのだろうか。

三十八年戦争の勃発と戦線の拡大

宝亀五年(七七四)七月、海道蝦夷が蜂起し、桃生城を攻撃する。城に通じる橋を焼き落とし、道を封鎖したうえで、桃生城の西郭を突破して城を攻め落としてしまうのである。これが、以後、弘仁《こうにん》二年(八一一)まで足かけ三八年にわたって続く「三十八年戦争」(命名者は虎尾俊哉氏)のきっかけとなる事件である。

それに対して陸奥国側は、同年十月に鎮守将軍大伴駿河麻呂《おおとものするがまろ》らが海道蝦夷の拠点とみられる遠山村を攻撃して制圧した。多数の蝦夷があるいは逃走し、あるいは投降してきたという。遠山村は、音の類似から登米《とよま》、すなわち現在の登米《とめ》市登米《とよま》町に比定されている。遠山村の制圧によって蝦夷の反乱は終息するかに見えた。ところが反乱は逆に、海道から山道へ、さらには出羽国へと燎原《りょうげん》の火のごとき勢いで広がっていった。

翌宝亀六年三月、陸奥国では前年の夏から秋にかけての蝦夷の争乱のために多くの民が城柵に立て籠もって田畑が荒廃してしまったとして、この年の陸奥国全域の調庸・田租をすべて免除することにした。この史料は、前年の蝦夷の争乱が、海道の蝦夷が桃生城を攻撃する以前の夏(旧暦では四～六月が夏)にはすでに起こっていたこと、しかも桃生城周辺という局所的なものではなくて、陸奥国の広汎な地域を戦乱に巻き込んでいたことを伝える点で重要である。

さらに注目されるのは同年十月、出羽国でも蝦夷の反乱の「余燼」がまだ収まっていないとして、要害の地を警備し、国府を移転するために九九六人の鎮兵の派遣を中央政府に要請すると、政府はすぐさま坂東諸国に派兵を命じている。出羽国でも国府の移転が問題となるほどの状況に陥っていたのである。

戦線拡大の原因

今回、座談会を通して、三十八年戦争勃発後の急激な戦線の拡大について、樋口・鈴木両氏と筆者の見方がほとんど正反対であることに改めて気がついた。重要な問題なので、ここで三人の見解の相違を整理しておきたい。

鈴木氏はこの座談会で、駿河麻呂が「海道蝦夷の制圧に成功したので、調子づいて次に山道を攻めようと自然に展開したのだと思う」と発言しているように、三十八年戦争を「一方的な侵略戦争」と規定して、戦線の拡大も一方的な侵略行為によって生じたととらえている。樋口氏も「桃生城襲撃は海道蝦夷だけがやったことであって、山道蝦夷は直接的にかかわりがないのに、国家側が山道まで軍勢を仕向けてきた。だから、自衛するために立ち上がらざるを得なかった」と発言していることからみると、戦線の拡大は中央政府側の侵略行為に起因するとみているようである。

筆者は、三十八年戦争を「一方的な侵略戦争」ととらえることに異論はないが、だからといって戦線の拡大の原因まで政府軍の一方的な軍事行動にあったとは考えない。海道蝦夷の桃生城襲撃は重要な出来事にはちがいないが、右に記した戦争勃発前後の状況からもわかるように、桃生城の襲撃は氷山の一角にすぎず、ほぼ時を同じくして蝦夷と境を接する陸奥国各地、さらには出羽国でも蝦夷との間に大小さまざまな武力衝突が起こっていたと考えるからである。戦線が急速に拡大していったのは、調子づいた駿河麻呂の戦略によると考えるのか、まったく逆に桃生城での勝利に勢いづいた蝦夷が各地で攻勢を強めたと考えるのか、という違いである。

胆沢・志波の蝦夷の参戦

宝亀七年(七七六)に入ると、陸奥国が二万の兵力を動員して山海両道の蝦夷の征討を実施すると同時に中央政府は出羽国に命じて、四〇〇〇人の兵力で雄勝城方面から「賊の西辺」に攻撃を加えさせる。やがて出羽方面では志波村の蝦夷と戦う出羽国軍が劣勢となり、坂東諸国から援軍の騎兵を派遣する事態となる。一方、陸奥では三〇〇〇人の部隊が胆沢の蝦夷に攻撃を加えるのである。いずれも志波村・胆沢の初見である。このような経緯をみると、すでに宝亀七年の段階で、征討の主要な目標が胆沢・志波地域を中心とした山道蝦夷に移っていったことがうかがわれる。

このころのアテルイの年齢を考えてみると、処刑時の年齢が六〇歳近くであればすでに三〇歳を越えているし、五〇歳そこそこであったとしても二〇代半ばに達していたことになる。いずれにしても、十分に戦士として戦うことのできる年齢であるから、このころには実戦を経験していたとみてよいであろう。

伊治公呰麻呂の乱

宝亀九・十年は小康状態が続いたようだが、宝亀十一年(七八〇)に事態は大きく動く。この年は川が凍結するほどの厳冬で、それに乗じた蝦夷の襲来がやまなかった。そこで政府は、蝦夷の攻撃を封じて「胆沢の地を得る」ために、雪の消える三、四月を期して山道蝦夷の勢力圏に進軍し、覚鱉《かくべつ》城という新しい城柵を造営することにした。このときも、依然として胆沢の制圧が中央政府の最重要戦略とされていることは注目される。

その戦略にしたがって、三月下旬に按察使紀広純《きのひろすみ》が軍兵を率いて伊治城に来たときに事件が起こる。このとき、地元の有力者で牡鹿《おしか》郡大領《だいりょう》(郡司の長官)の道嶋大楯《みちしまのおおたて》や上治《かみはり》郡大領であった伊治呰麻呂《これはりのあざまろ》も広純にしたがって伊治城に来ていた。呰麻呂はこの機をとらえて、ひそかに俘軍《ふぐん》と通じてまず大楯を殺し、ついで紀広純も包囲して殺害してしまうのである。『続日本紀』によれば、呰麻呂は広純との間に何かトラブルがあって、内心は広純を怨んでいたが、それをひた隠しにして忠実に仕えて信任を得ていたという。また移民(柵戸)の子孫である大楯は、呰麻呂を夷俘《いふ》呼ばわりして侮蔑的な態度をとっていたため、呰麻呂は大楯にも含むところがあった。その二人がそろって呰麻呂の地元の伊治城に来たのは、呰麻呂にとっては千載一遇のチャンスであった。外従五位下と大領という、服属した蝦夷にとってはこの上ないほどの地位をなげうって、反乱に立ち上がるのである。

呰麻呂は、なぜか陸奥介の大伴真綱《おおとものまつな》だけは助けただけでなく、多賀城まで護送させたという。多賀城では城下の住民が城内に立て籠もって戦おうとしたが、介の真綱と掾の石川浄足《きよたり》がひそかに後門から逃走してしまったために、指揮官を失った人々はいっせいに逃走してしまった。その数日後に反乱軍が多賀城にやってきて府庫(国府の倉庫)のものを略奪し、火を放って去って行った。多賀城が焼討ちにされたことは、発掘調査によっても裏づけられているし、伊治城跡でもこの時期に大規模な火災で政庁をはじめとする主要な建物が焼失したことが確認されている。天応《てんおう》元年(七八一)九月条には、呰麻呂の乱で陥落した「諸塞」(諸城柵)を復したとあるので、乱のために攻め落とされた城柵はほかにもいくつかあったと思われる。

乱の衝撃

虚を突かれて按察使というトップを失ったうえ、国府多賀城が焼失したことで陸奥国は大混乱に陥った。朝廷ではすぐさま藤原継縄《つぐただ》を征東大使に、大伴益立《ましたて》・紀古佐美《きのこさみ》を副使に任じて、征夷軍を派遣した。征夷軍としては、神亀元年(七二四)の海道蝦夷の反乱以来のことで、じつに五六年ぶりであった。

征夷軍がひさしぶりに派遣されたのは、朝廷が受けた乱の衝撃の大きさを端的に物語っている。しかもこのときは、ほぼ同時に安倍家麻呂《いえまろ》が鎮狄《ちんてき》将軍に任命され、出羽に派遣されているのである。これも五六年前の海道蝦夷の反乱以来のことである。

もう一つ、乱で大きく変わったことがある。座談会でもふれたが、呰麻呂と行動をともにした俘囚・俘軍や、さまざまな事情で呰麻呂方についた百姓(公民)なども反乱に加わって、反乱軍が大きくふくれあがったことである。なお、呰麻呂はこの「賊中の首」のなかに名前がみえないばかりか、乱後、まったく行方知れずになってしまい、ふしぎなことに中央政府側が呰麻呂を追跡した形跡もないのである。乱の拡大によって呰麻呂の探索は二の次になってしまったという事情はあったにしても、大きな謎である。

出羽国でも、すでに停廃が決定していた秋田城で、乱の直後に防衛体制が問題となり、俘囚らの訴えを受けて秋田城への警備兵の配備を復活するとともに、秋田城の南にある由理《ゆり》柵(由利本荘市付近)の警備を強化することを命じているし(『続日本紀』宝亀十一年八月乙卯条)、出羽国の大室塞《おおむろのき》(山形県尾花沢市付近)も「賊の要害」であるとして防御を命じている(『続日本紀』宝亀十一年十二月庚子条)。さらに延暦二年(七八三)の出羽国の奏状には、「宝亀十一年、雄勝・平鹿二郡の百姓、賊の為に略せられ、各《おのおの》本業を失ひて彫弊(=疲弊)殊に甚し。更に郡府を建てて散民を招集し、口田を給すと雖も、未だ休息することを得ず」とあって(『続日本紀』同年六月丙午朔条)、山北地方でも蝦夷の蜂起があり、大きな被害があったことが知られる。

このように、乱後、直ちに征夷軍が派遣される一方で、反乱軍には政府軍側についていた俘囚や一部の百姓なども加わって、いっきに肥大化したと考えられる。しかも陸奥国が大混乱に陥ったばかりでなく、出羽国でも各地で蝦夷の蜂起があり、反乱が大規模化したということも確かであろう。「呰麻呂の蜂起を契機として律令国家と蝦夷の全面戦争という性格を強める」という評価(熊田亮介『古代国家と東北』吉川弘文館、二〇〇三年)が出てくる理由もそこにあると思われる。

呰麻呂の乱の歴史的評価

今回の座談会では、呰麻呂の乱の意義については十分に議論を深めることができなかったが、鈴木氏は著書で熊田氏の評価に賛同しているし(『蝦夷と東北戦争』)、樋口氏も、座談会で呰麻呂の乱が契機となってアテルイが参戦するとみているので、二人とも呰麻呂の乱の意義を重視する立場をとっているとみられる。筆者も呰麻呂の乱の影響を重視すること自体に異論はないが、現状はどうもいろいろなことを呰麻呂の乱に結びつけすぎているように感じられる。たとえば城柵の三重構造化についても呰麻呂の乱以降と考える見解があるが、典型的な三重構造城柵である伊治城は三十八年戦争勃発以前に造営されているし、三重構造の端緒的な形と思われる複郭構造の桃生城はさらに遡った仲麻呂政権下の造営である。したがって、城柵の三重構造化が呰麻呂の乱以前から進んでいたことは否定しがたい事実である。同様に、呰麻呂の乱がアテルイ参戦の契機となったといえるかどうかも、検討を要する問題であろう。筆者の見解は、個人的な参戦という意味でいえば、既述のように乱の当初から参戦していた可能性が高いと思われるし、指揮官としての参戦ということでいうと、鈴木氏が座談会で発言しているように延暦八年にごく近い時期ということも十分に考えられると思う。

筆者はかつて、乱後、呰麻呂が一度も記録に表われてこないこと、乱の前後を通して征夷軍のもっとも重要な攻撃目標が胆沢とされていて変わらないことを理由に、「呰麻呂の乱は多分に偶発的な事件であったとみられ、三十八年戦争はあくまでも北上川中流域の蝦夷(=山道蝦夷)と政府軍との間の武力衝突を主軸として展開していく」と述べたことがある(「平安初期における征夷の終焉と蝦夷支配の変質」『東北学院大学論集』二四号、一九九二年)。いま読み返してみると、さすがにこれは乱の影響を過小に評価しすぎてしまったと思うが、呰麻呂の乱の歴史的意義を正当に評価するためには、乱の前後を通して変わらなかった面も十分にふまえる必要があるという考えは、いまも変わっていない。そもそも、呰麻呂の乱のきっかけとなった覚鱉城造営計画自体が、胆沢の地の制圧を目的としたものであった。要するに、呰麻呂の乱は両陣営の対立をいっそう先鋭化させる作用をしたことは確かであるが、それによって「政府軍」vs「胆沢を中心とした山道蝦夷」という対立の構図は基本的に変わらなかった、というのが筆者の評価である。

乱後の情勢

既述のように、呰麻呂の乱の直後に藤原継縄を征東大使《せいとうたいし》に任命するが、大使の継縄はなぜか都にとどまり、結局、副使の大伴益立が節刀《せっとう》を授けられて下向してくる。ところが兵力も装備もなかなか整わなかったようで、征夷軍はずるずると逗留を重ねてしまう。しびれを切らした光仁天皇は、九月に新たに藤原小黒麻呂《おぐろまろ》を持節《じせつ》征東大使に任じて下向させるが、その小黒麻呂も、今年中の征討は不可能といってくるありさまであった。これには光仁天皇も激怒し、厳しく譴責《けんせき》して改めて征討の実行をせまり、それが無理ならせめて多賀・玉作《たまつくり》等の城の防備を固めよと命じている。それに対して、十二月になって小黒麻呂らもようやく重い腰を上げ、蝦夷の要害となっていた五道を封鎖したことを報告してくる。これは、多賀城や玉作城(大崎市名生館《みょうだて》遺跡か)の防備強化のための軍事行動とみられる。またこのときに天皇は、大室塞(山形県尾花沢市か)の防御を出羽国に命じている。

このような経過をみると、乱直後の現地はとても征討を実行できるような状況ではなかったことがうかがわれる。ここで玉造城や大室塞、さらには多賀城の防衛強化が指示されているところをみると、中央政府の防衛ラインが大幅に南に後退していたことが推知される。呰麻呂の乱で陥落した「諸塞」が復旧されるのは、天応元年(七八一)に入ってからのこととみられるが、結局、小黒麻呂は「賊衆四千余人にして、其の斬る所の首級は僅かに七十余人」という乏しい戦果で軍を解散してしまったので、即位したばかりの桓武《かんむ》天皇は「縦《たと》へ旧例有りとも、朕は取らず」と叱責している。

老将大伴家持

このように、天応元年(七八一)四月に即位した桓武天皇は、きわめて困難な戦況で光仁天皇の征夷を引き継いだのである。勝手に軍を解散した小黒麻呂を厳しく叱責した桓武であったが、八月に小黒麻呂が帰京すると、意外にも正四位下から正三位に特進させ、手厚く遇している。征夷中の厳しい姿勢とくらべてかなりのギャップを感じるが、即位事情が複雑で、まだ政権基盤を確立していない新天皇の苦しい立場が現われているように感じられる。

その後、しばらくの間は目立った戦闘もなく、三年ほどが経過する。桓武にとって、まさに雌伏のときであった。とはいえ、その間、決して無為にすごしたわけではなく、内蔵全成《くらのまたなり》を陸奥守に任じ、大伴家持《やかもち》を按察使兼鎮守将軍に抜擢するなど、陸奥国に着々と新たな布陣をしいていった。その一方で、戦場となった陸奥国の奥郡や出羽国の雄勝・平鹿二郡の百姓の調庸を三年間免除したり、征夷戦に動員されて疲弊した坂東諸国の民のために食料援助を行うなど、奥羽・坂東の復興策にも力を入れた。

そのような準備期間を経て延暦三年(七八四)二月、大伴家持を持節征東将軍に任命する。このとき家持は六七歳。かなりの高齢なのに加えて、副将軍に任命された文室与企《ふんやのよき》は実戦経験がまったくないとみられるから、桓武天皇がどこまで本気だったのか疑いたくなるような顔ぶれである。その後、『続日本紀』には征夷の準備に関わるような記事はほとんどみえず、翌四年八月には家持が死去してしまう。結局、征夷も実施されずに終わるのである。

2　アテルイと延暦八年の戦い

桓武天皇の二大事業—征夷と造都—

征夷と造都が桓武天皇の二大ライフワークであったことはよく知られている。桓武は、即位当初、政治的に大きな弱点をかかえていた。それは桓武の母が百済系の高野新笠《たかののにいがさ》という女性であったことである。天皇の母は皇族か藤原氏のような有力貴族でなければならない時代であった。

そこで桓武は、自らの力で権威を確立するために征夷と造都を行った、というのが一般的な理解である。桓武の晩年の延暦二十四年(八〇五)に殿上で行われた「徳政相論《とくせいそうろん》」において、参議の藤原緒嗣《おつぐ》と菅野真道《すがののまみち》が桓武朝の二大政策である軍事(＝征夷)と造作(＝造都)の継続の可否を討議し、桓武が緒嗣の議を受け入れて両者の中止を決断したことは有名であり、征夷と造都が桓武がもっとも力を注いだ重要政策であって、そのことが桓武の権威確立に重要な役割をはたしたということは、その通りであると思う。

ところがそこからさらに論を進めて、桓武は即位の当初から個々の造都と征夷をそれぞれ対応させて、同時並行して実施したことを主張する説(福井俊彦「征夷・造都と官人」『史観』一二〇、一九八九年。伊藤循「古代国家の蝦夷支配」『古代蝦夷の世界と交流』名著出版、一九九六年。鈴木拓也「桓武朝の征夷と造都に関する試論」『近畿大学文芸学部論集 文学・芸術・文化』一三—二、二〇〇二年)になると、話はまた別である。

征夷と造都はいわば王権の専決事項であり、その正統化の問題とふかく関わっているという点で共通の性格を有することは事実である。しかしながら、前者が軍事行動であるのに対して、後者は新しい王都の建設事業であるから、それぞれの事業が開始される契機が異なるうえに、それぞれの事業を進めていく手段や方法もまったく異なっていることは改めていうまでもない。そのような別個の性格をもつ両者をあえて逐一対応させて実施することなどはたして可能なのか疑問であるし、両者を対応させて実施する方が、どうしてそれぞれを個別に遂行する場合よりも政治的効果が得られるのかも、筆者にはわからない。実際に桓武朝の両事業の推移を具体的にたどってみれば、桓武がはじめから両者を対応させて実施しようとしていたわけでないことは明白といってよい。

既述のように、桓武天皇が即位したのは呰麻呂の乱が勃発したわずか一年後のことであり、支配体制が崩壊して混乱のまっただ中にあった陸奥国に派遣された征東大使藤原小黒麻呂がなかなか征夷を実行できずにいるときであった。しかも即位のわずか二ヶ月後には、小黒麻呂が勝手に征夷軍を解散してしまうのである。そのようなときに即位した桓武天皇に、選択の余地などあるはずがなかった。天皇大権を移譲されたものとして、前朝末期に勃発した蝦夷の大乱の収拾を引き受けるしかなかったのである。

一方、造都、すなわち遷都はそこがまるで違う。遷都は、桓武天皇が自分の意志で新たにはじめた事業である。父の光仁天皇が、それまでの天武系の天皇とちがって天智天皇の孫であったところから、父帝を新「王朝」の開祖とみなし、自分をその正統な後継者に位置づけることで、自らの権威を確立しようとした桓武は、新「王朝」にふさわしい新都の建設によって、自らの権威の確立をはかろうとするのである。

桓武が即位当初に最優先したのは明らかに造都であって、それは桓武の権威の確立にまずやり遂げなければならないものであった。長岡遷都に全力投入している間、征夷の準備はほとんど放置され、家持の死によってあえなく立ち消えになってしまうことが、それを雄弁に物語っていよう。このように、桓武にもともと両者を同時並行して行おうという意志などなかったことは明らかといってよい。

この問題に関してもともと鈴木氏は、桓武が最初から征夷と造都を対応させて行ったのはむろんのこと、斉明朝の「興事」と阿倍比羅夫の北征や和銅年間の平城遷都と越後国出羽郡方面への征夷もまた両者を対応させて行ったものとみていた（前掲「桓武朝の征夷と造都に関する試論」）。しかし、その後大きく見解を変えて、『蝦夷と東北戦争』では、平安遷都の構想が具体化してからはじめて、「桓武天皇は、遷都と征夷を組み合わせて行うことを思い付」いたと述べている。これは筆者が拙稿で鈴木氏らの説を批判して述べた見解と基本的に同じなので（拙稿「坂上田村麻呂」『古代の人物』四巻、清文堂、二〇一五年。二〇〇三年稿。鈴木氏は前掲書で拙稿を参照している）、筆者の批判を受け入れて変更したものと思われる。したがって現在では、鈴木氏と筆者の見解の差はだいぶ縮まったといってよいが、基本的な考え方でなお開きがあるように感じられる。座談会では主に二人の見解の一致する部分が話題になり、相違点を十分に議論できなかったので、延暦十三年の征夷のところでもう一度この問題を取り上げてみたい。

胆沢の蝦夷との対決

家持が亡くなった翌年の延暦五年（七八六）、征夷のために佐伯葛城《さえきのかづらき》を東海道に、紀楫長《きのかじなが》を東山道に派遣し、軍士の簡閲《かんえつ》と武器・武具の点検を行わせた。次期征夷に向けての準備が再開されたのである。同七年には準備が本格化し、稲穀や糒《ほしいい》・塩などの軍粮を陸奥南部や東海・東山・北陸の東日本全域から多賀城などの城柵に運び込ませるとともに、坂東諸国に命じて五万二八〇〇人の軍兵を明年三月に多賀城に集結させよという命令が下った。さらに同年には、紀《きの》古佐美《こさみ》を征東大使（征東将軍ともいう）に、多治比浜成《たじひのはまなり》・紀真人《きのまひと》・佐伯葛城・入間広成《いるまのひろなり》を征東副使（征東副将軍ともいう）に任じている。同年十二月、桓武天皇は紀古佐美を殿上に召して節刀を賜うとともに、「坂東の安危、この一挙に在り。将軍宜しく勉むべし」という有名な訓令をしたためた勅書を授けた。この征夷にかける天皇の意気込みが伝わってくる。

翌八年(七八九)三月九日には、計画通りに多賀城に集結した征夷軍が何隊かに分かれて蝦夷軍の拠点をめざして進軍を開始し、同月二十八日にはそのうちの本隊が、衣川をわたったところに陣営を置いた。ところがそれから一ヶ月以上も本隊は滞留を重ねたので、不信感を募らせた桓武天皇は、五月十二日に滞留の理由と敵軍の状況をつぶさに報告するよう命じた。

衣川は、平泉中尊寺《ちゅうそんじ》のすぐ北を東西に流れる北上川の支流に現在もその名をとどめている。ここから胆沢の地まではなお二〇キロ近くある。このときの征夷軍の戦略は、古佐美が奏状で「胆沢の賊は惣て河の東に集《つど》へり。先づこの地を征して、後に深く入ることを謀らむ」(『続日本紀』延暦八年六月甲戌条)といっているように、胆沢の蝦夷の制圧を突破口として和我・志波などの奥地へ侵攻しようとするものであった。

この戦略は、胆沢の制圧を最優先にしているという点で、呰麻呂の乱の直前に覚鱉城を造って胆沢の地を得ようとした戦略に通じる。筆者は、多少の誇張を交えていえば、三十八年戦争とは胆沢の蝦夷との戦いにはじまり、胆沢の蝦夷との戦いに終わるとさえいえるのではないかと考えている。このようないい方をすると、三十八年戦争は海道蝦夷の桃生城襲撃によって火ぶたが切られたのではなかったのか、という反論がすぐに返ってきそうだが、すでに述べたように、それは戦乱が本格化する直接の契機とはなったが、そのころには陸奥・出羽両国北部のいたるところで争乱が起こっていたのである。おそらくそれには胆沢の蝦夷が深く関与していたに違いない、というのが筆者の考えである。そうでなければ戦争勃発のわずか二年後に胆沢の地が重要な戦略目標とされ、そのさらに四年後に胆沢制圧を目的とした覚鱉城の造営が計画される理由が説明しがたいと思われる。

即位早々に征夷の失敗で辛酸をなめた桓武天皇は、その後、長岡遷都に邁進して自己の権威の確立をはかる。それが一段落して新たな内裏《だいり》の造営に着手する延暦七年（七八八）ごろには、桓武の権威はかなり確立していたとみられる。そこでようやく、征夷にも本格的に取り組むことになるのである。その桓武朝の征夷でも、まっさきに攻撃目標としたのが胆沢の蝦夷であり、征夷軍の本隊は衣川に直進し、しばらくの間、北上川をはさんで胆沢の蝦夷と対峙する。律令国家は三十八年戦争で徹頭徹尾、胆沢の制圧にこだわり続けるのである。

アテルイの歴史の舞台への登場

衣川での逗留の理由を難詰された征夷軍の本隊は、もはや猶予は許されなくなった。五月下旬、征夷軍は意を決して渡河作戦を敢行する。副将軍入間広成・左中軍別将池田真枚《まひら》・前軍別将安倍猨嶋墨縄《あべのさしまのすみなわ》らが共議をして、三軍が共同で北上川の東岸に集結していたアテルイ率いる胆沢蝦夷軍を攻撃することにした。ここに出てくる別将とは、征東使（征夷軍の将官）の肩書きをもたない各部隊の指揮官をさすとみられ（北啓太「征夷軍の編成についての一考察」）、池田真枚と安倍猨嶋墨縄はいずれも鎮守副将軍であった。まず中軍と後軍から勇敢な兵士を二〇〇〇人ずつ選抜して北上川を渡らせ、東岸を北に攻め進んだところで前軍も渡河して、前後からアテルイ軍を討つ作戦であった。

渡河した政府軍が北上しながらアテルイの本拠にさしかかったころ、三〇〇人ほどの蝦夷軍の一隊が迎え撃ってきたが、官軍の方が優勢でたちまちこれを蹴散らしてさらに進軍して巣伏村（奥州市江刺区愛宕小字四丑《しうし》のあたりか）にさしかかった。ここで前軍の部隊が合流するはずであったが、蝦夷軍にはばまれて渡河できないでいるうちに、別な蝦夷の部隊八〇〇人ほどが行く手に現われた。これが精鋭部隊で、その猛攻を受けて政府軍が立ち往生していると、東の山の方から現われた別の四〇〇人ばかりの部隊に背後を衝かれ、腹背に敵を受けた政府軍は総崩れになってしまう。

戦闘での死者二五人、負傷者二四五人であったが、多くの兵士が甲冑を脱ぐいとまもなく北上川に飛び込み、一〇三六人もが溺死してしまうのである。

この経緯をみる限り、アテルイ軍の勝因は明らかにその巧みな作戦にあった。一五〇〇名の兵力を三つの部隊に分け、渡河した中・後軍を巧みに自陣の奥深くまでおびき寄せる一方で、後から合流することになっていた前軍の渡河をはばんで政府軍を分断したところで、孤立した中・後軍を挟撃して隊列を崩すという見事な作戦である。

それに引きかえ、政府軍の作戦はずさんなものであった。敗戦の報告を受けた桓武は、作戦を立てた副将(入間広成・池田真枚・安倍猨嶋墨縄)らを厳しく糾弾した。いわく、「副将らは蝦夷軍がすべて川の東に集結していることを知りながら、軍監以上が指揮官となって十分な兵力で陣容を整えて敵を攻撃することをせずに、少数の部隊を卑将(地位の低い指揮官)に率いさせて送り込んだために大敗を喫してしまった。そもそも副将らの立てた作戦が間違っていたのだ」と。要するに、この渡河作戦を立てた副将らは誰一人として渡河しなかったばかりか、軍監・軍曹(征東使の第三・四等官)すらも戦闘に参加していなかったのである。そんなことで勝てるわけがないだろうというのが桓武天皇の見立てであった。桓武は、またしても期待を裏切られたのである。

征夷軍の解散

桓武は憤懣やるかたなかったが、ほどなくその怒りに油を注ぐような奏状が都にとどいた。征東大将軍紀古佐美らはすでに征夷軍の解散を決定し、間もなく実施に移すというのである。その理由というのは、征夷軍の軍粮が膨大な量にのぼり、その補給がきわめて困難であるということを事細かに述べ立て、軍を解散して軍粮を残し、非常に備えた方がよいというのが将軍らが出した結論だという。しかもこれを願い出て許可をまっているとさらに軍粮のむだ遣いになるからと、一方的に解散の期限を六月十日と定めたうえ、「且つ奏し且つ行はむ」(奏上しながら、解散を実行します)と申し添えてあった。都に奏状が届いたときには期日は目前に迫っていたから、実際のところ征夷軍の解散をやめさせるのは不可能で、解散の事後承認を求めたに等しい内容である。さらに奏状には、「方《まさ》に今、大軍征討して村邑を翦《か》り除」いた(大軍の征討によって蝦夷の村落を掃討した)とか、蝦夷らは「且《しばら》く天誅を逋《のが》ると雖も、水陸の田、耕し種うること得ずして、既に農《たづく》る時を失へり。滅せずして何をか待たむ」(当分の間、天誅を逃れたとはいえ、田植えもできなかったので遅かれ早かれ滅びます)などといった敗戦を取りつくろう言葉がならんでいた。これには桓武も、「巧《たくみ》に浮詞(うわべだけの言葉)を飾り、罪過を規避すること、不忠の甚しき、斯より先なるは莫し」と叱責し、「夫れ師《いくさ》出でて功無きは、良将の恥づる所なり。今、軍を損ひ粮を費して、国家の大害を為す。閫外《こんがい》の寄(=将軍)、豈其《あに》れ然らむや」と痛罵した。

ところが、古佐美は七月十日にまたしても虚飾に満ちた奏状を送ってくる。「所謂胆沢は水陸万頃にして、蝦虜存生《いきながら》へり。大兵一挙して、忽ち荒墟と為る。……軍船纜《ともづな》を解きて舳艫百里、天兵の加ふる所、前に強敵無く、海浦の窟宅、また人烟に非ず、山谷の巣穴、唯鬼火のみを見る。慶快に勝《た》へず、飛駅して上奏す」というものである。またまた激怒した桓武は、「事の勢を准へ量るに、虚飾に似たりと欲《おも》ふ。……この浮詞、良に実《まこと》に過ぎたりとす」と切り捨て、「今その奥地を究めずしてその種落を称し、馳駅して慶と称する、亦愧《は》ぢざらむや」と一喝した。少しは恥を知れというわけである。

『続日本紀』の記事の欠落

以上が『続日本紀』の記す延暦八年の征夷の大要であるが、近年の研究によって『続日本紀』の記事に見過ごすことのできない欠落があることが明らかになってきた。もっとも重要なのは、このときの征夷軍は胆沢に派遣された部隊のみではなかったと考えられることである。この点をはじめて指摘したのは樋口氏である。氏は七月十日の古佐美の奏状に「海浦の窟宅」という語句があるところから、三陸海岸方面にも遠征軍が遣わされたと解し、副将軍の多治比浜成がそれを率いたと推定した（樋口知志「延暦八年の征夷」『古代蝦夷と律令国家』高志書院、二〇〇四年）。この想定は、『続日本紀』延暦八年三月辛亥条に「諸国の軍、陸奥の多賀城に会して、道を分ちて賊地に入る」とあることとも符合するので、妥当性が高いと思われる。ただ樋口氏は、古佐美の解散指示後にもう一度胆沢の征討が行われたことを主張する。しかしながらこれは、氏独自の史料解釈を根拠とするもので、座談会でも白熱した議論になったが、鈴木氏と筆者はもう一度征討が行われたと解する余地はないということで意見が一致した。最近でも、樋口説に対する批判があり（中尾浩康「征討における軍粮・兵力数の一考察—延暦八年の征夷を中心に—」『続日本紀研究』四〇二、二〇一三年）、なお大方の賛同を得るに至っていない。詳しくは座談会の方を参照いただきたい。

つぎの問題は、『続日本紀』にこのときの総兵力の記載がないことである。これは座談会で樋口氏が自説を強く主張して、議論が紛糾した問題である。『続日本紀』延暦七年（七八八）三月辛亥条には「東海・東山の坂東諸国の歩騎五万二千八百余人を調発して、来年三月を限りて、陸奥国多賀城に会せしむ」とあるので、五万二八〇〇人がこのときの総兵力と考えられたこともあったが、それは樋口氏のいうように誤りである。というのは、これはあくまでも坂東諸国から徴発する兵力であって、陸奥・出羽両国が含まれていないからである。そこで樋口氏は、古佐美が軍の解散を報告した奏状の中に「軍士食するところ、日に二千斛《こく》」とあることを重視し、当時は兵士一人当たり一日二升とされていて、二〇〇〇斛は一〇万人分に当たるから、このときの総兵力は一〇万人であったと主張する。これについては、座談会で鈴木氏の発言にもあるように、「古佐美は初めから軍の解散ありきなので、軍を解散するための口実」

の数字とみるのが一般的な理解であるが、樋口氏はそれを〝先入観による解釈〟としてしりぞける。

しかしながら、かりに総兵力を一〇万とすると、坂東諸国から徴発された五万二八〇〇人の残り四万七二〇〇人は陸奥・出羽両国から徴発したと考えざるを得なくなる。筆者は座談会でこの点を指摘したが、樋口氏からは明確な回答は得られなかった。鈴木氏によれば、陸奥・出羽両国の兵力の動員能力は最大で二万人強なので(たとえば宝亀七年四月には、陸奥国に二万、出羽国に四〇〇〇の征夷軍の徴発を命じている)、それを五万二八〇〇人にプラスしても一〇万人にはほど遠い。したがって、このときの総兵力はせいぜい七、八万程度とみておくのが穏当なところであろう。

樋口氏の研究によって、『続日本紀』の記事に重大な欠落があることが明らかになった。その功績は決して小さくないと思うが、『続日本紀』の記事が不十分ではあっても、まずは残された記事の内容・文脈に即して史実を考えてみるというのが、われわれの取るべき基本的態度ではなかろうか。

もうひとつ、『続日本紀』には重要なことが記されていない。それは、このとき征東大使の紀古佐美が指揮をとっていた場所である。従来、古佐美も衣川まで来ていたのだろうと考えられていたが、鈴木氏は、『続日本紀』に衣川で共議をして渡河作戦を立てたのが入間広成・池田真枚・安倍猨嶋墨縄らとされていて、古佐美の名前がみえないところから、征東大使の紀古佐美は衣川までは来ておらず、後方の多賀城か玉造塞で指揮をとっていたとみられるとした(鈴木拓也『蝦夷と東北戦争』)。これは陸奥・出羽の軍制や征夷軍についてくわしい鈴木氏ならではの指摘である。鈴木氏のいうように、将軍は天皇から節刀を授かって天皇の代理として指揮をとるので、通常、前線には行かないのである。

延暦八年の征夷について、『続日本紀』にはかなりくわしい記述がみられるが、現時点で少なくとも右の三点については、『続日本紀』の記載を補う必要があると考えられる。

巣伏村の戦いの謎

既述のように、このときの蝦夷軍は、古佐美の奏状に「胆沢の賊は惣て河の東に集へり」とあるように、北上川の東岸に集結していた。政府軍が完敗を喫した巣伏村も、北上川の東岸に比定されている。ところが考古学的にみると、西岸の胆沢扇状地には杉の堂・熊之堂遺跡など八世紀代の有力な集落が分布している（高橋千晶「胆沢周辺の集落遺跡と墳墓」参照）のに対して、東岸には北上山地が迫っていて平地が少なく、そのような集落遺跡は発見されていない。そこで伊藤博幸氏は、西岸が戦場になると被害が甚大になるので、軍勢を北上川東岸に集結させて、そちら側に胆沢の蝦夷の拠点があるように思わせて征夷軍をおびき寄せ、地形を利用したゲリラ戦法で政府軍を打ち破った、という説をとなえている（伊藤博幸「東北の動乱」『古代を考える　多賀城と古代東北』吉川弘文館、二〇〇六年）。この時期の胆沢地域の集落分布を考えると、確かに伊藤氏のようにでも考えないと説明がつかないと思われる。

敗戦の総括

九月八日には征東将軍紀古佐美が帰京して節刀を返上するが、ほどなく同月十九日には、太政官の曹司《ぞうし》（庁舎）で征東将軍らの逗留、敗戦についての勘問《かんもん》（取り調べ）が行われた。大将軍紀古佐美、副将軍入間広成、鎮守副将軍池田真枚・安倍猨嶋墨縄らは、それぞれ申し開きをしたが、結局、敗戦の責任を認めざるを得なかった。桓武は将軍らに対して、「命じられた本来の作戦どおりに行動せず、侵攻するはずだった奥地も究めないで、戦いに敗れて軍粮だけ浪費してもどってくるとは何事だ」ときびしく断罪した。しかも墨縄については、その罪は斬刑にあたるが、長年辺境の城柵に勤務してきたことに免じて、この度は官職・位階の剝奪にとどめるというのである。桓武の言からも、このときの征夷軍が奥地(和我・志波方面)までは侵攻していなかったことがわかる。「小功」のあったものは、内容に応じて褒賞するともいっているので、手柄を立てたものもいたことは確かである。多治比浜成などもその一人であろうが、それはあくまでも「小功」にすぎなかった。これが延暦八年の征夷についての桓武自身の総括であった。

延暦八年の征夷についての『続日本紀』の欠落がどの程度あったかは明らかでないが、桓武天皇および朝廷は征東将軍らからの戦況報告によって、少なくともこのときの征夷の大要は把握していたとみなければならない。だからこそ、勘問を受けた将軍らも敗戦の責任を認めたのである。そのうえでの総括が右のようなものだったのであるから、朝廷にとって延暦八年の征夷が完全な失敗であったことは動かしがたい事実といってよい。

3　延暦十三年・二十年の戦いとアテルイの降伏

征夷への再スタート

桓武は、この敗戦の経験を肝に銘じた。もはや失敗は許されないというところまで追い込まれた桓武は、つぎの征夷には背水の陣で臨んだ。敗戦の翌九年閏三月には、はやくも次期征夷戦に向けての準備を開始し、東海道の駿河以東、東山道の信濃以東の諸国に、三年以内に革製の甲《よろい》二〇〇〇領を製造するよう命じている。当初から征夷の準備に三年以上かける計画であったことが知られる。

『続日本紀』の記事は延暦十年(七九一)で終わり、翌十一年からは『日本後紀』に引き継がれるが、その『日本後紀』は全四〇巻の四分の三がすでに散逸してしまい、現在わずか一〇巻しか残っていない。そのため、この後の延暦十三年(七九四)と二十年(八〇一)の二度の征夷については、具体的なことはほとんど分からないのである。

しかしながら、桓武が敗戦の原因がどこにあったと考えていたのかは、このあとの征夷に桓武がどのような手を打ったかを見てみることによってかなりの程度うかがうことができる。それほど、つぎの延暦十三年(七九四)の征夷には際だった特徴が見られるのである。座談会で鈴木氏は、絶対に負けないために桓武が打った手として、①北方の蝦夷をてなづける、②軍粮の大幅増加、③軍勢の一〇万人への大増員、④征夷軍と現地官人(陸奥国司・鎮守府官人)との一本化、⑤軍監・軍曹を大幅に増員して指揮系統が不明確な「別将」を解消する、の五つをあげている。どれも重要な指摘であるが、ここから桓武が延暦八年の敗戦の原因がどこにあり、それを克服して、絶対に負けない戦いをするのに何が必要と考えていたかをかなり具体的に知ることができるのである。①は蝦夷勢力の切り崩し策であり、②③は戦力の大幅強化、そして④⑤は指揮命令系統の一本化である。桓武は、これらの諸点が延暦八年の征夷では不十分であったと考えたのである。

坂上田村麻呂の登場

坂上田村麻呂が征夷に関わるようになるのも、これ以降のことである。したがって田村麻呂の登場も、同じ文脈で考えてみる必要があろう(以下、本項と次項は拙稿、前掲「坂上田村麻呂」による)。

延暦十年(七九一)七月、次期征夷軍の布陣が明らかとなった。征東大使(同十二年二月に征夷大将軍と改称)に大伴弟麻呂《おおとものおとまろ》、副使(同じく征夷副将軍と改称)に百済王俊哲《くだらのこにきししゅんてつ》・多治比浜成・坂上田村麻呂・巨勢野足《こせののたり》の四名が任じられた。ここに田村麻呂が副使(=副将軍)として征夷に初めて関わることになる。ときに田村麻呂は三五歳。四人の副将軍のなかでは際だった若さであった。しかもこれまで征夷に直接関わったことはまったくなかった。大抜擢といってよい。

田村麻呂には、さらに他の副将軍とはきわだった違いがあった。このときの副使は、多治比浜成が按察使・陸奥守、巨勢野足が鎮守副将軍（翌年九月にさらに陸奥介を兼帯）にすでに任命されていたし、百済王俊哲も副使任命の二ヶ月後に鎮守将軍を兼務するなど、現地官人を兼帯するという特色があることが従来から指摘されているが、それには例外があった。田村麻呂は副将軍でただ一人、現地の官人を兼帯していないばかりか、他の三人とはまったく対照的に中央の武官を兼務しているのである。

田村麻呂は、宝亀十一年（七八〇）に二三歳で近衛将監《このえのしょうげん》に任じられたのを皮切りに、延暦六年（七八七）近衛少将《このえのしょうじょう》、同十八年（七九九）近衛権中将《このえのごんのちゅうじょう》、同二十年近衛中将《このえのちゅうじょう》と昇進を続け、その後大同《だいどう》元年（八〇六）には中衛大将《ちゅうえのたいしょう》に転出するが、翌二年に中衛府《ちゅうえふ》が右近衛府《うこのえふ》に改組されると、そのまま右近衛大将となり、弘仁二年（八一一）に没するまでこの地位にあった。あまり知られていないが、田村麻呂は征夷大将軍であるまえに近衛府のエリート武官だったのである。しかも延暦十三、同二十、同二十三年と三回にわたって征夷軍の将軍に任じられたときにも（ただし十三年は副将軍、二十三年は任命のみで中止）、田村麻呂は近衛府の武官を兼務しつづけるのである。三名の副将軍が現地官人を兼帯したことに一定の政策的な意味が見出せるとすれば、そのなかで田村麻呂だけが近衛府の武官を兼務していることにも、何らかの政治的な意図があったはずである。そしてそれは、史料の少ない延暦十三年の征夷のあり方を考えるうえで、きわめて重要な論点になるのではないかと考える。

近衛府は天平神護《てんぴょうしんご》元年（七六五）に授刀衛《じゅとうえい》を改称して置かれた衛府で、以後、衛府の中核的存在を占めるようになる。その職務も、閤門《こうもん》（宮城諸門のうちもっとも天皇の居所に近い内側の門）の警衛や天皇の身辺の警護など、かつては兵衛府や中衛府が行っていたもっとも重要な禁中《きんちゅう》の警固を担当するようになるところから、近衛府の官人は天皇側近の武官という性格をもつようになるのである（笹山晴生「平安前期の左右近衛府に関する研究」『日本古代衛府制度の研究』東京大学出版会、一九八五年）。

このように、田村麻呂は桓武側近の武官として頭角を現わしてくるが、それに関連して注目されるのは、田村麻呂の姉妹(全子《またこ》)と娘(春子)が、そろって桓武の後宮《こうきゅう》に入っていることである。田村麻呂が桓武のもっとも信頼の厚い武官であったことは、この事実からも十分に推察できると思われる。

これまでの征夷軍は、逗留をくり返したり、無断で軍を解散したりと、桓武の意に反する行動をとって、桓武を激怒させたことがしばしばあった。そこで桓武は、自分の意を体した腹心の武官を征東副使に任じることによって、征夷に桓武の意向を反映させやすくしようとしたのではないか、というのが筆者の考えである。

今回の征夷軍は、これまでの失敗の反省のうえに立って、征夷使と現地官人との兼帯や軍監・軍曹の大幅増員など、大幅な組織改革を行い、征夷使の指揮系統の一元化がはかられた。それは鈴木氏が座談会で逐一指摘したとおりであると思う。しかしながら、肝心の征夷軍のトップである将軍らが、これまでのように天皇の指揮どおりに動かないようなことがあれば、せっかくの改革も画餅に帰すことになりかねない。そこで桓武は、もっとも信頼のおける田村麻呂を副将軍に抜擢して征夷軍へ送り込むという方策をとったと考えられるのである。

初代征夷大将軍大伴弟麻呂

筆者は、この田村麻呂の異例の抜擢と表裏の関係にあったのが、大伴弟麻呂の征東大使(のちの征夷大将軍)への任命ではないかと推測している。弟麻呂は衛門佐《えもんのすけ》・左衛士佐《さえじのすけ》などの武官を歴任しており、延暦二年(七八三)には征東副将軍に任じられている。ただしこのときの征夷は、既述のように、征東大使大伴家持の死去によって中止される。したがって弟麻呂は陸奥に赴任したことはあったが、実戦経験はほとんどなかったとみざるを得ない。しかもこのとき、すでに六一歳であった。

ただし、鈴木氏が指摘しているように、将軍は天皇から節刀を授かって、天皇に代って指揮をとるので、最前線まではいかないのがふつうであった。だから老将でも務まるのである。現に家持が征東大使に任命されたときには、六〇代も後半であったとみられる。したがってこの点だけでは、必ずしも異例とはいえない。

ところがこのときの征夷軍の派遣については、非常に解釈がむずかしい点がある。それは、征夷大将軍大伴弟麻呂がいつ現地に赴いたのかという問題である。この点は座談会でも話題になっているが、もう一度事実関係を整理してみると、田村麻呂以外の三人の副将軍は現地官人を兼帯していたので、延暦十年(七九一)七月の副将軍任命の前後には現地に赴任していたとみてよい。田村麻呂はそれから一年半ほど経った十二年二月に、桓武に辞見《じけん》(いとまごい)をして現地に赴く。おそらくこの間、陸奥国では三人の副将軍のもとで征夷の準備が着々と進められたことであろう。

一方、弟麻呂に関しては、まず田村麻呂の辞見よりはやい『日本紀略』十一年閏十一月己酉条に、「征東大使大伴乙麿、辞見す」とある。ところがそれから一年以上経った十三年二月甲辰朔に「征夷大将軍従四位下大伴宿祢弟麻呂に節刀を賜う」(『日本後紀』の逸文とみられる『節度使将軍補任例』による。『日本紀略』が十三年正月とするのは誤り。石田実洋「宮内庁書陵部蔵『節度使将軍補任例』の基礎的考察」『続日本紀研究』三八一号、二〇〇九年)とあって、改めて桓武から節刀を授与されている。筆者は、延暦十一年の記事に「辞見」とのみあり、十三年の方には「節刀を賜う」とあるので、弟麻呂は辞見したあとも何らかの理由で都に留まっていて、十三年二月に至ってようやく節刀を賜って現地に向かったと解釈してつじつまを合わせようとしたが、どうもそう簡単にはいかないようである。というのは、軍防令18節刀条の規定に「凡そ大将征に出ずれば、皆な節刀を授けよ。辞し訖らば、反《かえ》りて家に宿《やど》ること得ざれ」とあり、また実例でも延暦八年の征討の際に、「征東大将軍紀朝臣古佐美辞見す。詔して、召して殿上に昇らしめたまひて、節刀を賜ふ」(『続日本紀』延暦七年十二月庚辰条)とみえていて、通常は辞見のときに節刀を授かり、それ以降は家に帰ることができないとされているからである。

一方、鈴木氏は、延暦十一年閏十一月に弟麻呂が辞見したときに、節刀も授与されて進発したのだが、その後、桓武は長岡廃都と平安遷都を決断したあと、「遷都と征夷を組み合わせる構想が生まれ、大伴弟麻呂を長岡京に呼び戻したのではないか」という想定をし、さらに延暦十一年（七九二）の秋には胆沢よりも北方の蝦夷集団とみられる爾《に》散《さ》南《な》・宇《う》漢《か》米《め》両氏が国家側に服属したことで勝利を確信した桓武は、十三年二月にいたって再び弟麻呂に節刀を授与して進発させた、とみるのである（『蝦夷と東北戦争』）。

しかし筆者にいわせれば、これもつじつま合わせに感じられ、どうしても違和感を禁じ得ない。かりに鈴木氏のいうように、弟麻呂がいちど出征したあとに桓武が遷都と征夷を組み合わせることを思いついたとして、その際になぜわざわざ弟麻呂を呼び戻す必要があるのか。筆者にはこの点が理解しがたい。いやしくも節刀を授けて「閫外《こんがい》の寄」（出征に関わる全権を天皇から委任された将軍のこと）として出征させた将軍を戦地から呼び戻すというのは、どう考えてもただごとではない。弟麻呂にとくに落ち度もないのにそのようなことをすれば、征夷軍は大きく動揺するにちがいないし、弟麻呂にとってもこのうえない恥辱になるであろう。さらにはそれにとどまらず、「渙汗《かんかん》」（流れ出た汗がもとにもどらないように、一度出した詔勅は取り消せないという意味）ともいわれた勅命を引っ込めることにもなるわけであるから、桓武自身の権威を損ねることにもなりかねないと思われる。一度出征させた将軍を都に呼び戻すというのは、桓武にとって政治的には大きなリスクを冒すもので、筆者には桓武がそのような挙に出るとは考えがたい。率直にいって鈴木説には、まず〝桓武による遷都と征夷の組み合わせ構想〟ありきという発想がつよく感じられるのである。

延暦十三年の征夷と平安遷都

そこで問題は、〝桓武による遷都と征夷の組み合わせ構想〟なるものの有無の検証ということに帰着しよう。既述のように、以前、この問題に関して筆者は、桓武天皇は即位当初から征夷と造都を対応させて行ったという見解を批判して、十三年の征夷の実施段階(=大伴弟麻呂が節刀を授かって陸奥に下向する十三年初頭ごろ)になってはじめて次期征夷と清水みき氏のいう〝理念うすき〟平安遷都の連関が企図されたと考えた。鈴木氏も、前掲書では基本的に同様の考えをとっているので、座談会ではこの問題はあまり議論にならなかった。しかしながらいま改めて考えてみると、桓武が征夷と遷都を結びつけようとして、両者の実施時期を意図的に合わせようとしたことがほんとうにあったのか疑わしく思えてきたので、以下に検討を加えてみたい。

そもそも延暦十三年の征夷の準備がはじまるのは、アテルイに手痛い敗北を喫した翌年の延暦九年のことであった。もう絶対に負けられないところまで追い込まれた桓武は、背水の陣で征夷の準備に取りかかった。翌十年七月には征東大使に大伴弟麻呂、副使に坂上田村麻呂ら四人が任命されて、正式に征夷使のメンバーが決定する。

一方、遷都に関しては、十年九月の時点で平城宮の諸門を長岡宮に移築していて、なお長岡宮の造営が継続されていることが確認できるので(『続日本紀』同年九月甲戌条)、まだ平安遷都は日程に上っていなかった。つまり延暦十三年の征夷の場合にも、最初から征夷と遷都を意図的に対応させて進めるというようなことはなかったのである。

桓武が長岡廃都を決意するのは、桓武の弟で元皇太子の早良《さわら》親王の怨霊問題が深く関わっていた。延暦七年に桓武の夫人藤原旅子《たびこ》が三〇歳の若さで亡くなってから、翌年に母の高野新笠、さらに翌九年には皇后で三一歳であった藤原乙牟漏《おとむろ》と、やはり桓武に嫁いでいて田村麻呂とは姉妹であった坂上又子(全子)が相ついで亡くなった。また同じころ、桓武の皇子で皇太子の安殿《あて》親王(後の平城天皇)が風病(躁鬱《そううつ》病のことか)という病にかかる。この年に桓武は淡路の早良親王の墓に墓守を置いているので、早良親王の怨霊の存在を意識するようになったとみられる。

その後も安殿親王の病状が回復しないので、延暦十一年六月にその原因を卜《うらな》わせたところ、早良親王の祟りと出た。桓武は直ちに親王の墓に使者を遣わして慰霊したり、周りに濠を設けたりして祟りが収まることを願った。ところがその後、さらに追い打ちをかけるように、長岡宮が洪水に見舞われる。こうしたことから、桓武は十一年の後半には早良親王の怨霊をつよく意識するようになり、遷都を考えるようになったのではないかとみられる（清水みき「桓武朝における遷都の論理」門脇禎二編『日本古代国家の展開　上巻』思文閣出版、一九九五年）。そして翌十二年（七九三）正月には、藤原小黒麻呂らに遷都予定地である山背国葛野郡宇太村の視察を行わせているので、このときには平安遷都がほぼ固まっていたことが知られる。

このように見てくると、大伴弟麻呂がいったん辞見した十一年閏十一月というのは、確かに桓武が平安遷都を考えるようになった時期にあたっていることがわかる。問題は、それが単なる偶然なのか、それとも両者の間に何らかの関連があったのかということである。

改めて考えてみると、そもそも征夷と遷都の時期をリンクさせるというのは、征夷の勝利が確実視され、しかもそれが遷都の実施時期とほぼ重なるという見通しが立たないかぎり不可能なはずである。ところが桓武は、これ以前、征夷では何一つ成果を上げていないのも同然の状況であった。しかも直近の延暦八年の征夷では、アテルイ軍に屈辱的な惨敗を喫している。そのようなときに、あらかじめ勝利を見越して遷都の日程とリンクさせるというようなことを、ほんとうに桓武は考えたのであろうか。これがこの問題に対する筆者の根本的な疑問である。

鈴木氏は、延暦十一年（七九二）の秋には、北方の蝦夷集団の切り崩しに成功したことで、桓武は勝利を確信したとするが、いまだ勝利を収めたことのない相手にその程度のことで「勝利を確信」するとは、筆者にはとても思えない。

桓武が征夷と遷都の日程をはやくから意図的に合わせようとしていたという想定をしようとすると、どうしても桓武が来たるべきアテルイらとの決戦の勝利をはやくから確信していたと考えざるを得なくなるのである。この点も、筆者が鈴木氏の見解に賛同できない理由の一つである。

最後に、もう一つ、鈴木説に対する疑問をあげておきたい。それはほかならぬ、延暦十三年の征夷と遷都を意図的に時期を合わせた可能性を考えさせるもっとも重要な史料である平安遷都当日の記事に関わることである。その『日本紀略』同年十月丁卯条には、まず(1)「征夷将軍大伴弟麿奏すらく、斬首四百五十七級、捕虜百五十人、獲馬八十五疋、焼落七十五処なり」という弟麻呂の戦果報告があり、続いて(2)鴨・松尾両神の神階授与、(3)授位・任官記事が続き、その後に(4)「都を遷す。詔して曰はく、『云々、葛野の大宮地《どころ》は、山川も麗しく、四方国《よものくに》の百姓《おほみたから》も参り出で来る事も便にして、云々』」と遷都の詔を載せる。そして最後に(5)新都の所在する愛宕・葛野二郡の田租の免除を布告した詔が付されている。こうしてみると(2)・(3)・(5)はいずれも遷都を祝賀する意味合いの記事と解されるので、(1)にも同様の意味があったとみることは可能であろう。ただここでも問題となるのは、それを遷都の権威づけというような政治的効果をねらって意図的に時期を合わせたとまでみることができるかどうかである。

この記事について鈴木氏は、「大伴弟麻呂が節刀を返却したのは翌年正月であるから、弟麻呂本人が戦勝報告をしたのではなく、おそらく軍監か軍曹に文書を持たせて奏上したのであろう」としている(『蝦夷と東北戦争』)。これはその通りであろう。おそらくこのとき弟麻呂はまだ都に帰還しておらず、郊労などの儀式をともなう正式な凱旋も、後日行われたとみた方がよいと思われる。そうなると、平安遷都の当日に行われた征夷の戦勝報告は、将軍の部下による文書の奏上だけだったことになる。遷都の当日に合わせて征夷大将軍大伴弟麻呂らの凱旋が行われたというのであれば、多くの都びとがこれを見物するはずであるから、大きな政治的効果が期待できるが、宮中で戦果の奏上を行っても、どれほどの政治的効果があったか疑わしい。

もし鈴木氏のいうように、北方の蝦夷集団を帰服させたことなどから勝利を確信した桓武が、はやくから平安遷都の権威づけのための政治的演出として〝遷都と征夷の組み合わせ〟を思い付いて、いったん陸奥へ下向した大将軍弟麻呂を都へ呼び戻すことまであえてしたとしたら、肝心の戦勝報告が宮中での征夷使下僚の報告程度では、あまりにも竜頭蛇尾にすぎよう。要するに、この記事を虚心に読むかぎり、ここから桓武の意図的な〝政治的演出〟を重要視し、はやくから〝遷都と征夷の組み合わせ〟があったように想定することは困難ではないかと思われるのである。

では大伴弟麻呂に関して、一年以上も離れて辞見と節刀授与の記事があるのはなぜであろうか。

この問題を考えるうえで注目されるのが、『日本紀略』延暦十三年(七九四)六月甲寅条に「副将軍坂上大宿祢田村麿已下、蝦夷を征す」とあることである。これがこのときの征夷戦に直接関わる唯一の記事である。ここに征夷大将軍大伴弟麻呂の名がみえず、しかも「副将軍坂上大宿祢田村麿已下」となっていることが注目される。これは『日本後紀』を節略した記事であるが、もし『日本後紀』の原文に弟麻呂の名が記されていたとすれば、このように節略されることは考えにくい。現に、十月丁卯条の戦果報告の記事では「征夷将軍大伴弟麿奏すらく、……」と記されており、弟麻呂の奏上という形をとっている。したがって六月甲寅条は、『日本後紀』のもとの記事でも田村麻呂を主体とした形になっていたとみてよいと思われる。ただ、このときまでに弟麻呂が陸奥に下向していたかはっきりしないが、下向していなかったとすればむろんのこと、下向していたとしても、右の記事からこのとき実質的に征夷の指揮をとったのは田村麻呂であったとみてよいと思われる。

つまり延暦十三年の征夷では、副将軍でもっとも年下の田村麻呂が現地で指揮をとったと考えられるのである。これはさきに指摘した、四人の副将軍で田村麻呂だけが現地官を兼務しておらず、近衛府の武官(この時点では近衛少将)

を兼帯しているという事実と相応するもので、そこでの想定を裏づけるものといってよい。

これまでの征夷で、征夷軍がなかなか指示どおりに動かなかったり、勝手に征夷軍を解散してしまうといったことを経験した桓武は、将軍の人選にはとくに気をつかったはずである。桓武からみると腹心の武官である田村麻呂が、桓武の意を体して指揮をとってくれる将軍として最適に思われたのだが、そうはいっても弱冠三五歳で蝦夷との実戦経験もない人物をいきなり征東大使(征夷大将軍)に任じるのはあまりにも破格なので、さすがにためらわれた。そこで、すでに老境に入っていた弟麻呂を形のうえで征東大使に任じることにしたが、実際の指揮はすべて田村麻呂にとらせようとしたのではないか、というのが筆者の考えである。とすれば、初代の征夷大将軍となった大伴弟麻呂は、まったくのお飾りの将軍だったことになる。これは拙稿「坂上田村麻呂」ですでに述べたことであるが、いまも考えは基本的に変わっていない。

以上のことをふまえて、改めて弟麻呂の辞見と節刀授与の記事の関係を考えてみると、やはり弟麻呂は十一年閏十一月に将軍として形式的に辞見を行ったのであるが、その後も桓武の指示で都に留められていて、十三年二月に至ってようやく節刀を賜って現地に向かったと解釈するほうが、令の規定とは齟齬するとはいえ、鈴木氏の想定よりは無理が少ないと考えるが、いかがであろうか。多少なりともこの想定を補強してくれそうに思われるのは、『日本紀略』の記事のみならず、今回、石田氏によって指摘された『日本後紀』の逸文とみられる『節度使将軍補任例』の記事にも「征夷大将軍従四位下大伴宿祢弟麻呂に節刀を賜う」と、節刀を授与したことのみが記され、「辞見」をしたとは記されていないことである。すなわちこれは、延暦十一年に行われた辞見がなお生きていて、十三年にはそれを前提として節刀授与の儀礼のみが行われたと解釈できるのではないかと考える。

では桓武が、ことさらに大将軍弟麻呂の出征を遅らせたのはなぜかというと、それはいままでの考察からほぼ明らかなように、田村麻呂に征夷軍の指揮をとらせるためであったにちがいない。弟麻呂が節刀を授かるのは、田村麻呂が辞見をしたほぼ一年後である。筆者は、その間、弟麻呂は都に留まっていたとみてよいと思うが、弟麻呂がいつごろ陸奥に到着したのか、また蝦夷との戦闘がいつごろから始まったのかなど、肝心なことは史料が残されておらず、これまた確かなことは分からない。しかし『日本紀略』の乏しい記事からみるかぎり、もっとも重要な合戦は十三年六月ごろから開始された可能性が高い。

もともと征夷の計画は、準備のはじまる延暦九年閏三月の三年後を目途にしていたとみられるが、ちょうどその時期にあたる十二年二月に征東使を征夷使と改称したうえで田村麻呂が辞見しているところからみると、これは当初の計画に沿った行動で、田村麻呂の陸奥到着後(十二年夏ごろか)は、田村麻呂の指揮のもとで征夷の準備の総仕上げが行われたと思われる。あるいはこの段階で蝦夷との戦闘も何度かあったかもしれないが、確かなことは分からない。

弟麻呂への節刀授与が、再三述べているように十三年二月なので、弟麻呂は遅くとも同年夏のうちには征夷大将軍として陸奥に着任したであろう。そうすると、それはちょうど「副将軍坂上大宿祢田村麿已下、蝦夷を征す」という『日本紀略』唯一の征夷の記事の年紀である同年六月にほぼ同時期ということになる。したがって、本格的な征夷戦が始まるころには弟麻呂は現地入りしていた可能性が高いが、副将軍田村麻呂よりも約一年も遅れて現地入りした大将軍が、現地の状況を十分に把握しないまま、すぐさま実質的な指揮をとるというのは考えにくい。『日本紀略』の記事はそのような想定を裏づけるもので、弟麻呂赴任後も実質的な指揮は田村麻呂がとり続けたとみてよいであろう。

『日本紀略』には、もう一つ〝遷都と征夷の組み合わせ〟を思わせる史料が存在する。それは、田村麻呂らが征夷を行った三ヶ月あまり後の同年九月戊戌(二十八日)条の「幣帛を諸国の名神に奉る。新都を遷し、及び蝦夷を征せんと欲するを以てなり」という記事である。この記事でまず注目されるのは、「蝦夷を征せんと欲する」とあるので、この時点でまだ征夷が終了していなかったとみられることである。ただし、征夷が本格的にはじまったのが六月だとすると、すでに三ヶ月あまり経っているし、ちょうど一ヶ月後の十月二十八日には戦勝報告が奏上されているので、すでに征夷戦の最終段階になっていたとみてよいであろう。とすれば、征夷の戦勝祈願にしては、いささか遅きに失するように思われ、そこに何かしらの作為の存在が感じられるのである。

このことからみて、桓武はこの時点になってようやく征夷の勝利を確信するようになり、またちょうど遷都の準備も整ってきたので、ここで征夷の戦勝報告を遷都の実施に合わせて行うことで、清水氏のいう〝理念うすき〟遷都に花を添えて祝賀ムードを盛り上げることを思いついたのではなかろうか。そこで諸国に、二つの国家的事業がいま並行して進行中であることをあらかじめ印象づけるために、ここで遷都の成就と戦勝を名神に祈願したのであろう。とすれば、桓武が〝遷都と征夷の組み合わせ〟を思いついたのは、平安遷都のわずか一ヶ月前のことで、征夷戦の勝利がほぼ確定した後ということになる。この考えが成り立てば、はやい段階から桓武が両者を意図的に時期を合わせようとしたことは一切なかったということになり、一度出征させた将軍を時期を合わせるために呼び戻した、というような想定をする必要もなくなるのである。

延暦十三年の征夷の意義

この延暦十三年の征夷戦では、弟麻呂の奏上に「斬首四百五十七級、捕虜百五十人、獲馬八十五疋、焼落七十五処」と概括されているように、ようやく勝利といえるような戦果をあげることができた。桓武天皇もこの戦果に一応、満足したであろうことは、つぎの征夷で坂上田村麻呂を征夷大将軍に任命することからも、十分に推察できる。

『日本紀略』の簡略な記事には、このときのアテルイの動向はまったく伝えられていないので、田村麻呂との間にどのような戦いをくり広げたかは、残念ながら知ることができない。しかしながらアテルイはこのときの戦いでは降伏しなかったし、胆沢・志波地域も完全に制圧されるまでにはいたらなかった。そこでつぎの征夷が計画されるのである。

征夷大将軍坂上田村麻呂

延暦十三年の征夷後の動きでまず注目されるのは、十五年(七九六)正月に田村麻呂が按察使・陸奥守に任じられ、同年十月にはさらに鎮守将軍も兼ねたことである。前回の征夷では現地官を一切兼務していなかった田村麻呂が陸奥国の現地官のトップを一人で兼任することになったのは、何といっても大きな変化である。これによって陸奥国の軍事・行政全般を管轄することになったが、もう一方で、依然として近衛少将を兼務している(十八年五月には権中将に昇任)ので、桓武天皇との緊密な関係はもちろん継続していた。

さらに翌十六年十一月には、田村麻呂が征夷大将軍に任命され、正式に次期征夷に向けた組織が発足するのである。その結果、征夷大将軍が按察使・陸奥守・鎮守将軍をすべて兼ね、なおかつ近衛府の武官をも兼帯するという形がとられるようになる。この田村麻呂の兼官のあり方は、征夷大将軍のもとに陸奥・出羽の現地官の官制体系を包摂し、なおかつそれを桓武天皇が統括するという意図が読み取れ、延暦十三年の征夷でめざされた桓武・征夷使・現地官の三者の有機的な統合を征夷大将軍田村麻呂をキー・パースンとして極限にまで推し進めたものと評価することができよう。

征夷使の副将軍以下の顔ぶれは、『日本紀略』が省略していて明らかでなく、わずかに小野永見《ながみ》がこのときの副将軍と推定されるぐらいである。このとき動員された兵力は四万と、前回のほぼ半数に減少している。前回の征夷での勝利で桓武が自信を深め、この程度の兵力でも勝利できると判断したとも解されるが、それだけでなく、たび重なる征夷に東国などの疲弊が進み、大量動員が困難になったということもあったにちがいない。

延暦十九年(八〇〇)には、大将軍田村麻呂を諸国に派遣し、全国各地に強制移住させた夷俘の状況を調査させている。延暦十三年の征夷の後、蝦夷の勢力をそぐために多数の夷俘を、近くは坂東から遠くは西海道までの各地にいっせいに移配したとみられる。同十七年には移配蝦夷の時服《じふく》・夷禄《いろく》・饗賜《きょうし》の定例化が定められており、これ以降、移配蝦夷に関するさまざまな法令が出されるようになる。

移配蝦夷問題は、平安初期の国家にとって看過できないものであった。異郷への移住を強いられた蝦夷たちは、「帰望」(故郷へ帰還したいという願望)を抱き続けたために、国司や近隣の百姓につよい不満をもち、越訴《おっそ》や反乱、あるいは周辺の百姓との間の紛争など、さまざまな問題が継起した。それに対して政府は、賜禄《しろく》・賜饗《しきょう》などの優遇措置をとるとともに専当《せんとう》国司制・夷俘長《いふちょう》制など管理体制の整備を行い、さまざまな対策を講じて鎮静化をはかるのである(拙稿「蝦夷移配策の変質とその意義」『九世紀の蝦夷社会』高志書院、二〇〇七年)。

次期征討が迫ってきたときに田村麻呂に諸国の移配蝦夷の実態調査をさせているのは、鈴木氏のいうように、次期征討にともなって多数の蝦夷の帰降と移配が見込まれたことから、あらかじめ移配蝦夷の実態調査を行ったのであろう。そのような調査を征夷将軍自らが行うことは、ほかに例を見ない。これは田村麻呂が現地官のトップを兼務していて蝦夷支配全般の最高責任者でもあったことに加えて、桓武天皇の絶大な信頼を示すものであろう。同じく征夷大将軍といいながら、大伴弟麻呂とはまったく対照的である。

延暦二十年の征夷—最後の決戦—

七年の間隔を経て、延暦二十年(八〇一)に征夷が行われる。このときの征夷は、具体的なことは延暦十三年の征夷以上に分からない。『日本紀略』の簡略な記事から分かるのは、田村麻呂が同年二月に節刀を授かり、九月に「夷賊を討伏」したことを報告していることぐらいである。残念ながら、このとき田村麻呂とアテルイが直接干戈を交えたかもまったく分からない。鈴木氏が強調するように、ふつうの将軍であれば最前線まで行くことはない。しかし田村麻呂のことである。陣頭指揮をとることがなかったと断言することは躊躇される。

翌二十一年正月には、再び田村麻呂を陸奥に派遣して胆沢城を造営させているので、このときの征夷によって胆沢地域はほぼ完全に平定されたとみてよい。さらに同年四月にはついにアテルイがモレ(盤具公母礼)とともに、同族五〇〇余人を引き連れて投降してくるのである。アテルイらの投降が、征夷が終了し、さらに胆沢城の造営がはじまってからであることは、さまざまなことを考えさせる。座談会でも議論になったが、前後の状況がまったく不明なので、確かなことは分からない。

アテルイの最期

同年七月十日、投降してきたアテルイとモレの二人は、田村麻呂に伴われて入京する。そうすると、それを待っていたかのように、同月二十五日、百官が抗表(=上表)して蝦夷の平定を祝賀するのである。

この出来事は、朝廷の人士の延暦二十年の征夷とアテルイらに対する評価がうかがわれて興味深い。貴族たちはアテルイとモレの投降によって、はじめて長年戦ってきた蝦夷を平定したことを実感し、祝賀の表を献じたのであろう。あるいはこれこそ桓武天皇の政治的演出とみるべきかもしれないが、それにしても、延暦十三年の征夷では大伴弟麻呂の名前で戦果を奏上したことしか伝えられていないのに対して、二十年の征夷では百官が抗表して祝賀しているのであるから、前回の勝利はまだ不十分であったが、今回ようやく手放しで喜べる勝利をおさめることができた、というのが当時の一般的な評価であったとみてよいであろう。

すなわち桓武天皇の征夷のピークは、決して平安遷都の年である延暦十三年ではなく、つぎの延暦二十年にあるのである。議論を蒸し返すようで恐縮であるが、この点からも桓武天皇が征夷と造都を対応させて行ったという考えは成り立ちがたいといえよう。

そしてこのような朝廷こぞっての祝賀がアテルイらの上京に際して行われたことも、見逃すことのできない点である。都の人々にとって、アテルイこそ長年にわたって朝廷を苦しめてきた蝦夷たちの魁帥《かいすい》であり、アテルイが投降してこないかぎり、蝦夷に勝利したことにはならなかったのである。

『日本紀略』は、二人の処分をめぐって田村麻呂と公卿たちの間に意見の対立があったことを伝えている。それによれば、田村麻呂は、二人の蝦夷は斬刑に処するよりも、彼らの助命嘆願を受け入れて陸奥に帰し、まだ服属していない蝦夷の説得をさせたほうがいいと主張するが、公卿たちはこぞってそれに猛反対した。その理由は、彼らは「野性獣心にして、反覆定めなし」、すなわち本能のままに行動する獣のような性質で、すぐ心変わりして裏切るような節操のない奴らだ、と最大限の侮蔑的な言葉を並べて処刑を主張するのである。田村麻呂は、彼らが決してそのような人間でないことを十分に知っていたからこそ処刑に反対したのであろうが、多勢に無勢で、結局、通らなかった。

二人は河内国で処刑されるのであるが、『日本紀略』が伝えるその場所は「植山」、あるいは写本によっては「椙山」とも記されている。その比定地をめぐっては諸説あるが、座談会で鈴木氏が紹介しているように、いずれも大阪府枚方市に求められている。近年、枚方市片埜《かたの》神社の裏にある塚状の場所に「伝阿弖流為・母禮之塚」という石碑が建てられたが、これも鈴木氏がそのいきさつをくわしく述べているように、もともと塚状の高まり自体がなかったもので、史跡とはいいがたいものである。

アテルイの残したもの

こうしてアテルイは、延暦二十一年(八〇二)に処刑された。さらにその翌年には、田村麻呂が造志波城使となって陸奥に遣わされ、今度は志波城の造営を陣頭指揮している。胆沢周辺ばかりでなく、「奥地」と呼ばれた志波にも城柵が築かれるのである。

アテルイの死は、蝦夷の最大勢力である山道蝦夷全体の服属をもたらした。さらに北には、弊伊《へい》・爾薩体《にさったい》などの未服の蝦夷集団が盤踞していたが、律令国家にとって征夷が峠を越したことは明らかであった。しかしもう一方で、律令国家も大きな痛手を受けていた。七、八万(延暦八年)、一〇万(同十三年)、四万(同二十年)と立て続けに大軍を動員する一方で、長岡京(延暦三年)、平安京(同十三年)と二度の遷都を行ったことで、陸奥・出羽や東国の疲弊は限界に達し、国庫は払底していた。

それにも関わらず、桓武は最前線に最大規模の志波城を築いてさらに北をうかがう姿勢を見せ、延暦二十三年(八〇四)には、再度、田村麻呂を征夷大将軍に任じて征夷を行おうとするのである。しかしながら、この征夷はついに実施されずに終わる。その理由は明らかではないが、さすがの桓武も在地の疲弊や国家財政の逼迫という現実を認めざるを得ず、翌二十四年十二月にいたって、征夷と造都の二大事業をめぐって、著名な御前会議である徳政相論が開催される。参議藤原緒嗣《おつぐ》が、「方今《まさにいま》、天下の苦しむ所は、軍事(=征夷)と造作(=造都)となり。此の両事を停むれば、百姓安んぜん」と主張したのに対して、同じく参議の菅野真道《まみち》は異議を唱えて譲らなかった。それを聴いていた桓武天皇は緒嗣の意見を採用し、両事業の中止を決断したという。『日本後紀』は「有識、之を聞きて、感歎せざる莫《な》し」

と桓武を賞賛している。しかしこれは、鈴木氏が詳細に明らかにしたように、あらかじめ桓武によって筋書きが作られ、それに沿って行われた政治的演出であったとみるのが正しいのである（鈴木拓也「徳政相論と桓武天皇」『国史談話会雑誌』五〇、二〇一〇年）。その理由の要点は、鈴木氏が座談会で述べているので参照されたい。

こうしてアテルイ率いる山道蝦夷の律令国家への抵抗は、征夷の終焉という帰結を招いた。このあと弘仁二年（八一一）には文室綿麻呂《ふんやのわたまろ》の征夷があるが、その兵力は俘囚の部隊を主力としたものであり、桓武朝の征夷とは明らかに性格を異にするものであった。実質的には征夷は徳政相論で終了するのである。

アテルイらの戦いは、征夷を終結させただけでなく、以後の蝦夷支配のあり方をも大きく変えることになる。律令国家は、しだいに国家に協力的な蝦夷の有力者を取り立てて、彼らの力を利用して蝦夷支配を行う方向に転じていく。その結果、彼らの中からつぎの時代の東北史の担い手が育っていくことになったとみられるのである。アテルイらの戦いが、蝦夷たちの新しい時代の到来に道筋を付けてくれたといっても過言ではないであろう。

座談会の序論としてはいささか長くなってしまった。これまで筆者は、三十八年戦争の経過を逐一たどって検討したことがなかったので、樋口・鈴木両氏のご研究に刺激を受けて、ついつい自説を縷々述べてしまったことが原因である。読者には、拙稿でしばしば言及した鈴木拓也氏の『蝦夷と東北戦争』と、座談会後に刊行された樋口知志氏の最新作『阿弖流為』（ミネルヴァ日本評伝選、ミネルヴァ書房、二〇一三年）を併読されることをお勧めしたい。

第Ⅰ部　座談会　アテルイの歴史像

座談会

場　所：岩手大学

日　時：二〇一三年三月二十三・二十四日

参加者：

熊谷公男（東北学院大学教授・文献史学）

樋口知志（岩手大学教授・文献史学）

鈴木拓也（近畿大学教授・文献史学）

伊藤博幸（岩手大学特任教授〈当時〉・考古学）

八木光則（蝦夷研究会・考古学）

Ⅰ　アテルイの育った世界

プロローグ

伊藤　高橋克彦さんの小説『火怨』をもとにして、NHKでは「火怨・北の英雄 アテルイ伝」のドラマを二〇一三年一月に放映しましたね。今回の座談会は、このドラマ制作の歴史考証を担当した全員に加えて、『蝦夷と東北戦争』（吉川弘文館）の著者である鈴木拓也さんにも集まってもらって、アテルイをめぐる歴史について、改めて考えなおしてみようという企画です。歴史考証といっても、史料の読み方や遺跡の評価も、研究者によって意見の食い違いがたくさんあります。アテルイの知名度はドラマのおかげで確かに高まったでしょうが、歴史の真相に向けて、整理しなおす必要があるのです。

アテルイは、東北地方の古代史、日本の歴史を語る上では欠かせません。でも、一般の方には馴染みがないでしょうから、本書の巻頭に、基本となる歴史的な事実を熊谷さんに紹介してもらいました。読者の方には、まずは予習をかねて、序論に目を通してもらってから、ドラマの世界とは一味違ったアテルイの座談会を楽しんでもらいたいと思います。

では、さっそく、座談会を始めましょう。最初は、「アテルイの育った世界」です。彼の生年と没年はいつなのか、アテルイの一族や本拠地とはどんな世界だったのか、考えてもらいたいと思います。アテルイの没年はわかっていても、生年はよくわかりませんね。この問題は樋口さんが整理されていますので、樋口さんお願いします。

(1) アテルイの生年と没年

樋口 史料では延暦二十一年(八〇二)八月十三日に刑死したことだけがわかっていて(巻末「アテルイ関係史料」史料6。以下同)、享年はわかりません。高橋さんの小説の設定では、宝亀十一年(七八〇)の伊治公呰麻呂の乱の時に一八歳。延暦二十一年(八〇二)の没時で四〇歳。一貫して正義感に燃える若き青年アテルイのイメージで描かれています。でもこの年齢設定は、私にはやや無理があるように思われます。

伊藤 八〇二年でアテルイを四〇歳として、そのとき田村麻呂が四六歳だったことは確かですね。そのあたりのバランスがあったのではないですか。

樋口 そうですね。田村麻呂とアテルイのどちらを年長とみるかということもあります。ドラマの設定では、田村麻呂のほうが年長になっていますが。

熊谷 それが不自然ってことですか。

樋口 アテルイの年齢を考える重要な手がかりは、延暦八年(七八九)の合戦での戦いぶりにあるように思われます。高橋克彦さんの小説の設定では、このときまだアテルイはわずか二七歳ということになります。

伊藤 そう、まだ三〇歳になっていませんね。

樋口 私は、ちょっと若すぎると思います。あの冷静沈着でぎりぎりまで機を待つ堂に入った戦いぶりは、ある程度の成熟した年齢を想像させるような気がします。

熊谷 確かに高橋さんの小説の年齢設定は、若すぎると思います。延暦八年(七八九)にアテルイが軍を率いて戦ったのは事実であって、そのときに三〇歳に達していないのは若すぎるという話はわかりました。そのほかに何か根拠はありますか。

樋口 延暦八年の合戦における蝦夷軍の構成や戦い方にも、アテルイの年齢を考えるヒントがあるように思います。戦い方などはあとで話題になるので、詳しくは言いませんが、この戦いでアテルイ率いる蝦夷軍の背後には、胆沢の地の外に広がる広範な地域の蝦夷集団のネットワークがあったと思うのです。ドラマでも馬が重要な役目を果たしていましたが、馬飼いの蝦夷たちも傘下に収めていたかと推測されます。また巣伏村での勝ち戦の際の官軍に対する軍兵の動かし方はまるで熊の追い込み猟のようで、山間部に住む狩猟民の蝦夷とのつながりをも想定させます。つまりアテルイは、他の蝦夷村とも非常にかかわりが深くて、顔が広かったのではないでしょうか。そうした広範な蝦夷の力やネットワークを組織して、そのうえに立って戦いを指揮することができたアテルイの人物像としては、その時点での経験的な蓄積や、蝦夷社会の中での信頼度に裏づけられた、かなりの実力を持っていたと考えるべきではないかと思うのです。

熊谷　イメージとしては、その話を聞いている限りほとんど同感ですよ。

樋口　私が目安として考えているアテルイの年齢観は、七八九(延暦八)年の戦いの時点で四〇代前後、だいたい三〇代後半から五〇代はじめくらいです。アテルイの生年については、あくまで推定ですが、七三八(天平十)年あたりが一応の上限で、下限は七五三(天平勝宝五)年、この一五～六年間をイメージしています。そうすると、呰麻呂の乱がおきた七八〇(宝亀十一)年には二八歳～四三歳、七八九(延暦八)年の戦いの時には三七歳～五二歳くらいになります。七九四(延暦十三)年の合戦時には四二歳～五七歳、死没時の八〇二(延暦二十一)年で五〇歳～六五歳くらいです。

熊谷　イメージとしての樋口さんの考えはわかりました。ひとつ聞きたいのは、呰麻呂の乱が起きた翌年、天応元年(七八一)に賊中の首にして、一騎当千の猛者と名指しされた四人、伊佐西古《いさせこ》・諸絞《もろしめ》・八十嶋《やそしま》・乙代《おとしろ》が出てきますが[*1]、ここにアテルイはいません。これをどう考えるのかをお聞きしたいのです。ここにアテルイが出てこない意味は、年齢の問題ともからむはずです。

樋口　二通りの考え方ができると思います。ひとつは、伊佐西古・諸絞・八十嶋・乙代の四人は、呰麻呂の乱(七八〇年)の戦いの際に呰麻呂と手を組んで蜂起した俘軍の指揮官クラスであり、いずれも吉弥侯部姓の人物だったというものです。その考えだと、吉弥侯部姓の俘囚と、本拠地名プラス公《きみ》カバネの姓をもつアテルイら蝦夷族長とは階層を異にしていたため、当該記事にはアテルイの名が挙がっていないのだと考えることができます。仮にこの見解を採るならば、アテルイが実はこのときすでに参戦していた可能性も皆無とはなりません。でも私はそうは考えないのですが。

もう一つは、アテルイがまだこの時点では反乱軍側にくみして戦う決意をしていなくて、アテルイや胆沢の蝦夷は参戦していなかったからそこには名が見えないという考え方です。前者の立場をとると、アテルイの名前は見えないけれども参戦していた可能性は残るのですが、後者であれば参戦していなかったから彼の名前はないという解釈になります。以上の二通りの考え方のどちらかなのかなと思います。

熊谷　まだあると思いますよ。胆沢を討つという記事が宝亀七年(七七六)に出てきます。[*2] この時点ですでに胆沢の蝦夷は国家側と戦っていて、胆沢がターゲットになっているのは間違いない。

そもそも七八〇年の呰麻呂の乱は、胆沢地域を得るために覚鱉《かくべつ》城を造ろうと、按察使以下が来たときに起こるわけです。ですから、この天応元年(七八一)の段階で、すでに胆沢はターゲットの中心になっていた。実際にどの程度の戦いだったかはわかりませんが、一騎当千の蝦夷にアテルイの名前がないのは、樋口さんが言った可能性のほかに、ごく単純にアテルイがまだ、リーダーになっていなかった可能性だってある。それをなぜ排除するのですか。

樋口　可能性が全くないとはいえないと思いますが、先述したアテルイの年齢観を前提とするかぎり、優先順位はかなり低いとみています。

熊谷　私は一番高いと考えています。

伊藤　確認しますと樋口さんは、アテルイは田村麻呂より年長であると考えているのですね。熊谷さんは、ひょっとして若いと考えているのですか。

熊谷　いや、そうではありません。若いというのは考えにくいでしょう。なぜ天応元年(七八一)の記事にアテルイの名前が出てこないのか。これは重要な問題だと思ったので、樋口さんの考えを聞きたかっただけです。

伊藤　鈴木さんは、どんな考えをもっていますか。

鈴木　私も田村麻呂よりはアテルイのほうが年長だろうと考えています。その理由の一つは、胆沢の蝦夷と朝廷軍との戦いです。桓武朝には延暦八年(七八九)、延暦十三年(七九四)、延暦二十年(八〇一)の三回の征夷がありますが、アテルイは最初から参加しています。ところが、田村麻呂の参加は二回目の延暦十三年からなのです。

延暦八年の段階で田村麻呂は参戦していません。延暦十三年に田村麻呂が征夷副将軍として参戦した時の年齢は三七歳です。朝廷が派遣した副将軍にしてはかなり若い。田村麻呂が副将軍に任命されたのは、延暦十年(七九一)、三四歳。これも非常に若い。それに対して、アテルイは、延暦八年から全部に参加しています。そうなると、ひと世代以上は上だろうという推定は成り立ちます。

政治的な面から考えると、工藤雅樹先生がよく言われていましたが、[*3]蝦夷社会というのは、部族制社会であって、蝦夷は小規模な部族集団ごとに活動しています。国家は、そこを利用して、夷を以て夷を制するという、蝦夷同士を戦わせる戦法をよく使います。それは蝦夷社会がまとまっていないからです。ところが、東北三十八年戦争の時代、とくに桓武期がそうですが、蝦夷はアテルイやモレという指導者を戴いて、大同団結するのです。それは、単に二人の武力が優れていたからではなく、おそらく人生経験などを通して、人間として敬うに値するということがあったからではないかと思うのです。

私は、この二つの理由から、田村麻呂よりアテルイのほうが年長だったろうと考えています。ただ、具体的な年齢はわかりませんし、天応元年(七八一)六月の記事に関しても、定見はありません。あの記事はとても難しくて、なにせ、本来出てくるべき、呰麻呂も出てきませんからね。

熊谷　そうなんです。

伊藤　私は、二〇年くらい前に書いた『岩手県の歴史』（山川出版社）でも、樋口さんに近い年齢設定をしています。

樋口　伊藤さんが『岩手県の歴史』に書かれたなかでは、アテルイの最期のところで「初老のアテルイであったか」とされていますが、その根拠は何だったのですか。

熊谷　アテルイが亡くなった時は、五〇～六五歳だと。

伊藤　でも、実際に六〇歳で戦争を仕切るなんて、できないでしょうね。

鈴木　朝廷軍の将軍には、延暦十三年の征夷大将軍大伴弟麻呂のように、六〇歳を過ぎた人もいます。将軍は前線に行かず、後方で指揮を執るからです。

熊谷　システムが全然違うのです。

伊藤　まとめますと、アテルイは田村麻呂よりも年長であるのは、みなさん異存なしですね。アテルイの死没時の年齢は、五〇歳過ぎ、六〇歳代もあり得るということですね。天応元年（七八一）六月の記事にアテルイの名前がないことは、アテルイ参戦のきっかけを考えるときに、また改めて取り上げましょう。

(2)　アテルイ一族を考える

伊藤　アテルイは「夷大墓公阿弖利為」、モレは「盤具公母礼」と出てきますが（史料5・6）、一般的にタモノキミ（大墓公）・イワグノキミ（盤具公）と呼んでいますね。熊谷さんはどう読みますか。

熊谷　一般的には「大墓」と書いてタモと読み、「盤具」と書いてそのままバングと読んでいます。大墓と書いてタモと読むのは、田茂山が現在の新幹線の水沢・江差駅付近にあります。奥州市水沢区羽田町あたりです。大墓をタモと読む最大の根拠は、この田茂山があるからだと思うのです。そもそも、「大」と「墓」を「タ」と「モ」と読むのは、字音仮名としては非常に特殊な読み方です。通常、タとかモと読ませるのであれば、字音で

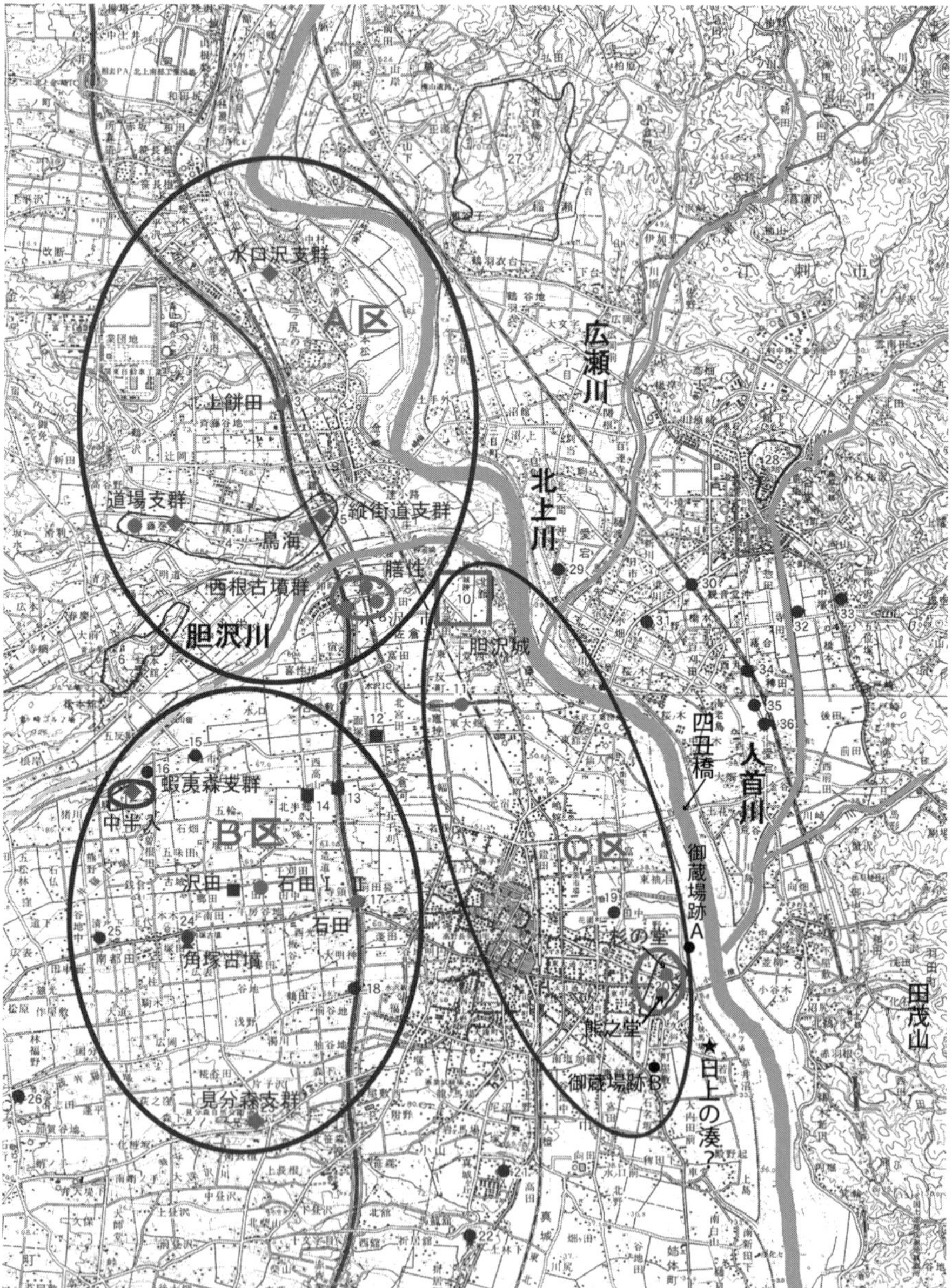

図１　関連遺跡・地名分布図
（「日上の湊」比定地は御蔵場跡Ａが伊藤説（69頁）、★印は樋口説による）

はそんな字は使わない。字音仮名からみると非常に不自然です。

平凡社の『岩手県の地名』などの地名索引をみると、田茂の項目はなく、田茂山の項目しかありません。現在の水沢江差駅付近にあった近世の田茂山村です。『岩手県の地名』をみると、断定はしていませんが、この地名は一六四五年に及川氏が気仙郡の田茂山村(現在の大船渡市)から旧水沢市に移住してきて田茂山村と名づけたと説明しています。『岩手県の地名』では、それより古く地名がさかのぼるとは書いていません。中世以前には確認できないのです。したがって、田茂山という地名しかないうえ、その地名すら十七世紀になってから付けられた可能性も考えられるのです。だから、田茂山という地名とむすびつけて、「大墓」をタモと読むのは、問題があると思っています。

では何と読むのか。そのまま「オオハカ」と読むのがごく自然だと思うのです。古代のこの地域の地名も胆沢・江刺・岩手・稗縫《ひえぬい》、すべて漢字を訓読みしています。訓読みにしても何ら差し支えはないのです。

もうひとつの「盤具」ですが、バングとそのまま読むことは、古代では絶対にあり得ません。和語の言葉の中に「ン」といった撥音が含まれることは、通常はないのです。「大墓」にしろ「盤具」にしろ、律令国家からもらった姓でしょうから、それを大和の読み方ではありえない読みの姓を与えるのは、まず考え難い。そうすると、何と読むのか。この盤という文字は、磐と通用するのでイワと読めます。具にはトモと訓があるので、両方ともに訓で読めば、「イワトモ」と読めて、地名としても姓としても不自然ではありません。

ちなみに、イワ・グというのは、イワが訓で、グが音なので、訓・音になります。訓と音が混ざった言葉もないことはないのですが、音は音で通す、訓は訓で通すのが古代の原則です。平安時代にはしだいに崩れていくようですが、とにかく古代の原則に立てば、イワトモが一番自然ではないかと思います。

伊藤　延暦八年(七八九)の戦いの舞台となった巣伏は、

スブセ・スブシと読むのでしょうが、地名は残っていませんね。どの場所に比定できるのでしょうか。

熊谷　通説では、巣伏村は奥州市江刺区愛宕(オダキ)地内の四牛(シウシ)に比定していますね。いまの四丑橋の東側になるのでしょうか。

伊藤　そうですね。

熊谷　『岩手県の地名』をみると、近世の四牛村は、北上川の西岸、現在の水沢区佐倉河・常盤のあたりだとしています。ただし、元和元年(一六一五)の文書によると、江刺郡二子町村のなかに荒谷・四丑・島野谷内の地名が出てきます。二子町村は北上川の東岸ですが、東岸にも近世に四丑という地名があったことがわかります。

ところが、さらにさかのぼって、応安八年(一三七五)の文書によると、葛西周防三郎という人物が那須川郷とともに志牛郷を恩給されていることが出てきます。那須川は現在の北上川西岸の水沢区常盤あたりなので、それに並んで出てくる志牛郷も、水沢区佐倉河あたりの近世にあった四牛村と同じ位置ではないかとみられます。十四世紀のことです。

これが確認できる古い史料のようです。そうだとすると、シウシというのは、もともと北上川の西岸の地名とみられ、近世も主体は西岸にあって、村名になっています。村名は西岸だけです。東岸は二子町村のなかに四丑という地名がある。飛び地なのかなと思います。出作にいっていたさきに、本村の名前を付けることもけっこうありますからね。

そう考えると、四牛という地名は、もともとは北上川西岸にあったことになるのではないでしょうか。シウシ・スブシと読んだかどうかもよくわかりませんが、四牛が巣伏と結びつくのかどうかも、検討を要するのではないでしょうか。

ついでに、跡呂井《あとろい》という地名は、現在の水沢区神明町一丁目に跡呂井文化センターとして名前が残っていますが、もともとは近世の村の名前です。『岩手県の地名』に載せられた一番古い確かな史料は、永正三年(一五〇六)に安土呂井《あとろい》郷が出てきます。さらにさかのぼって、「岩淵氏系図」には文治年中(一一八五〜一一八九)に藤原秀衡の臣下が安土呂井城を築城したと書いてあるのですが、系図ですからすぐには信用できないですね。

安土呂井の地名は、戦国期にあったことは確かですが、それ以上にさかのぼるかどうかは、よくわからない。安土呂井がアテルイと関係があるという説は広く流布しているのですが、関係があること自体はよいとしても、問題は、その関係をどう考えるかです。アテルイの名前が安土呂井という地名として残るという考えは、通常の名前のあり方から考えるとあり得ないので、私は考えられないと思います。

では、どう考えるべきなのか。全くわかりません。けれども、アテルイという名前にも、何か意味があったのだと思うのです。古代において蝦夷語として出てくるアテルイ、あるいはアテリイに近いのかもしれませんが、そうした言葉・単語があって、一方で名前になり、一方で地名になるというケースなら、あり得ると思うのです。けれども、現在残っている地名跡呂井とアテルイを直接結びつけるのは、古代の名前の性質からして無理だろうと思います。

通常、名前というのは一代限りです。一代限りの名前が地名に残るのは、その人が英雄だとか、意図的にその人の名前を後世に伝えようとして、名前を地名につけることはあり得るでしょう。でも、そんなことがない限り、残らないと思うのです。確かに似てはいるけど、だからと言ってすぐに結び付けるのは、どうなのかな。というのが私の立場です。

樋口　熊谷さんの見解だと、跡呂井の地名とアテルイという人名は、語源が共通になるのでしょうか。

熊谷　その可能性はあったとは思いますが、わかりません。ただ、結び付かないかもしれませんよ。その可能性も当然あるのです。

樋口　一般的にアイヌ語地名は、地形の特徴がほとんどですよね。

熊谷　おそらく、そうだと思います。

伊藤　鈴木さんは、どう考えますか？

鈴木　結論から言うと、跡呂井の地名とアテルイは、あまり関係ないように思っています。その理由は、一般に「阿弖流為」はアテルイと読んでいますけど、ご承知のとおり『日本後紀』に由来する『類聚国史』と『日本紀略』の記事では「阿弖利為」（アテリイ）と書かれています。*4 たぶん、ほんとうの発音は、アテルイとアテリイのちょうど中間くらいであって、むしろアテリイに近いのだろうと思います。そう考えると、跡呂井という地名とは、若干、距離ができる。

もう一点は、延暦八年（七八九）の戦いのときに、アテルイは「賊帥《ぞくすい》（敵の大将）夷《えみし》の阿弖流為の居」（史料1）として登場します。この「居」は北上川の東岸にあります。ところが、跡呂井の地名は西岸です。ですから、合わない。これに関しては伊藤さんの論文で、*5 本来、胆沢の蝦夷は西岸を本拠地としていたのに、あえて軍勢を東岸に移して、あたかも東岸が本拠地であるかのように見せかけたのだと説明されていますので、あまり強くは言えません。ただ、国家の認識としては、アテルイの住まいは北上川の東岸にあるので、やはり、地名の跡呂井とは結び付きにくい感じがします。

アテルイの姓・大墓公ですけど、延暦八年の戦いのときは、アテルイはあくまでアテルイであって、姓をもっていないですよね。私は後から姓がついた可能性もあると思っています。

熊谷　なんで、後から付けるの？

鈴木　降伏段階で、付けることもあると思っています。

熊谷　降伏した時に姓を付けることは、私はあり得ないと思う。アテルイに姓が付いていないのは、賊だからです。だからあえて、大墓公を付けないでよんでいるのだと思うのです。

鈴木　それは両方の可能性があって、アテルイは延暦八年以前に国家に服属して賜姓されたけれども、賊になった時に姓を剝奪され、降伏した時に本姓に戻したという意見がありますよね。*6

熊谷　うん。

鈴木　降伏した段階で姓を与える可能性も皆無ではな

いと思うのです。

熊谷　なんのために、姓を与えるの？

樋口　大墓公みたいな良い姓を与えられる理由がわかりませんね。もっと悪い姓が与えられるのならまだわかりますが。

熊谷　輔治能清麻呂（和気清麻呂）が別部穢《きたな》麻呂にされているとか、そんな雰囲気でね。*7 あれは和気を別部にもしているしね。姓というのは、社会的な地位を示すので、捕らえた後は、完全に賊、罪人だから姓を与えることは、あり得ないことです。

鈴木　田村麻呂であれば、あり得るのではないですか。

熊谷　田村麻呂が姓を与えるわけじゃないでしょ。

鈴木　賜姓の権限をもつのは天皇です。でも、どの姓にするのかという原案は、当然、国司なり将軍なりが提示するでしょう。

熊谷　それは、まあちょっと賛成できないな。

伊藤　私も「大墓」をタモではなく、「オオハカ」と読むのが素直だと考えていますが、問題は地名と比定地です。胆沢地域の特徴かもしれませんが、地名が北上川の両岸にまたがるのです。たとえば、草井沼という地名があります。いまの姉体町草井沼ですが、北上川の両岸にあります。どちらが先なのかはわかりません。

巣伏については、私はスブシと読むのだと思うのですけど、巣伏も北上川の東岸に最初からあったのではなくて、川をまたいでいたのではないかな。北上川はものすごく暴れていますから、地名が動くというよりも、北上川が動いているわけです。川の振幅も考慮すべきではないかと私は考えています。

北上川東岸の七世紀～八世紀の状況は、北上山地が北上川に迫っていて、遺跡は縄文時代までは見つかっていますが、それ以降は、ぶっつり途切れて、ほとんど遺跡がありません。考古学の研究からすれば、東岸は人が住めるような場所ではないですね。『続日本紀』の記事にはアテルイの「居」と書いていますが（史料1）、あの記事は、そう読むのではなくて、そう読ませるように仕向けたのだ、というのが私の従来からの考え方です。八木さんは、どうですか?

八木　そうですね。跡呂井の地名については、みなさんと同じで、アテルイと結び付ける根拠は弱いのかなという気がします。巣伏は、たぶんアイヌ語系で、「伏」は「プシ」ですね。木伏(キップシ)のプシです。あるいは「ウシ」と変化する場合もありますから、「シウシ」でもよいのかもしれません。要するにアイヌ語系地名とみて、地形などから理解できるのかどうかですね。盛岡には北上川のすぐそばに木伏がありますが、あってもおかしくはないと思います。

伊藤さんは川が動くといわれましたが、盛岡でも北上川の両岸で、もともとは同じ語源をもつ地名に、別の読み方が付けられている例があります。ですから、東か西かというのは、古代の八〇〇年前後においてどうだったのか。そこから考えていかないと、なかなか難しいでしょう。古代においてどうだったかを押さえる必要があります。

熊谷　アテルイの時代前後の、水沢近辺での北上川の流路は、ある程度、わかるのでしょうか。

伊藤　よくわかりませんが、中流域の山のふもとあたりは、沼沢になっていたはずです。おそらく、足を取られて、とても戦えるような状態ではない感じがします。

熊谷　確かに巣伏は、「スブシ」と読む可能性は大いにあると思います。そうだと四丑は似てはいます。ですから、四丑は遺存地名である可能性はあると思いますね。問題は、タモなのかオオハカなのか。かなり違いますから、そのあたりはもっと検討してみる必要はあるでしょう。

八木　そうですね。オオハカとタモについては、すでに朝倉授さんという方が「オオハカ」説を提起されています*8。大を夕、墓をモと読む例が極めて少ない、大墓をタモと読むのは不自然である、というのが朝倉さんの考えです。

熊谷　全く同感です。

八木　朝倉さんは、あの地域で大きい墓といえば、角《つの》塚《づか》古墳しかないので、角塚あたりに求めていますね。

熊谷　非常にわかりやすいですね。樋口さんは反対かもしれませんけど。

樋口　私はとりあえず従来どおり大墓をタモと読み、田茂山の地に比定しておこうと思っています。熊谷さんがいわれた気仙郡から移住した及川氏の件ですが、史料的な信憑性の点でかなり問題の残る史料で、私はその史料どおりに言えるかどうかはわからない、という評価です。角川の地名大辞典などでも、その点は定かではないという評価ですね。

田茂山の地については、高橋富雄先生以来[*9]、延暦八年の合戦の経過と現地の地形とを照合し、JR東北新幹線の水沢江刺駅の南の田茂山あたりを一番の候補地に挙げています。田茂山は小丘陵でその東側にもう少し高い山があります。そのあたりに伏兵がいて、後ろに回って官軍の退路を断ったというあの一連の作戦は、アテルイが官軍を撃退するうえで、まさに田茂山のあたりが一番重大な作戦決行の地であったことを物語っています。そのことと、アテルイら一族が大墓《たも》のウジノナを称していたこととの間に、何らの因果関係もないとみるのはかなり不自然なのではないでしょうか。

確かに伊藤さんが言われるとおり、北上川の東岸は現時点では集落遺跡がほとんど見出せない状況ですが、アテルイによる奇襲作戦決行の場が東岸の田茂山周辺の地であったことに注目すれば、そのあたりが大墓公一族にとって重要な土地であった可能性も決して捨てきれないように思います。単なる臆測ですが、あるいは祖先祭祀などをおこなう信仰上の聖地であったのかもしれません。

次に跡呂井とアテルイとの関係については、跡呂井地区の一番南の端に杉の堂遺跡があります。そのすぐ南には、近世では安土呂井村ではなく草井沼村に属しますが、熊之堂遺跡があります。杉の堂遺跡から熊之堂遺跡にかけての杉の堂・熊之堂遺跡群は、奈良時代後半の八世紀第3四半期においては胆沢地方で最大規模の集落遺跡に成長します。石田遺跡(奥州市水沢区)よりも大きいですね(図1参照)。

『続日本紀』延暦八年九月戊午条には北上川に設置さ

れた河港とみられる「日上の湊」のことが出てきますが、その「日上の湊」も杉の堂・熊之堂遺跡群の大集落のあたりに立地していた可能性が高いように思われます。*10 杉の堂・熊之堂遺跡群が、アテルイら大墓公一族の中心的な拠点集落のひとつであった可能性はきわめて高いと思います。

以上のように、まさに跡呂井地区のあたり一帯に、アテルイら大墓公一族の重要な拠点集落があったと考えられるのであれば、やはり跡呂井の地名も、アテルイの存在とは全く無関係だと言い切るのには大きな問題があります。

また八木さんが紹介された朝倉さんの意見のように、大墓を角塚古墳とみる説には多少魅力も感じます。でも実際に最近角塚古墳の近くで古墳時代の集落や奈良時代の集落が少し出てきてはいるのだけど、角塚古墳とアテルイとを結ぶ線がどのくらいあるのかどうか。今後の検討課題でしょう。

ただしこの地域の譜第族長家は、おそらく大墓公氏ではなくて、胆沢公氏です。胆沢公一族の墓域は、胆沢川の北岸の金ヶ崎町西根古墳群のあたりです。また七世紀後半から八世紀前期頃にかけて、胆沢川の両岸に跨るかたちで胆沢公一族の村が展開していた。そして八世紀第2四半期頃に、角塚古墳にほど近い石田遺跡の地にこの勢力が根を張ることになるようです。とすれば、角塚古墳をシンボルとする蝦夷族長家は大墓公氏よりはむしろ胆沢公氏のほうではないかと思えるのですが。いっぽうアテルイの出てくる大墓公氏は、むしろ胆沢公氏に比べれば新興の勢力のようですね。

熊谷　新興なのかどうか。胆沢公から分かれたのかもしれない。

樋口　そう、私も胆沢公から分かれた可能性が高いと考えています。

熊谷　そうしたら、先祖は一緒なんじゃないの。

樋口　そうですね。ただ祖先は一緒なのですが、分家である大墓公氏の勢力がいくら大きくなったとしても、もともとの譜第族長家はあくまで胆沢公氏のほうなので、そちらをさしおいて、アテルイら新興の分家筋の一家が、自ら角塚古墳被葬者の嫡流であることを標榜するような姓を名乗るというのは、ちょっと考えがたいように思われるのですが。

熊谷　そこは、微妙だと思うのです。

樋口　微妙ですか。

熊谷　だって、胆沢の地ですからね。胆沢公が本流なのでしょう。けれども、胆沢と大墓を比べた場合に、どっちが本家かということになると、これはなんとも言えない。胆沢公をさしおいて、名乗れるのか、名乗れないのか、ということは何とも言えないなと思います。

樋口　伊藤さんの考古学的なご研究によれば、胆沢公は長く胆沢川の両岸に本拠を持っていて、奈良時代の中ごろから後半くらいになって新しく台頭してくるのがアテルイの出た大墓公一族だということですね。そういう考え方に照らせば、私は大墓を「オオハカ」と読むのはどうなのかなあと思います。でも、オオハカ説に全面的に不賛成ということではなくて、大和言葉で大きな墓を意味する「大墓」とは無関係の、オ・オ・ハ・カの音に近い現地語をもとに「大墓」と名付けたということであれば、そういう可能性も全くない訳でもないかなとは思っています。

伊藤　私もアテルイは、新興勢力だと思っています。明治時代の跡呂井村と、熊谷さんが言われた四丑村ですが、北上川西岸で跡呂井村・四丑村・那須川村と三つならんでいます。ここでいま、見解が分かれているのは、結局、その明治時代の村々の中に巣伏だとか四丑とか、跡呂井・田茂も含めて、奈良時代にはもしかしたら統一できるのではないかという地名が、ぐちゃぐちゃになったところが悩ましいのです。

熊谷　跡呂井と四丑などですね。

伊藤　それも含めてですね。連動するような地名も出てきますしね。考古学的に詰めるしかありません。悩ましいところです。まだまだわからないとしか言えないのですね。

(3) 蝦夷社会とアテルイの本拠地

熊谷　樋口さんが古墳や集落遺跡とアテルイの本拠地の話をしましたが、最近では、古墳時代以来の胆沢地域は角塚古墳でも象徴されるように、ほかとは違うような地域性があって、古墳も作るし、中半入遺跡のような大規模集落もある。そういうものが奈良時代以降、ひいてはアテルイの蝦夷集団につながることがあったのかどうか、という問題を考えてみたいですね。胆沢に詳しい伊藤さんから考古学の成果などをとりまぜながら、お願いしますよ。

伊藤　ご存じのとおり、角塚古墳は日本列島最北の前方後円墳で、胆沢の地にあります(奥州市胆沢区南都田)。古墳時代の遺跡は、角塚古墳の北方約二〜三キロのところに、中半入遺跡を中心にたくさんあるのですが、最近、角塚古墳の東方からも同時代の遺跡が沢田とか石田あたりでみつかっています。だからといって、大きく見解が変わるのではなくて、墳墓が濃密にみつかったということです(第Ⅱ部高橋報告参照)。

これらの遺跡は、六世紀は希薄に近い。七世紀になって胆沢平野の北で大きな集落が形成されて、七世紀・八世紀と展開して、八世紀の半ば以後、明治時代の安土呂井村・四丑村あたりに、いきなり新しい集落が成立して、先行していた集落が消えていきます。

そこで私は、胆沢平野のなかに胆沢政権というものがあったとすれば、集落遺跡の消長関係が政権交代という現象を示しているのだろうという図式を描いたことがあります。北から、あるいは西のほうから、東の北上川流域に大きな集落が移動・展開していくという図式です。そのなかで、アテルイ自身の大墓公一族の台頭過程は、集落遺跡の消長からして、跡呂井村・四丑村あたりの新興勢力のグループではないかと考えたのです。

近世の安土呂井村にある奈良時代の遺跡群には、いくつかの大きな集落があるのですが、熊之堂遺跡群は群を抜いてダントツに大きい遺跡です。面白いことに、八世紀後半になると、ほとんどの集落遺跡が焼けているというのがミソですね。このところを考古学的にどのように評価するのか、今後にかかってきます。
　奈良時代のことはよくわからないのですが、奈良時代の末に製塩土器がかなりみつかっています。奈良末から平安時代初頭にかけての北上川の川筋にある遺跡で、製塩土器がまとまってみつかっています。
熊谷　そこで塩を作っていたのですか。
伊藤　いえ、違います。塩は、土器ごと運ぶのです。製塩土器がみつかる集落遺跡で再加工しているのでしょう。ニガリだとか塩を分離するのは、集落でやっているのです。明らかに川を使っています。石巻か気仙方面から持ってきたのでしょう。大きな漁具もみつかっていますから、漁労をしていたこともわかります。川筋を使っての交易でしょう。アテルイらの新興勢力が台頭するのも、消費財・生活必需品を抑えたということかもしれませんね。
　延暦八年(七八九)に日上の湊が出てきますが、日上の湊を使って政府軍の敗残兵を救出していますね。その湊はいまの乙女川の河口あたりです(図1御蔵場跡A)。乙女川は北上川に直接注いでいるのではなくて、少し入り江状になっていて、北上川本流から少し離れて流れています。
熊谷　それは跡呂井のあたりですか。
伊藤　四丑村と跡呂井村の境です。そこが入り江状になっていて、いまでも川の流れがゆるやかで、水が多くたまっているところです。そのあたりかなと思っています。いまの四丑橋に近い場所あたりです。いまでも乙女川の水量は豊富ですよ。
樋口　そこに日上の湊があったということですか。
伊藤　私はそう考えています。つまり、政府軍はアテルイたちが使っていた湊を使ったのだと思うのです。あの段階では政府軍もあまり抵抗を受けないで、北上川の西岸にいた政府軍が東岸で溺れた敗残兵を助けたのではないかと思っています。
樋口　中世にも河港があったのは、そこですよね。

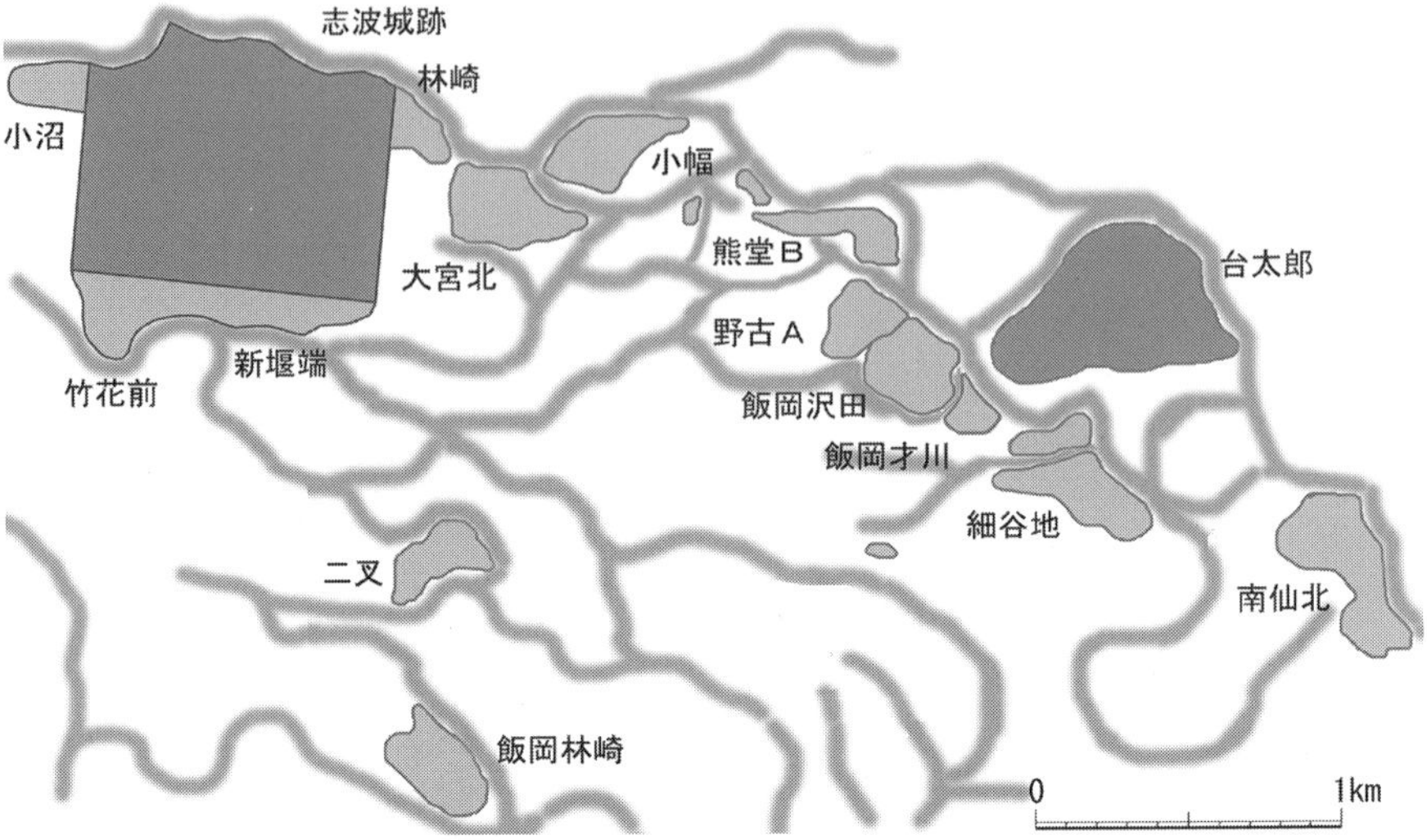

図2　台太郎遺跡と志波城跡の周辺遺跡

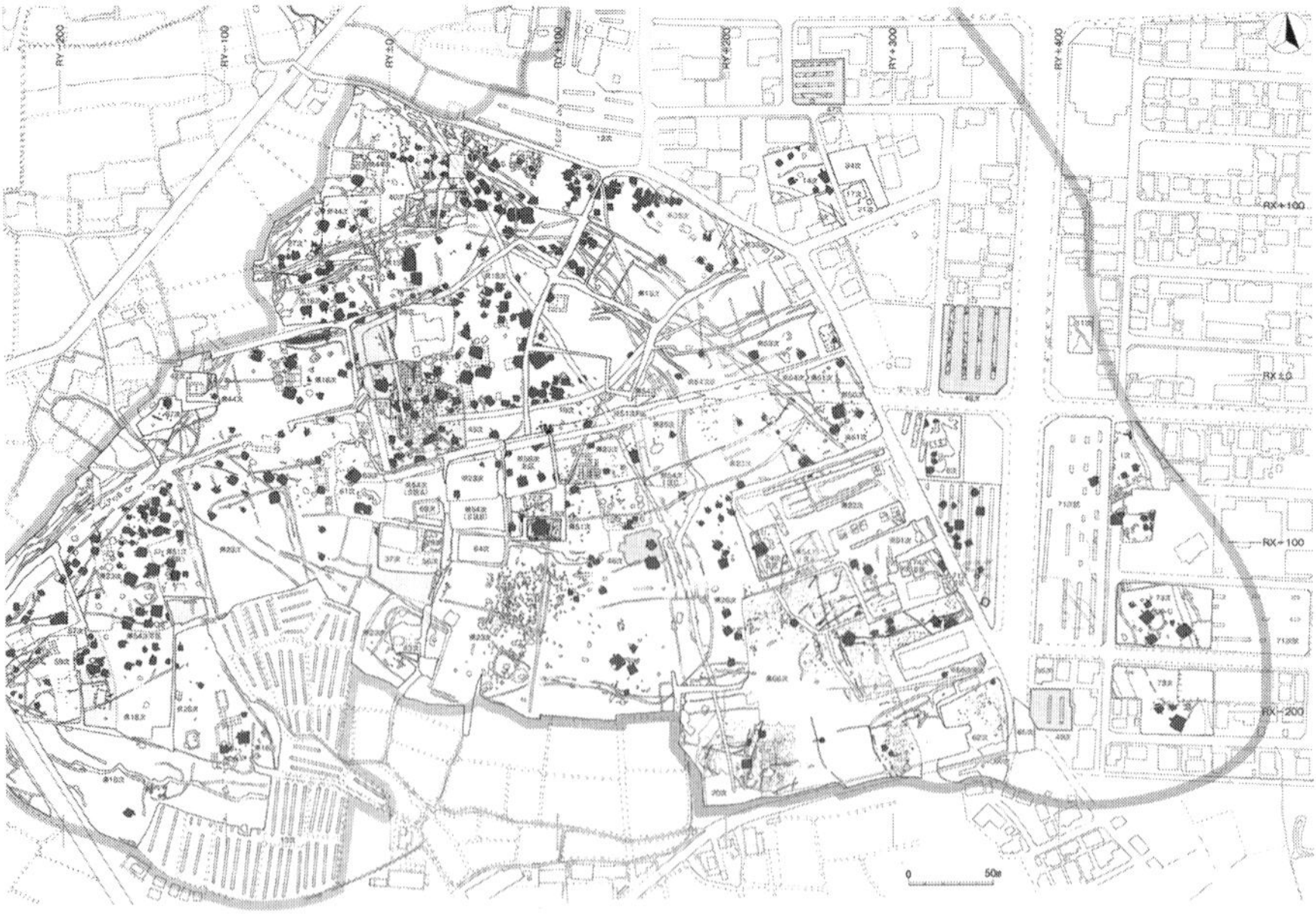

図3　台太郎遺跡

伊藤　そうです。江戸時代には安土呂井御蔵場といって荷揚場になっていますね。胆沢地域の状況はこんなところですが、志波の蝦夷社会について、八木さんお願いします。

八木　志波村あたりでは、台太郎遺跡が一番大きな遺跡です。七世紀の初めから始まります。この地域では、初発的な集落です。その後もだんだんと拡大していくという意味では、伝統的な拠点集落といえるかと思います。

ひと時期、その周辺の本宮熊堂B遺跡などに分散はしますけど、平安時代まで台太郎遺跡は継続し、拠点集落としての位置を保ち続けます。ある意味では志波地域の中での名士的な存在であると考えられます。

胆沢の地に台太郎遺跡と匹敵するような遺跡はあるのかどうかが問題です。角塚古墳かその北西にかけて、あるいは胆沢川をはさんだ地域、金ヶ崎町あたりをふくんだ地域が、もしかすると拠点的なエリアなのかなと思います。けれども、遺構の密度からみれば、台太郎ほどではありません。ちょっと分散しているのです。広いエリアで見ると、胆沢の地の拠点ではあるけれども、分散するということは、何を意味するのか。伝統的にずっと居すわるわけではないことになります。ある時期、金ヶ崎のほうに移ったりします。つまり、やや流動性の高い社会を胆沢の地域は形成していたと考えられます。

熊谷　志波城と台太郎遺跡の位置関係は、どうなりますか？

八木　志波城からほぼ東に二キロくらいに台太郎遺跡はあります。比較的近いですね（図2）。

熊谷　台太郎遺跡の終末はいつ頃ですか？

八木　十世紀まであります。

熊谷　最盛期と思われる時期は、いつ頃ですか？

八木　七世紀後葉から八世紀前葉、そして九世紀後半にピークがあります。

伊藤　台太郎遺跡で見つかった最盛期の竪穴住居は、東北地方では最大です。建物の構造が八本柱の掘立をもつのです。一辺が十数メートルもあって、とてつもなくでかい。土器もたくさん出ています（第Ⅱ部村田報告参照）。

熊谷　それが八世紀？

伊藤　そうです。一棟の竪穴住居で一冊の報告書ができるくらいの大きさです。私は台太郎遺跡というのは、とんでもなく異常で、一極集中していたような村だと見ています。

熊谷　そこが胆沢集落のあり方とは違うと。対照的というか、胆沢の集落は移動もするし、いくつかに分散しているのですね。

伊藤　胆沢地方にも、台太郎には及ばないけど、大規模な拠点集落があるのです。あちこちにね。つまり、統合されていないというのかな。

熊谷　それぞれの集落遺跡に、しかも消長があるわけですね。

伊藤　そうです。

熊谷　こっちに重点があったり、あっちに移ったりと。それも面白いですね。

八木　そのあたりが胆沢地方と志波地方の大きな違いですね。末期古墳でも西根古墳群が胆沢公の墳墓だろうといわれていますね。アテルイを新興勢力とみるのはいいのですが、杉の堂・熊之堂遺跡は今までの本拠から東へ移ってきたとされています。そこに新しい本拠というのか、比較的大きな住居・集落ができるのは確かです。けれども、彼らが古墳をどこに作ったのかが、わからない。ほかに見つかっていないので、西根古墳群の中に統合されているのだろうと思うわけです。

熊谷　なるほど、それはあり得ると思いますよ。

八木　古墳というのは、一つの集落で一つの古墳群を形成するだけではないのです。広域のいくつかの集落を含みこんだ墓域だと考えるべきなのです。

熊谷　共同墓地みたいな感じですね。

伊藤　墓域の共有ですよね。

熊谷　そう考えたほうがいいですね。

八木　おそらくは、地縁・血縁で結び付いた関係です。全く無関係な人間がやって来て、いっしょに古墳を作るわけがない。

熊谷　そのとおりですね。

八木　アテルイが新興勢力だとしても、出自は胆沢とつながる一族だと考えざるを得ないだろうと思います。

(4)　末期古墳と蝦夷社会の構造

伊藤　七世紀と八世紀の岩手県の末期古墳の構造や副葬品の違い、末期古墳からみた蝦夷社会の構造を説明してくれませんか。工藤雅樹先生は蝦夷社会を部族制社会だと言っていますが、私は部族制社会だとは思っていません。そのあたりも含めて八木さん、お願いします。

八木　そうですね。末期古墳は七世紀と八世紀では、大きく変わると思います。七世紀の末期古墳の副葬品は、東国的な要素が非常に強く出てきますね。

伊藤　東国的というのは？

八木　馬具を中心とするものです。刀も私は上野国あたりの製品だろうと思っています。

鈴木　蕨手刀ですか？

八木　蕨手刀は八世紀です。蕨手刀も上野あたりからもたらされたものだと思いますけど、それ以外にも、かなりの数の刀が入ってきています。そうしたところから、七世紀段階では、東国とのつながりをひとつ押さえておきたいと思います。

八世紀になると、和同開珎と銙帯が出てきますし、蕨手刀も入ってきます。和同開珎・銙帯は、上京朝貢にともなう搬入品である可能性が高いと思っています。そう考えると、蝦夷側が対外的に交渉する相手が、七世紀段階の東国社会から八世紀になると中央政府側に移っていった可能性が高いだろうと思うのです。そうした変化が七世紀と八世紀の間にあります。

この変化は、北上盆地でとりわけ強く見える傾向ですが、それ以外の八戸や三陸でも同じような傾向がみえます。ですから、北上盆地だけが際立って中央政府側と交渉していたということにはならないのです。かなり広範囲で分散的な交渉があったとみるべきです。

蝦夷社会の構造に関しては、部族制社会と工藤先生は言われていますけど、部族制社会をどのように規定する

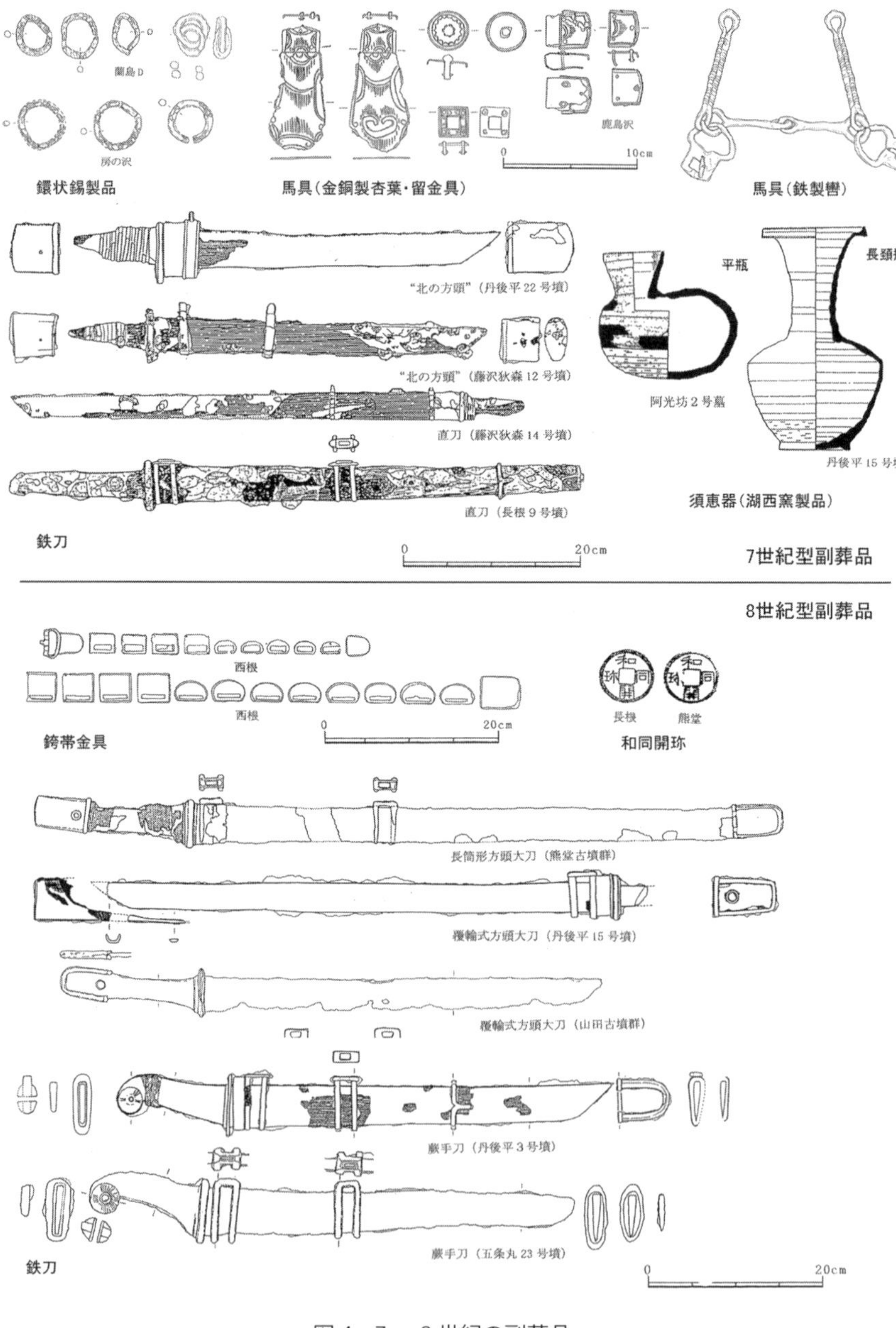
房の沢
鐶状錫製品
馬具(金銅製杏葉・留金具)
鹿島沢
0
10cm
馬具(鉄製轡)
“北の方頭”(丹後平22号墳)
“北の方頭”(藤沢狄森12号墳)
直刀(藤沢狄森14号墳)
直刀(長根9号墳)
平瓶
阿光坊2号墓
長頸瓶
丹後平15号墳
須恵器(湖西窯製品)
鉄刀
0
20cm
7世紀型副葬品
8世紀型副葬品
西根
西根
0
20cm
銙帯金具
長根
熊堂
和同開珎
長筒形方頭大刀(熊堂古墳群)
覆輪式方頭大刀(丹後平15号墳)
覆輪式方頭大刀(山田古墳群)
蕨手刀(丹後平3号墳)
蕨手刀(五条丸23号墳)
鉄刀
0
20cm

図4　7～8世紀の副葬品

のかという問題があります。工藤先生は、さまざまな階層・階級がある社会を想定しています。長がいる、神官がいる、あるいは兵もいる、そんな進んだ社会を想定しているようです。工藤先生の説は、ヨーロッパあたりの概念をそのまま持ってきて説明しているのです。ただ、蝦夷社会については、それと対比させた説明が何もされていないのです。工藤先生の言う部族制社会を、蝦夷社会に当てはめていいのかどうかという問題は、全く論証されていないと感じています。私は、階級が分化していない段階の社会であろうと考えています。

熊谷　部族制かどうかはともかく、たとえば古墳の大きさや、古墳の副葬品のあり方などから見て、一般の蝦夷と末期古墳に葬られていた人たちに階層差があったのかどうか。蝦夷集団相互に強弱なり上下の関係があったのかどうか。そのあたりを八木さんはどうみていますか。

八木　末期古墳の被葬者は、集落の全員ではないので、家長クラスだと以前から言われていますね。*11

熊谷　ということは、蝦夷社会のなかに、一般の階層でも上の階層でも、「家」はそれなりにあったという考え方も可能だと思うのですが、そのあたりは、どう考えますか。

八木　そうですね。考古学的にみると、一住居は一家族ではなくて、小さい住居と大きい住居の複数がセットになる大家族制とみるのが妥当だろうと考えられます。そうすると、大きな住居に住んでいる人が家族の長、家長になるのだろうと思います。

熊谷　そうした家長を中心とした集団が蝦夷社会にいくつもあるということですね。そうすると、家長を頂点とした集団を形成していないような蝦夷はいない、ということでしょうか。

八木　基本的にはいないだろうと考えています。

熊谷　なるほど、そう考えるのですね。

伊藤　考古学からいうと、西根古墳群と花巻の熊堂古墳と志波の古墳群は、本質的には均質なんだということですね。

八木　まあ、そうです。

伊藤　それらをさらに越える上位のグループは、いないのだという考え方ですね。

熊谷　集団相互の上下関係はないと。

八木　集団をどうとらえるかによってもちがってきますが、私はこのように考えます。つまり、一番小さい単位は住居ですよね。住居がいくつか集まって家族をつくる。その家族が集まって集落を形成する。集落がいくつか集まって村落を形成する。一村落で一古墳群を形成する。それが盛岡の太田蝦夷森古墳群だったり、花巻の熊堂古墳群だったりということだと思うのです。[*12]

熊谷　そうすると、一つの古墳群に、たとえば複数の集落遺跡が対応していることもあり得るのですね。

八木　当然、そうなりますね。

熊谷　ただ、台太郎遺跡のように大きな集落遺跡になると、それと墓域との関係は、一対一の関係になる可能性もある、ということなのでしょうか。

八木　いや、そうともいえません。厳密にいうと、台太郎に対応する古墳群は、じつは明確ではないのです。

熊谷　そうなんですか。

八木　台太郎と太田蝦夷森古墳群は、距離が少し離れています。四キロくらい西のほうにあります。近くには飯岡沢田とか飯岡才川遺跡という古墳群もあるのですけど(図2参照)、八世紀の終わりか、九世紀になってから形成される古墳群です。ですから、台太郎の最盛期である八世紀段階の古墳ではない。台太郎遺跡に対応する古墳群がどこにあるのかは未知数です。ただ、太田蝦夷森になる可能性もないわけではないので、なんともいえないですけど。

熊谷　蝦夷の墓域ということであれば、台太郎を重視すると、雫石川の流域ともいえるわけですよね。北上川本流とはそれほど離れていないのでしょうか。

鈴木　北上川本流には近いですよね。

八木　台太郎遺跡は雫石川のつくり出した低い段丘上にありますが、北上川にも比較的近い位置にあります。ただ台太郎よりも北上川に近い七世紀代の集落も西鹿渡遺跡などいくつかありますから、台太郎遺跡の長が北上川をおさえていたとはいいにくいですね。奥州市の杉の堂・熊之堂遺跡などの集落は北上川の近くにあり、趣きが異なります。

樋口　アテルイの拠点があった杉の堂・熊之堂遺跡群は、北上川河川交通の南の入口の一番重要な北上川本流の根っこにあります。北上川支流の雫石川沿いの太田蝦夷森古墳群とは立地が違いますね。佐藤敏幸さんの研究[*13]などでは、宮城県石巻市の旧北上川河道の西岸は国家が、東岸は蝦夷社会がそれぞれ本来のテリトリーとして押さえていたとされていますが、アテルイら大墓公一族はなぜ八世紀中頃に北上川の東西両岸を押さえることができたのか。飛躍した考えだとご批判を受けるかもしれませんが、桃生城や伊治城ができて道嶋宿禰一族が北上川下流一帯を押さえるようになるのと、大墓公一族が北上盆地における北上川本流の根っこを押さえるようになるのとが対応しているのではないかと思うのです。

その点はとても気になるところで、それまでの伝統的な譜第族長層のテリトリーや支配のありようを一つ突き抜けたようなあり方を示している。アテルイが北上川本流の根っこの部分を取り仕切れるようになった背景には、道嶋氏のような国家側勢力による支援や後ろ盾があったのではないかと思うのです。

八木　杉の堂と熊之堂の遺跡にそれだけの評価を与えられるかどうかよくわかりません。規模が大きいとはいうけれども、それと匹敵するような遺跡はほかにもあるわけですからね。

樋口　そうかもしれませんが、延暦八年(七八九)の戦いのありようと関連させて見ても、やはりあそこがアテルイの拠点で、その対岸の田茂山付近にもアテルイの勢力圏が及んでいたとみるべきではないでしょうか。

八木　文献ではそうですけど、遺跡としては今のところ確認できていません。

樋口　確かに現時点では集落遺跡は未発見ですが、河道が動いたことで遺跡が壊された可能性も否定できません。北上川本流の北上盆地における根っこのところをアテルイたちがテリトリーの内に収めていたということは、言えるのではないでしょうか。その点はやはりかなり重大で、八世紀前半までの胆沢の地には無かったことだと思うのです。

熊谷　杉の堂と熊之堂の二つの遺跡は、隣接しているのですか。

伊藤　ほとんど遺構はくっついています。

熊谷　一つとみていいのですね。何世紀くらいから遺跡は始まるのですか。

伊藤　八世紀の半ば過ぎです。

熊谷　なるほど、だからこの遺跡は新興だというのですね。

伊藤　徐々に形成されるのですが、この遺跡は、八世紀半ばに突如としてバーンと登場してくるのです。私は想像で「アテルイ遺跡群」などとも言っています。

熊谷　杉の堂と熊之堂をあわせても、規模は台太郎よりは小さい？

八木　そうです。しかも、杉の堂と熊之堂は時期が比較的短期間で、台太郎は延々と続いているのです。

伊藤　杉の堂と熊之堂の評価は、共通認識としてアテルイとは何かの関わりがあっただろうと考えてよさそうですね。台太郎の評価はペンディングということでしょうか。ところで、その蝦夷たちの生活ですけど、考古学ではどこまでわかっていますかね。上田蝦夷森古墳からは鉄製の冑も出ましたね。蝦夷と鉄との関わりをどう考えますか。

八木　七世紀の上田蝦夷森古墳の鉄の冑は、おそらく普遍的なものではなかったと思いますよ。たぶん特殊だと思います。蝦夷の冑は皮で作るのが一般的だったのではないでしょうか。アテルイの活躍した八世紀の終わりから九世紀の初めころは、北上盆地の蝦夷自ら製鉄はもちろん、鍛冶すらもあまりやっていません。

熊谷　三十八年戦争のころは、蝦夷が使った刀、鉄鏃などは、全て製品の形で手に入れていたのですね。

八木　自ら作ることはあり得ないです。せいぜい、ちょっと直すくらいでしょう。基本的には自ら作ることはないと思います。ドラマではせっせと作っていましたが。

伊藤　文献で農具を武器に変えるというのもありますが、どうなんですか。

八木　文献との齟齬は確かにありますけど、遺跡・遺構では積極的な証拠は見つかっていません。

樋口　小鍛冶くらいはやっていても、いいとは思うのですけど。

八木　鍛冶をやっていれば、鉄滓だとか羽口の破片が住居のなかに転げ落ちることはよくあるのですね。それすらないのです。八世紀の住居跡でも鉄滓が出ることは出るのです。それはあくまでも、住居が埋まったあとの上の層です。層位的にわかっている例は全て上の層です。ですから、八世紀に鍛冶をやっていたということにはならないのです。

伊藤　蝦夷が戦うとき、製品を横流ししている連中がいたのですかね。

八木　たぶん、いたのでしょうね。

伊藤　別に供給する人がいたのですね。

熊谷　文献にも出てきますよ。[*14]

伊藤　アテルイたちは、農業はもちろん、狩猟や漁労にも携わって暮らしていたのは確かですね。大事な塩は沿岸部から土器ごと運んできて手に入れる。でも、鉄はつくらない、鍛冶もしない。朝廷軍との戦いに使った鉄器類は搬入品でまかなっている。つまり交易にも携わっていたのですね。馬はとても気になりますが、そろそろアテルイの戦いに舞台を移しましょう。

註

＊1　『続日本紀』天応元年六月一日条

＊2　『続日本紀』宝亀七年十一月二十六日条

＊3　工藤雅樹「古代蝦夷の社会―交易と社会組織―」（同『蝦夷と東北古代史』吉川弘文館、一九九八年、初出一九八六年）、同『古代蝦夷の英雄時代』（新日本新書、二〇〇〇年）など。

＊4　『類聚国史』巻一九〇延暦二十一年四月十五日条・『日本紀略』延暦二十一年八月十三日条

＊5　伊藤博幸「東北の動乱」（青木和夫・岡田茂弘編『古代を考える　多賀城と古代東北』吉川弘文館、二〇〇六年）

＊6　今泉隆雄「三人の蝦夷―阿弖流為と呰麻呂・真麻呂―」（同『古代国家の東北辺境支配』吉川弘文館、二〇一五年、初出一九九五年）

＊7　『続日本紀』神護景雲三年九月二十五日条

＊8　朝倉授「『大墓家』銘墨書土器と『大墓公』」（『アテルイ通信』第六〇号、二〇一一年、アテルイを顕彰する会）

＊9　高橋富雄『蝦夷』（吉川弘文館、一九六三年）

＊10　樋口知志『阿弖流為―夷俘と号すること莫かるべし―』（ミネルヴァ書房、二〇一三年）

＊11　林謙作「『五条丸古墳群』の被葬者たち」（『考古学研究』第二五巻第三号、一九七八年）

＊12　八木光則『古代蝦夷社会の成立』（同成社、二〇一〇年）

＊13　佐藤敏幸「律令国家形成期の陸奥国牡鹿地方」（『宮城考古学』第5号・6号、二〇〇三・二〇〇四年）

＊14　『類聚三代格』巻一九、延暦六年正月二十一日太政官符。「無知の百姓、憲章を畏れず、此の国家の貨を売りて、彼の夷俘の物を買ふ。綿は既に賊に襖冑を着せ、鉄は亦敵に農器を造らしむ」

II　アテルイの参戦と延暦八年の戦い

(1)　東北三十八年戦争の始まり

城柵の造りが違う

伊藤　アテルイ登場の延暦八年(七八九)の戦いに入る前に、宝亀五年(七七四)から宝亀十一年(七八〇)の呰麻呂の乱までを最初に取り上げて、前史を確認したいと思います。熊谷さん、事実関係をお願いします。

熊谷　宝亀五年に海道蝦夷が反乱を起こして、桃生城を焼き討ちしたのが三十八年戦争の始まりです。アテルイもこの三十八年戦争のなかで戦って、一時は勝利者・ヒーローになるのだけれど、最終的には投降して処刑されますね。アテルイを考えるうえでは、なぜ三十八戦争が起こったのか、その歴史的な動きは大きな問題になってきます。

大きく二つの考え方があります。一つは、古くは虎尾俊哉先生が最初に指摘されたことですが、藤原仲麻呂の蝦夷政策が非常に積極的で、虎尾さんは「暗黙の諒解」によって成り立っていた日本人とアイヌの「国境線」を律令国家が踏み越えた、と言われています。*1 蝦夷をアイヌとイコールで呼ぶことは、現在ではあまりしなくなりましたけど、ともかく、蝦夷の本来の居住地、生活域に足を本格的に踏み入れ始めたのが仲麻呂の時代だということです。

具体的には、陸奥側に桃生城を、出羽側に雄勝城を七六〇(天平宝字四)年に作ります。そのあと、陸奥の山道

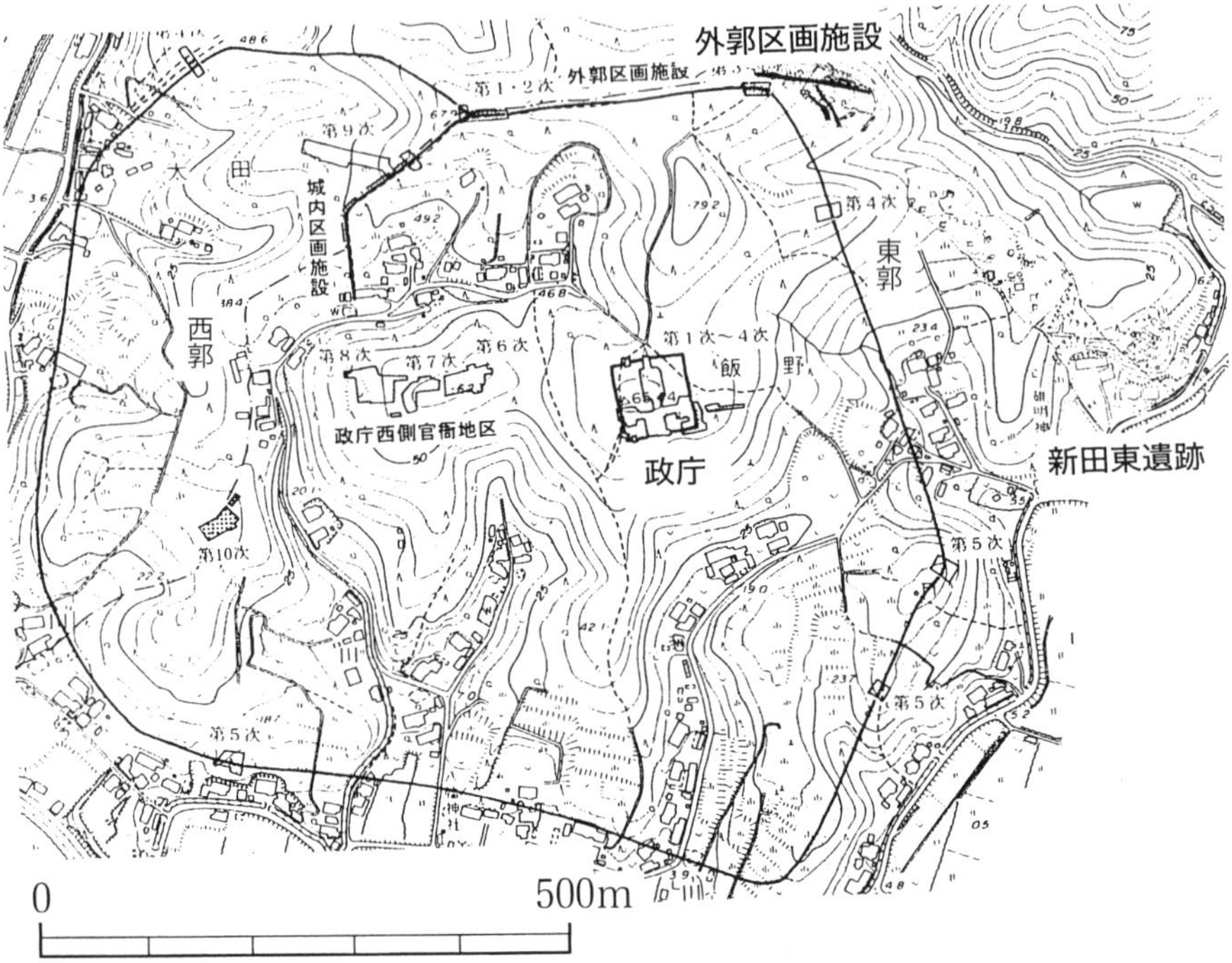

図１　桃生城跡

沿いに伊治城を作ったのが七六七(神護景雲元)年です。こうしたことで、蝦夷との対立が深まって、ついに七七四(宝亀五)年になって、海道蝦夷の蜂起が起こって、三十八年戦争に突入していく。というのが一つの考え方です。もう一つは、樋口さんの考え方で、律令国家と蝦夷との交易によるトラブルが引き金になって起こった戦争だというものでしたね。[*2]

樋口　そうです。ただ私は現時点では、交易上のトラブルを含めていくつかの要因が複合して開戦原因をなしていたと考えていますが。[*3]

熊谷　大きくみて、この二つの考え方に分かれるのではないかと思いますが、私は基本的に虎尾さんの考えに賛成です。

伊藤　桃生・雄勝・伊治の三城柵の造営をきっかけに蝦夷社会との間に軋轢が起こったとすると、それまでの城柵とは何が違うのですか。

熊谷　創建当初の雄勝城の場所は見つかって

いませんが、桃生城と伊治城をみると、それ以前の城柵とは平面構造も違いますし、立地も違うことがわかっています。とくに伊治城は、村田さんが言われているように、[*4]三重構造の城柵の典型です。政庁があって内郭がそれを取り囲んで、さらにその外側に外郭がめぐっている。しかもその外郭は土塁が主体になっていることがわかっています。

桃生城は三重構造の城柵ではないけれども、本来の部分の東西に、両耳のように西郭と東郭がとりついて、しかも北側は伊治城と同じように土塁が二重にめぐっています。まずは、城柵の構造が大きく変わるということがあります。

それ以前の城柵と何が違うのかというと、居住区を取り囲むような構造になっているということです。たとえば、桃生城であれば、東郭とみられる東側、新田東遺跡が居住区であるとみられます。また伊治城も内郭北の広い空間が居住域であるといわれています。つまり居住区を取り囲むような形の城柵ができている。

これが何を意味しているのか？　大ざっぱにいえば、蝦夷からのプレッシャーが非常に強い場所に城柵を作るために、居住区を囲い込むような形になったのだと考えられるのです。

ただし、いつも一定数の住民が外郭の中の居住区に住んでいたのかどうか。はっきりはわかりませんが、面白い史料があります。三十八年戦争が勃発した翌年の宝亀六年（七七五）三月に、蝦夷の騒乱が前年の夏から秋まで続いて、「民が皆、塞を守ったために、田地が荒廃した」とあって、そのためにこの年の陸奥国の田租を免除するという記事があります。[*5]塞は城柵のことでしょうから、ここに民が塞を守ったとあるのです。塞は城柵のことでしょうから、おそらく三重構造の城柵のようなものだったと思います。

桃生城・伊治城のほかにも、壇の越遺跡と東山官衙遺跡（加美町）の隣接した二つの遺跡を大きく取り囲むような土塁が近年わかってきました。その東側の城生柵跡の北側でも、土塁がめぐることがわかってきました。そうした事実を踏まえて、村田さんは三重構造の城柵論を唱えているわけです。

三重構造の城柵が出てきた意味を考えると、それだけ蝦夷とのあいだにも、摩擦・対立・軋轢が大きくなることを、すでに律令国家は想定していて、三重構造の城柵を作り始めたのだと思うのです。

ではなぜ、作った直後に反乱は起きないのか？ という疑問があると思います。それは、支配というのは徐々に徐々に強まっていったのだと思います。移民も当然増えてきますしね。蝦夷たちも徐々に反発を強めていく、ということがあってついに宝亀五年(七七四)に反乱が起きたのでしょう。

宝亀五年七月二十五日に海道蝦夷が反乱を起こす直前、わずか二日前の七月二十三日の記事[*6]には、鎮守将軍が征討の議を中央政府に諮っています。征討すべきかどうか、政府におうかがいを立てるのです。その記事をみると、陸奥国あるいは鎮守府のなかで、征討すべきだという見解と、すべきではないという見解とに割れている、ということが出てきます。これ以前にも、こうした奏上が陸奥国からあって、それでも蝦夷が騒動を起こしていることが、「しばしば辺境を侵し、あえて王命をそしる」という言葉としても出てきます。海道蝦夷は、いきなり反乱を起こしたのではなくて、かなりくすぶっていて、それがついに爆発したという流れだったことがわかるかと思います。

伊藤 鈴木さんは、いかがですか。

鈴木 そうですね。三十八年戦争という言い方は、いまは普通に使われており、私も何の断りもなく使ってしまうのですが、この言葉は、虎尾俊哉先生が最初に使い始めたもので、虎尾先生の独創であることを最初に踏まえておきたいと思います[*7]。

三十八年戦争が起きた原因は、熊谷さんが言われたとおりで、付け加えることはありません。八世紀後半になると、八世紀前半までの国家の支配領域を越えて、桃生城・雄勝城・伊治城を造っていきます。蝦夷の抵抗がより強い地域に城柵を造り、移民を置いて郡を建てて支配をしようとする。けれども、その移民がなかなか定着しない。そんな状況であったわけです。

戦争の始まりに関しても、熊谷さんが言われたとおりです。一般には宝亀五年(七七四)七月二十五日の海道蝦夷の桃生城攻撃をもって、その開始とみるわけですが、それ以前に鎮守将軍が天皇に対して、征夷の実施を申請しています。その許可が下りたのは七月二十三日です。

熊谷　そうですね。

鈴木　海道蝦夷の反乱は七月二十五日に起きています。おそらく征夷の許可が陸奥に届く前ですが、国家側の戦争に向けた動きを察知して、蝦夷側が先手を打って蜂起したのだと思います。けっして、蝦夷側が一方的に戦いを仕掛けたとみるべきではないのです。

戦いが長期化した理由としては、北に山道蝦夷といわれる強力な胆沢の蝦夷が控えていたこと、本来は小集団ごとに活動していた蝦夷たちが、アテルイ・モレのもとに大同団結したことなどが挙げられます。アテルイとモレの登場は、見方を変えれば、じつは国家による侵略行為の反作用であって、国家の征夷・侵略がなければ、アテルイもモレも現れなかったろうと考えています。

海道蝦夷と山道蝦夷

伊藤　アテルイはどの段階で律令国家に立ち向かうことになったのでしょうか。

樋口　アテルイが参戦した時期は、明確になっていませんね。宝亀五年(七七四)の海道蝦夷による桃生城襲撃事件で、アテルイが司令塔として裏で糸を引いていたなどとする見方も一部にあるようですが、それはちょっと考えにくい。

海道蝦夷を追討するため、光仁天皇は大伴駿河麻呂に征夷を命じ、その後、遠山村の征討がおこなわれます。現在の宮城県登米市にあった蝦夷村です。光仁天皇は、遠山村の制圧を大変喜んで、駿河麻呂の功績を賞賛しますが、そのわずか一年あまり後に、征夷路線が山海両道の蝦夷追討に切り替わります。なぜこのとき、国家側がそれまでなんの抵抗をした形跡もない山道蝦夷をも追討の対象に加えたのか。なかなか理解しがたいところです。

その山海両道征討作戦決行の期日直前の宝亀七年(七七六)三月、大伴駿河麻呂が突然亡くなり、それによって進軍は停止されますが、直後の五月に志波村の蝦夷の反乱が起こります。志波村は、前の話にもありましたように、盛岡市の盛南地区の台太郎遺跡の村の族長を盟主とする北上盆地北部の蝦夷村です。志波村蝦夷の軍勢は、どうやら奥羽山脈を西へ越えて横手盆地に攻め入り、雄勝城周辺に屯営していた出羽国の官軍を襲撃したようで、『続日本紀』の記述によればその力はきわめて強く、官軍を圧倒する勢いだったようです。*8

志波村の蝦夷の反乱と同年の十一月には、陸奥国軍三〇〇〇人がアテルイの住む胆沢を討った記事があります。*9ただ詳しい経緯や事件の実態は全くわからない。官軍が胆沢を討ったとする短い記事だけです。このとき、アテルイは官軍を相手に実際に戦闘におよんだのかどうか。それとも自分たちの村に侵入してきた官軍に対して冷静な政治的折衝をおこない、自らの村に戦禍がおよぶことを回避できたのかどうか。ここは判断に迷うところです。

アテルイの参戦の契機となりそうな事件としては、以上の宝亀七年(七七六)の事件と、もう一つはその四年後の宝亀十一年(七八〇)に生じた伊治公呰麻呂の乱がありますが、先ほど議論になった『続日本紀』天応元年(七八一)六月一日条の記事の中に、一騎当千の反乱軍の猛将としてアテルイの名前が挙がっていないのは、やはりアテルイの参戦が遅かったからではないでしょうか。私はむしろ、アテルイが国家を相手に戦うことを最終的に決意したのは、延暦年間(七八二〜八〇六)の初め頃、光仁天皇に替わって桓武天皇が即位した頃であった可能性が高いのではないか、と考えています。

熊谷　聞き逃したのかもしれませんけど、最初は海道蝦夷が反乱を起こしますね。ところが、すぐに山道蝦夷も征討の対象になる。それはなぜだと考えますか。

樋口　理屈から言って、山道蝦夷には海道蝦夷が起こした反乱についての責任はないわけですね。それにもかかわらず、律令国家が山道蝦夷も海道蝦夷と一緒に征討するというのは、あまりにも論理が飛躍しています。

熊谷　事実は、両方を対象にしていますよね。
八木　山道蝦夷にも海道蝦夷と同じような動きがあったのではないですか？
熊谷　私もそう考えていました。
八木　三十八年戦争の発端である桃生城襲撃事件では、城柵造営もそうですけど、おそらく移民の問題が大きいと考えています。移民によって軋轢がかなり高まってきたのではないですか。
熊谷　そうだと思うのです。海道も山道も状況は似たり寄ったりだと思うのです。
樋口　移民ですか？
八木　そう、移民です。
熊谷　最初に反乱を起こしたのは、海道蝦夷だけど、律令国家の支配体制は、基本的には海道も山道も同じだったから、同じような政策をやっているわけです。海道も山道もその支配を受けている状況は、同じようなものだというのが一つあります。
もう一つ、海道蝦夷が反乱を起こしたことは、ふだんから蝦夷社会の中にネットワークがあって、山道蝦夷の側にも伝えられていると思うのです。さらには、出羽側の山北地方、横手盆地あたりにも伝えられて、次々に反乱が起こる状況になっていったのだと思うのです。だから、それは征討しなくちゃならんと。
樋口　いま言われたような状況は、七八〇年の呰麻呂の乱の直後のことであるならわかりますが、宝亀六～七年(七七五～六)のあたりで、事態がそこまで進んでいたと考えなければいけないという根拠は何ですか。
熊谷　出羽側は確かに七八〇年の呰麻呂の乱まで降るかもしれません。史料的にはそうですからね。[*10] けれども、基本的に蝦夷が反乱を起こしていないのに、征討するというようなことを、どの程度律令国家はやってきたのか。そんなことはほとんどないと思いますよ。蝦夷が反乱を起こすから征討するのですからね。
樋口　私の考えるところですと、光仁朝以前の称徳天皇・道鏡政権下(七六四～七七〇年)には、山海両道の蝦夷は道嶋宿禰氏を介して称徳天皇・道鏡政権に従っていたのですが、光仁天皇が即位した七七〇年以降になると、光仁天皇が自らの王権を確立するために旧政権と親密な関わりをもっていた道嶋氏を追い落とし、子飼いの大伴駿河麻呂らを介して東北を直接支配しようと目論むようになります。つまり光仁天皇の権威を荘厳化するための征夷政策がとられたということです。そうした政治的背景を考えますと、宝亀年間の山海二道蝦夷征討作戦には、自分たちの支配のもとに東北全土の蝦夷系住人を服させることを意図した、光仁王権による独自の軍事行動という性格があったのではないかと、私には推察されます。

鈴木　そもそも光仁天皇が東北政策・征夷において、大きな手柄をつくって自分の即位や統治権の正当性を示したいのであれば、違う方法をとったと思います。天皇が征夷を命じ、その戦勝を天皇の功績として示すには、どうしたら良いのかというと、節刀(天皇の軍事権を象徴する刀)をもつ将軍を派遣することです。光仁はそれをしないのです。

樋口　確かに光仁はしていないですね。

鈴木　東北地方が仲麻呂政権、称徳・道鏡政権の積極策をへて、非常に緊迫度を増していることを光仁天皇は知るわけですね。だから老練な大伴駿河麻呂を派遣するのです。陸奥按察使として派遣する際に正四位下という高い位を与え、後に陸奥守と鎮守将軍を兼任させます。一方の大伴氏も、橘奈良麻呂の変(七五七年)以後の政治的な状況の中で、不遇をかこっていますから、いまこそ武門の面目をほどこすのだとがんばるのです。うまい具合に海道蝦夷の拠点であった遠山村の制圧に成功しますね。成功してしまったので、駿河麻呂は調子づくわけです。

光仁天皇は、駿河麻呂がやろうとしたことを追認したに過ぎないのだと、私は思っています。そもそも宝亀五年(七七四)七月二十三日以前に、大伴駿河麻呂が征夷の実施を申請しますね。言い出したのは駿河麻呂です。以前は和戦両様の考え方があったけれども、今は征夷が必要な状況だから、実施させてほしいというわけです。これに対して光仁天皇は、それならやむを得ないと、征夷の実施を認めるのです。[11]

ところがですよ。その直後に海道蝦夷が反乱を起こして、桃生城が落ちるのです。そうしたら、急に駿河麻呂は、戦はしません、と言い出すのです。そこで光仁天皇は、駿河麻呂が自ら征夷の実施を申請しておきながら、その取り下げを求めたことを、「首尾異計」であるとして譴責します。計画が首尾一貫していないとね。[12]だから、光仁朝の前半の征夷は、駿河麻呂が突っ走っている形です。光仁天皇の影響は弱いのです。

光仁天皇が将軍に節刀を与えたのはいつかというと、宝亀十一年(七八〇)です。呰麻呂が反乱を起こして、伊治城と多賀城が失陥するという、ほんとうに危機的な状況になったとき、初めて持節将軍(節刀を持った将軍)を派遣するのです。光仁天皇はその征夷が終わらないうちに、翌天応元年(七八一)に譲位して、息子の桓武天皇が征夷を引き継いで、節刀は桓武が将軍から返してもらっています。征夷の成功を自分の権威づけに利用することは、桓武天皇に関してはよくいわれますけど、光仁天皇は利用していない、と私は思います。

熊谷　いまの話しは、よくわかった。

鈴木　そう、私が言いたいのは、律令国家というのは、蝦夷の反乱があろうとなかろうと、基本政策として国域を広げていく方向性をもっているということです。海道蝦夷の制圧に成功したので、勢いに乗って次に山道を攻めようと、自然に展開したのだと思うのです。

八木　山道蝦夷の側にもそれなりの要因があった？

鈴木　山道蝦夷は強いですよね。海道蝦夷を制圧したけれども、それよりもはるかに強い山道蝦夷が控えているわけです。だから、二万四〇〇〇人もの軍隊を動員して、これなら山道蝦夷を制圧できるだろうというように、いわば楽観視して攻めた。そのときには、節刀をもつ将軍もいないし、しかも軍隊はほぼ陸奥・出羽だけから徴発しています。

熊谷　そうだね。

鈴木　これが覆るのが宝亀十一年(七八〇)だと思っています。持節将軍の派遣が復活し、坂東の軍士が征夷軍の主力になります。それまでは明らかに楽観視しているんですよ。

樋口　鈴木さんの論理はわからないわけではないし、私の考えと一致する部分もあるのですが、やはり基本的には国家側の立場での戦争の論理の説明ですよね。

八木　攻めるのは、国家側なのですからね。

樋口　でも、ここでの主たる問題は、アテルイの参戦理由なので、それを考えるうえでは、やはり蝦夷社会側に立った状況認識が必要になる。鈴木さんの今のご説明でも、桃生城襲撃は海道蝦夷の一部勢力がやったことであって、山道蝦夷は直接的にかかわりがないのにもかかわらず、国家側は山道方面にまで軍勢を侵攻させようとしてきた。だから、自衛するために立ち上がらざるを得なかったということになりますね。要するに自衛戦だったということですよね。

鈴木　結局は、そういうことなのでしょう。

樋口　ただ、私の考えるところでは、宝亀七年の山海二道征討作戦の段階では、二万四〇〇〇人もの軍勢でもって山海両道の蝦夷を討つというその戦闘規模の大きさからみても、節刀はなくとも、やはり光仁天皇は自らの王権の威信をかけて征夷戦に臨んだと考えるのが妥当ではないかと推察されるのですが。そちらも駿河麻呂の独断専行だったという見方はどうなのでしょうね。

アテルイの参戦時期

熊谷　話が進まないので、この問題はこれくらいにしようよ。とにかく樋口さんは、アテルイ参戦には三つの時期の可能性があって、一番後の桓武即位前後くらいに、アテルイが参戦するようになったという意見ですよね。遅く見るということでしょ。遅く見るのは、私も基本的には賛成です。要するに天応元年(七八一)の記事にアテルイが出てこないからね。考え方は全然違うけど、とにかくこの記事に出てこないので、国家側の主たるターゲットにはなっていない。

鈴木　三つの可能性のうち、延暦初年が最後になっていますが、なぜですか。

樋口　呰麻呂の乱（七八〇年）を経て、光仁天皇から桓武天皇への皇位継承が完了した直後の時点ということです。

鈴木　延暦八年（七八九）の可能性はないのですか。

樋口　延暦八年はアテルイが戦った最初の戦闘ですけど、それより前の呰麻呂の乱の後に大きな転機があり、しかもその直後に桓武天皇の即位がありました。やや結果論的になるかもしれませんけど、桓武天皇は蝦夷征討に異様なほどの執念をもって取り組んだ天皇ですね。そうした天皇が即位したからには、国家はこれまでにない大軍勢で攻めてくるに違いないと、蝦夷社会の側でも予測できたことでしょう。そうなると、国家の侵略に対して蝦夷村が広域的なネットワークをつくって対抗する動きが出てくるでしょうし、その総帥の地位にアテルイが就けられたのも、時期的には延暦年間の初め頃のことであったと考えることができるのではないかと思います。

鈴木　延暦三年（七八四）に大伴家持が征東将軍になって、節刀をもって現地入りしていますね。征夷は実施されませんでしたが、その時期の可能性もあります。もう一つ考えれば、延暦八年（七八九）のごく近いうちから参戦した可能性もありますね。

熊谷　可能性としてはね。

鈴木　可能性としては、四つくらい考えてよいと思います。時期を特定するのは難しいですが、あえていえば、私は延暦八年（七八九）に近くてもよいと思っています。それ以前の史料には出てこないのでね。

八木　鈴木さんは宝亀七年（七七六）に胆沢へ陸奥国の軍勢三〇〇〇が攻める記事をどう評価しますか。

鈴木　アテルイ参戦の可能性もあり得ると思います。胆沢の蝦夷を攻めたのは十一月ですが、九月に陸奥の俘囚三九五人を大宰府管内諸国に移配した記事があります。[*13] 記事の順序が前後していますが、この時期の記事には錯簡が多く、山道を攻めることは二月に決定しているので、胆沢の蝦夷の移配記事かもしれません。同じ十一月には出羽国の俘囚三五八人を大宰府管内諸国と讃岐国に移配し、七八人を諸司および参議以上に「賤」として与えるという記事もあります。*14 この時期、国家側は苦戦しながらも、胆沢とか志波あたりに、かなり攻め入っているようです。そのときにアテルイが参戦していた可能性も、もちろんあります。

八木　移配されたのが長クラスだとすると、リーダーではなかったアテルイが参戦していたということですか。

鈴木　移配されるのは交戦中の捕虜や、降伏した蝦夷なので、リーダーか否かはわからないのですけど、アテルイが参戦していた可能性はあります。胆沢・志波あたりの征夷に関わって、移配がおこなわれるほどの大規模な戦闘があったとすれば、アテルイは無関係ではいられなかったと思います。

伊藤　熊谷さんは、どう考えますか。

熊谷　いまの問題を考える手がかりになる史料は、宝亀七年(七七六)十一月の胆沢蝦夷を征討した記事と、あとは天応元年(七八一)の一騎当千の蝦夷族長に呰麻呂が入っていないのを、どのように評価するのかだと思うのです。

これは、非常に難しい。私は、胆沢の蝦夷も反乱に立ち上がっていたと考えます。反乱に立ち上がっていたから、征討がおこなわれる、というのが私の基本的な立場なので、そのように考えます。宝亀七年の段階でアテルイが参戦していたと考えるのかどうかになると、そう考えるのに少し不利な史料が天応元年(七八一)の記事なので、やはりその後なのかな。ということは、当初はアテルイがリーダーではなかったかもしれない。その程度しか言えませんね。

鈴木　なるほど、非常に穏当な解釈ですね。私は反乱がなくても征夷はあり得ると考えていますが、胆沢の蝦夷とアテルイの参戦については、ご指摘のとおりだと思います。

伊藤　アテルイがどういう立場にいたのかはわかりませんが、呰麻呂の乱が与えたインパクトは国家側にも蝦夷側にも、けっこう大きかったと思うのです。アテルイ登場の前史を知る上でも、そこは押さえておきたいのですが、乱後の蝦夷側の状況は、どうだったのでしょうか。

熊谷さん、お願いします。

熊谷　乱後の蝦夷側の状況は、史料があまりなくてよくわからないので、中央政府側の動きを中心にお話しします。中央政府側の動きとしてもっとも重要なのは、さきほど鈴木さんがふれた征東使の任命だと思います。このことの重要性は、むかし北啓太さんが指摘されたように[*15]、持節使（節刀をもった朝廷の使節）ということでも四三年ぶり、征夷使となると神亀元年（七二四）以来、実に五六年ぶりの派遣ということになります。その間、現地の国司や鎮守府の役人に征討をおこなわせていた方針を大きく転換するわけです。それだけ呰麻呂の乱から受けた光仁天皇の衝撃が大きかったということでしょう。

ただし、このときの征東大使藤原継縄はなぜか陸奥に下向せず、副使の大伴益立が節刀を授けられて赴任します。まもなく継縄に代わって藤原小黒麻呂が持節征東大使に任じられて征夷の指揮をとりますが、なかなか征夷を開始しないので、光仁天皇に叱責されています。

征夷軍がとにかくぐずぐずしている印象を受けますが、これは反乱軍側が呰麻呂の乱に勢いづいて攻勢をつよめたために、そのプレッシャーが相当にあったのではないかと思います。現地入りした征東使の将官たちはそれをひしひしと感じ、おいそれと攻撃をしかけることができなくなっていたのではないか、というのが私の考えです。

そういう、ちょうどいちばんむずかしい時期に桓武天皇が即位するわけです。しかもその直後に小黒麻呂は、勝手に軍を解散して凱旋を求めてきます。桓武は「たとえ前例があっても、朕は許さん」と激怒しますが、すでに軍を解散してしまっては、あとの祭りでした。小黒麻呂は、二ヶ月余あとには入朝し、叙位までされています。

乱後、呰麻呂の行方は杳として知れず、政府軍が呰麻呂を捜索した形跡もほとんどありません。不思議といえば不思議ですが、それは乱をきっかけに三十八年戦争が新たな段階に突入し、呰麻呂の捜索どころでなくなったからではないかと思います。小黒麻呂は軍を解散するときに、反乱軍の戦法が巧みで、掃討がむずかしいことを桓武に訴えたようですが、その中に「伊佐西古・諸絞・八十嶋・乙代等は、賊の中の首にして、一以て千に当る」ということが出てきます。「賊中の首」とありますから、私は、この時点では、この四人が中心となって反乱軍を率いていたとみるのが素直な解釈だと思います。そこに呰麻呂もアテルイも出てこないことが何を意味するのかは、重要な問題です。アテルイについてはさきほど議論したのでここではふれませんが、呰麻呂がみえないのは、呰麻呂の率いていた部隊が反乱軍の主力となっていなかったということと、呰麻呂の乱を契機に編成された征夷軍なのに、その主要な目標がすでに呰麻呂当人の追捕でなくなっていることを物語っている点でも興味深いと思います。

　小黒麻呂の征討が失敗に終わった三年後の延暦三年(七八四)、大伴家持が征東将軍に任命され、新たな征夷の準備が進められますが、翌年、家持が死去して頓挫してしまいます。そしてつぎが延暦八年(七八九)の征夷ということになります。

鈴木　按察使紀広純《きのひろずみ》を殺害し、多賀城と伊治城を焼き討ちした呰麻呂は、国家の立場では処刑されなければならないはずです。それが行方不明のままで終わっているのは、国家側が彼を発見できなかったからだろうと思います。呰麻呂を捜したけれども見つからなかったとは、あえて『続日本紀』に書かなかったのでしょう。

　宝亀九年(七七八)六月二十五日の叙位で、伊治公呰麻呂は吉弥侯伊佐西古とともに外従五位下を授けられているので、呰麻呂は伊佐西古と並ぶ兵力を持っていたと思います。その呰麻呂が、天応元年(七八一)六月の段階で「賊中の首」に含まれていないのは、呰麻呂の乱後の交戦において、呰麻呂が全く登場しなかったからだろうと想像しています。むろん呰麻呂の乱によって東北全体が大混乱に陥り、国家側が呰麻呂の行方にこだわっていられなくなったというのは、私も全く同意見です。

樋口　呰麻呂の乱後の政治情況についてですが、呰麻呂蜂起後の宝亀十一～天応元年の合戦において官軍側で活躍した百済俊哲・安倍〔阿〕猨嶋墨縄・入間広成といった後の征夷戦で重要な役回りを演じる人々の動向も、大いに注目されます。なかでも俊哲と墨縄は、延暦年間前期に鎮守府政の主導権をめぐって熾烈な闘争を繰り広げており、その影響は延暦八年の戦いの趨勢にもおよびました。具体的な中身については、ここでは発言を控えますが、近刊予定の拙著[*16]に詳しく論じましたので、それを参照していただきたいと思います。

(2) 延暦八年の戦い

伊藤　ではいよいよ、アテルイが登場する延暦八年(七八九)の戦いに話題を移しましょう。呰麻呂の乱後に蝦夷と国家との軋轢がかなり高まっていた状況だったようですが、国家側の延暦八年の征夷にかけた意気込み、戦に勝つための戦争準備は、どうだったのでしょうか。鈴木さん、お願いします。

鈴木　延暦八年の征夷に向けた準備は、長岡京の造営が一段落した延暦五年(七八六)から始まりますが、延暦七年(七八八)三月に本格化します。まず三月二日に、来年の征夷のためとして、陸奥国に命じて軍粮三万五〇〇〇余斛《こく》(石)を多賀城へ運ばせ、東海・東山・北陸道諸国には、糒《ほしいい》(干した飯)二万三〇〇〇余斛と塩を七月までに陸奥国に運ぶよう命じています。翌三月三日には、桓武天皇が東海・東山・坂東諸国に勅を下して、歩兵・騎兵五万二八〇〇人余りを徴発し、来年三月までに陸奥国多賀城に集結するよう命じます。

　そして同じ延暦七年の三月二十一日に、多治比浜成・紀真人・佐伯葛城・入間広成の四人が征東副使(副将軍)に任じられ、七月六日には紀古佐美が征東大使(将軍)に任命されます。それに先立つ二月二十八日には、前年に鎮守副将軍となった池田真枚に加えて、安倍猨嶋墨縄も鎮守副将軍となっています(以上、『続日本紀』)。鎮守副将軍は一人であるのが通例ですが、この時には征夷の実施に合わせて二人が任命され、しかも胆沢における実戦に深く関わっています。

　征東大将軍紀古佐美は、同年十二月七日、長岡宮の内裏で桓武天皇から節刀を授与され、陸奥に向けて出発します。その際、桓武天皇は古佐美に勅書を与えて、逗留せずに迅速に進軍することを強く求め、「坂東の安危、この一挙に在り」の一文を付け加えます。[*17]「坂東が安全か危険かは、この一回の軍事行動にかかっている」という意味で、今回の征夷にかける桓武天皇の強い意思が伝わってきます。

征夷軍の兵力数

樋口　征夷軍の兵力については、これまでは四～五万、五～六万と記した先行研究が多かったように思います。その点に関しては、『続日本紀』延暦七年三月三日条に、東海・東山・坂東諸国の歩兵・騎兵あわせて五万二八〇〇人余りを多賀城に集結させるよう命じたという記述があります。

前述の諸説は、いずれもこの数字を踏まえたうえでの解釈です。私はいろいろ考えたのですが、まず五万二八〇〇余人は東海・東山・坂東諸国に動員を命じた人数で、その中には陸奥・出羽両国の兵は入っていません。両国の軍兵を加えれば、この時点での動員予定の総兵力はもっと多くなるはずです。また鎮守府はこの作戦に全面的に関与していますから、鎮兵も加えるべきでしょう。さらに正規兵以外の陸奥国内での徴兵によって、さらに兵数が増えることもあり得るでしょう。あるいは俘軍の兵士もかなりたくさんいたのではないでしょうか。すると、実際の兵数は五万二八〇〇余人を相当上回っていた可能性が高いように考えられてきます。

なお延暦八年の征夷に関しては、同年六月九日条（史料2）に注目すべき記述があります。巣伏村の戦いで官軍がアテルイ率いる蝦夷軍に負けた後、征東将軍紀古佐美が征夷を中止して軍粮を温存し、全軍を解散したいと申請しますが、その際軍兵の食料がどれだけもつかとか、この食料でもって征夷が可能かどうかを試算し、桓武天皇に対する上奏のなかで提示しているのです。ただそこにみえる数字や論理が少々難解で、これまでにも研究者の頭を悩ませてきました。

一つには同条中の古佐美の発言の中に、「軍士の食うところ、日に二千斛なり」とあります。当時の通例として、戦時には兵士一人当たり一日に糒二升が支給されていたので、二〇〇〇斛を食する軍兵の人数は一〇万人になります。[*18] 一方で同じ古佐美の発言の中では、征夷軍二万七四七〇人が一日に食する糒が五四九斛になるとも言及されています。こちらの五四九斛は兵士一人二升で計算すると、二万七四五〇人とぴったり数字が合っています。

問題は、この二つの数字がどういう関係にあるのかです。私は、日に二〇〇〇斛＝一〇万人という総兵数は決して非現実的ではないと考え、延暦八年の征夷軍の総兵数は、延暦十三年の征夷と同じく、一〇万人だった可能性が高いと結論づけました。またそのなかには、後でも触れられると思いますが、副将軍の多治比浜成に率いられた太平洋沿岸方面を対象とした海路の征夷軍も入ります。

鈴木　樋口さんの研究は、延暦八年の戦いにおいて国家側がとった体制がどんなものかを、かなり踏み込んで明らかにしています。具体的な数字がわかるのは、五万二八〇〇人ですけど、陸奥や出羽の兵力を含んでいません。だから、五万二八〇〇人よりも実数は多いということでしたね。

一方で紀古佐美は、戦勝報告が事実に反するとして、桓武天皇に叱責されているのですけど、その戦勝報告には、北上盆地を攻めたとは思えないような、「軍船纜《ともづな》を解きて舳艫《じくろ》百里」、「海浦《かいほ》の窟宅《くったく》、また人烟《じんえん》に非《あら》ず」という記述があります。[*19] このことから、樋口さんは多治比浜成による海岸沿いの遠征もあったのだろうと推定されていますね。これについては卓見だと思っています。

征夷軍の作戦

樋口　次の問題は、古佐美の発言の中に出てくる糒五四九斛を食する二万七四七〇人の軍勢とは何を指すかということです。アテルイの鮮やかな奇襲作戦によってひとたび負け戦を経験した胆沢征討軍は、その時点ではまだ衣川営にいるはずですね。そうすると、この二万七四七〇人の軍勢は、衣川に屯営を続けている胆沢征討軍とは別の軍隊で、この時は玉造塞にいたということになります。何故ならば、この軍勢の進軍計画は、玉造塞→衣川営→志(子)波→衣川営→玉造塞という玉造塞から志波までの往復とされていて、胆沢に屯営中の軍勢なら行きの玉造塞→衣川営の行程はないはずなのですから。とすれば、この二万七四七〇人の軍勢は志波・和我(賀)征討軍と称すべき軍勢で、この時点では衣川営ではなく後方の玉造塞で出撃の期を待っていたということになります。

征東副将軍入間広成、鎮守副将軍安倍猨嶋墨縄・池田真枚に率いられた胆沢征討軍はこのとき衣川にいます。六〇〇〇人がアテルイら蝦夷軍と戦って一〇〇〇人あまりが戦死しましたけど、軍全体としてはたぶん志波・和我(賀)征討軍と同じくらいの規模で総勢二〜三万人くらいだったでしょう。

そういうわけで、北上盆地においては、胆沢征討軍がアテルイの本拠を討った後に、次の志波・和我(賀)征討軍が北部まで攻め入るという二段階の作戦を官軍はもっていたのだと思います。『続日本紀』中の関係記事にもそれを思わせる記述があります。「賊、河の東に集いて官軍を抗拒す。まずこの地を征めて後に深く入ることを謀らん」とみえています。[*20]

ということで、北上盆地方面の征討軍は、胆沢征討軍と志波・和我(賀)征討軍を合わせると五万人以上はいたのでしょう。また、先に触れた太平洋沿岸方面の征討軍の兵数は不明ですが、少なくとも数千人、もしかしたら一万人くらいはいたのかもしれません。そうした前線軍のほか、後方の兵站である城柵を守備する兵もかなりの人数が必要です。もちろん多賀城にも守備兵が相当いた。天平九年(七三七)の陸奥・出羽連絡路開削の際に、陸奥国内の諸城柵に多くの軍兵が配置され守られていたのと同じです。なお『続日本紀』天平九年(七三七)四月十四日条によると、その際坂東六国より徴発された騎兵一〇〇〇人のうち三四五人が多賀城に、四五九人が玉造柵をはじめとする五柵に守備のため配置されたことが知られています。

また征夷に動員された兵力は、実戦に投入される軍兵ばかりではありません。兵糧や武器など軍需品を戦地に運ぶ輜重兵も、数多く必要になります。以上に挙げたさまざまな兵士の人数を想定すれば、全体としては一〇万人くらいいたと考えても悪くはないだろうというのが、私の意見です。ただもちろん、一〇万人といっても全部が胆沢に攻めてきたわけではありません。このときの胆沢征討軍の総勢は二、三万人くらいでしょう。

これまで延暦八年の戦いは、アテルイ率いる蝦夷軍が官軍を下した戦いに関する詳しい記述が『続日本紀』中にまるごと載せられたために、あたかも狭い胆沢の地のみを戦場とした合戦だったかのように考えられてきました。また従来四万～六万人と推測されてきた官軍の軍兵も、すべてアテルイら胆沢の蝦夷勢力を討つために衣川営まで来たと考えられてきたのだけれど、それはやはり大きな誤解だと思います。繰り返しになりますが、実際には北上盆地方面軍は五万数千人くらい、そのうち胆沢征討軍は二万数千人くらい、そしてアテルイが巣伏村の戦いで打ち破った敵はその中の六〇〇〇人ほどにすぎなかった。

鈴木　全体の兵力数を一〇万とみるのは無理でしょう。確かに紀古佐美が示した数字をみると、一〇万と読めるのですが、古佐美は初めから軍の解散ありきなので、軍を解散するための口実を積み上げていった可能性があるのです。食料が足りないというのもそうだし、六月十日以前に軍を解きますということを六月九日着で天皇に報告したのも、解散の事後承諾を求めたようなものです。そう考えると、数字に関しては、多少の誇張を見込んだほうがよいのかなという感じがします。私は六～七万人とみています。そう考えたほうが次の延暦十三年の一〇万人が生きてきます。その間に軍団兵士制の廃止や大規模な軍制改革があったうえでの数字なので、そのほうがよいと思います。

名将紀古佐美

樋口　これまで古佐美がアテルイに一発やられて、尻尾をまいて怖気づいて都へ帰還してしまうような弱い凡将だったという先入観でもってこの史料が読まれてきたことに対して、ちょっと批判的な気持ちでもって考えてみたのですが。

熊谷　いや、先入観じゃないよ。だって、そういう文章でしょう。桓武も「将軍ら兇賊を畏れ憚りて、逗留せるが為《いた》す所」〔将軍が凶賊〔＝蝦夷〕を畏れ憚って逗留したためにこう〔＝軍を解散すること〕になった（史料2）〕といっているじゃないですか。

樋口　それが先入観じゃないでしょうか。

鈴木　私の考えをいわせてもらうと、紀古佐美は、たいした人物です。彼が戦をやめたおかげで、人がたくさん死なずにすんだでしょ。いまふうにいえば、人の命をたくさん守ったのです。当然、あの段階で軍を解いて征夷をやめれば、あとから天皇に叱責させるのを、古佐美はわかっていたのです。わかっているにもかかわらず、勇気を奮って軍を止めたわけですよ。これは名将ですよ。

樋口　いや、私は古佐美がそれ一回で戦いを止めたとは考えていません。官軍は胆沢でもう一回戦ったと考えています。

鈴木　いや、それはない。

熊谷　それはやっていないね。『続日本紀』の文章をどう読んだらそういう解釈が出てくるのか、正直いって、私にはちょっと想像つかない。

鈴木　紀古佐美は、六月十日以前に軍を解きますと天皇に言っています。それが都に伝わったのが六月九日ですから、その段階で軍を解いているのに決まっています。

熊谷　そう。だって、「且《か》つ奏し、且つ行はむ」とあるでしょ。古佐美は、一方で上奏しながら、一方で解散を実行しますといっているのだから、解散しているに決まっている。

鈴木　そうです。節刀をもった将軍は、天皇の分身であって、天皇そのものなのだから、その決定は、疑いないです。

樋口　確かに解散に着手はされたけれども、それによってただちに官軍が完全に雲散霧消したかどうかはわかりませんよ。

熊谷　雲散霧消したとは書いてないけども、解散していることは確かでしょ。

樋口　確かに着手はされました。

鈴木　紀古佐美が軍を解いたとみる根拠を言いますね。古佐美が軍粮不足の奏状を出したのは六月二日頃です。ずっと軍隊がいすわれば、食料を消費するので、軍を解くというわけです。そのとき古佐美はこう言います。「故に今月十日より以前の解出の状を、牒して諸軍に知らしめむ」と。今月十日以前に軍を解いて戦地を出るよう、全軍に文書で通達しますという意味です。六月九日にこれが都に届いたのです。当然、軍は解いています。

熊谷　その通り。史料の文脈をたどっていけばそう考えるしかないと思うよ。この問題をこれ以上議論してもしょうがないので、私から質問します。総勢一〇万として、坂東から五万二八〇〇人でしたよね、残りはどうしたの？　陸奥だけで五万近くは無理でしょ。残りの軍勢はどこから取ったの？

樋口　まず軍団兵士は、鈴木さんのご研究によれば、[*21]六団で六〇〇〇人でしょうか。

熊谷　でも軍団兵は上番（交代勤務）制だから、その実兵力は六分の一くらいで、一〇〇〇人くらいでしょ。

樋口　まあ、そうですね。

熊谷　兵役についているのは、そのくらいですよね。

鈴木　陸奥・出羽だけで臨時の征夷軍を編成する場合の動員能力は二万人強です。宝亀七〜八年（七七六〜七）の胆沢征討もそうです。陸奥が二万人、出羽が四〇〇〇人で、陸奥・出羽あわせて二万四〇〇〇人です。弘仁二年（八一一）の征討もそうで、陸奥・出羽あわせて約二万人です。陸奥・出羽で動員が見込める人数は二万人くらいですから、これを五万二八〇〇人にプラスしても、一〇万人には届かない。

樋口　私も絶対に一〇万人だと断言するつもりはありません。ただ『続日本紀』の史料中の数字を重視するなら一〇万という数字も全面的に否定はできないのではないかと。詳しい私見は刊行予定の拙著にも記しましたので、お読みいただけたらと思います。
熊谷　私は全面的に否定できると思います。陸奥・出羽両国の動員能力からみても無理です。

アテルイの軍勢と作戦

伊藤　政府軍の兵力以外にもっともっと大事なのは、アテルイの軍勢です。

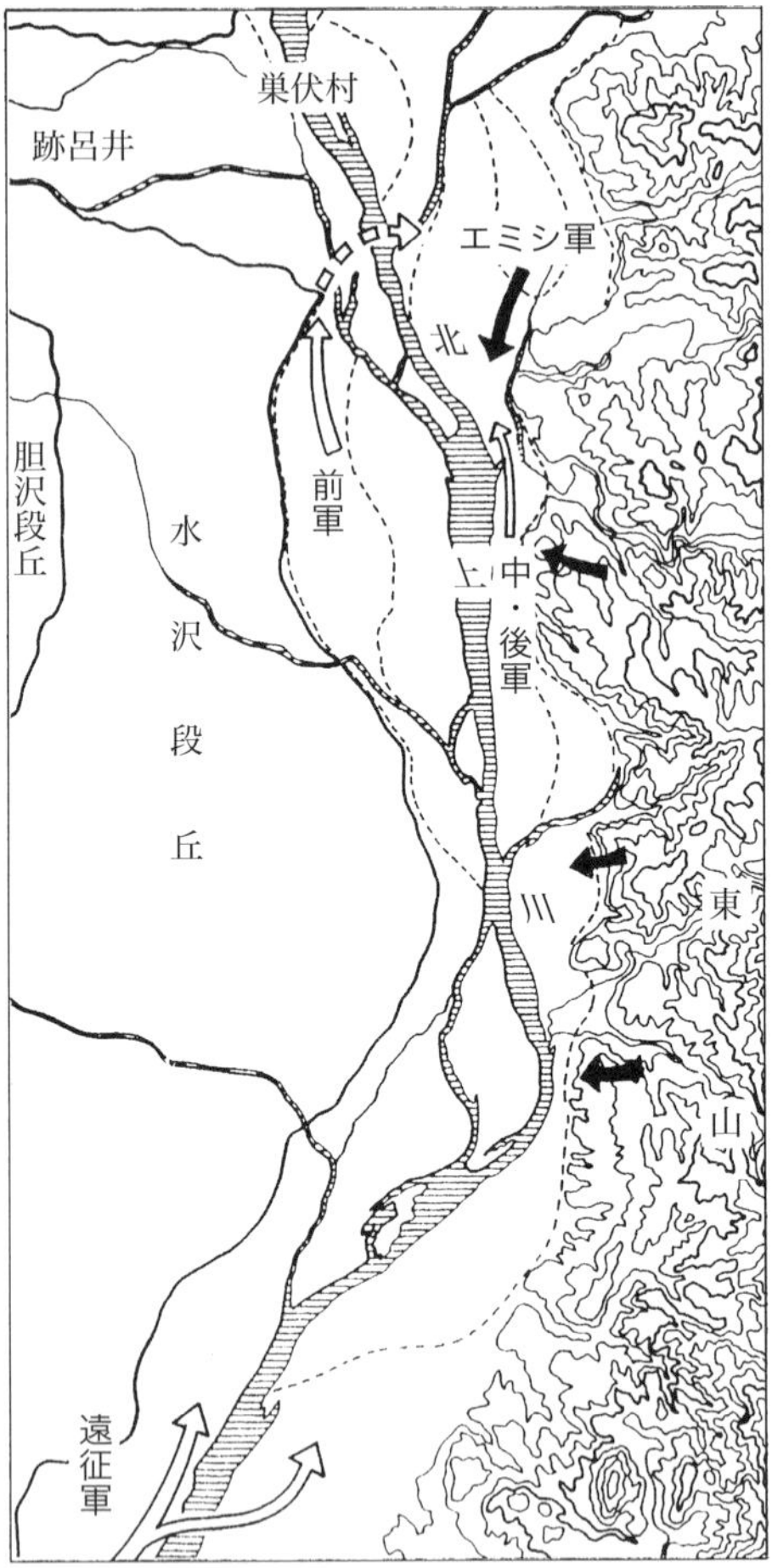

図２　巣伏の戦い　破線内は旧河道
（細井他『岩手県の歴史』山川出版社、1999 年）

鈴木　そうです。そのことは伊藤さんが一番詳しいですね。私が本に書いたもとは、伊藤さんの仕事なのです。伊藤さん、お願いします。
伊藤　アテルイ軍は八〇〇人・四〇〇人・三〇〇人、たいした数ではないですね。
鈴木　最初に政府軍の前に現れたのが三〇〇人で、これが弱い軍隊に見えたので、政府側がどんどん攻め入っていくと、八〇〇人が出てきて、最後に東の山から四〇〇人ですね。

伊藤　これが別働隊であったかどうかはわからないですよね。

樋口　最初の三〇〇人と途中で出てくる八〇〇人がかぶっている可能性がありますね。

伊藤　その可能性はあります。せいぜい一五〇〇人じゃないですかね。アテルイの戦いについては、詳しく熊谷さんからお願いします。

熊谷　一種の陽動作戦ですよね。最初に数の少ない、しかも強くないのを出しておいて、それをたやすくけちらせたので、もっと奥まで深く入ったところが、最精鋭部隊の八〇〇人が出てくる。それで前進できなくなったところを、後ろから襲われて、もう統制がとれなくなって、みんな北上川に飛び込んで、一〇〇〇人を越える溺死者を出した。

　作戦としては高等戦術だったと思います。北上川の東側にはほとんど集落遺跡がないということなので、その点を踏まえれば、伊藤さんが前に指摘しているように、西側が戦場になると被害が甚大になるから、東側におびきだして、しかも高等戦術を使って挟撃して、勝利を収めるというかたちの合戦だったと思います。

　それを指揮したのがアテルイだった。やはりアテルイの指揮官としての能力は非常に高いという感じがします。私が言えるのは、そんなものです。

鈴木　胆沢の扇状地を地図で見ると(図2)、北上川の西岸は扇状地とか台地があって広いですね。それに対して、東岸は山が迫っていて非常に土地が狭い。あえて土地が狭いところにおびきだして、前方・後方、東の山から征夷軍を包囲して、最後に川へ飛び込ませてしまうという非常に高度な戦術をとったことになります。これが勝利の要因であったことは間違いない。でも、ひとつ問題があります。この作戦は一度きりで、二度は使えません。

伊藤　うん。そうそう。

鈴木　延暦十三年と二十年の戦いの実態は全くわから

ないのだけど、たぶん、同じ作戦は使えないはずです。手の内が国家側に知られていますからね。

熊谷　そうだね。

(3)　蝦夷軍の内情

騎馬と弓矢

伊藤　アテルイたちは、馬をもっているかどうかも気になりますね。つまり、騎馬戦術に通じていたかどうか。延暦二十年(八〇一)の最後の戦いで田村麻呂が八九匹くらいの馬を捕獲しているでしょう。馬は国家にとってかなりの財産で、戦果としてすごく誇れる数字だと思うのだけど、アテルイたちが馬に乗って戦っていたのかどうか。

熊谷　どのくらいの数がいたかはわかりませんけど、馬を捕獲しているわけだから、精鋭部隊は騎馬兵だったのではないでしょうか。

鈴木　政府軍は北上川を越えて渡っていますね。だから政府軍は馬を使えない。

熊谷　そうだね。確かに。

鈴木　蝦夷軍ですけど、騎兵ならば史料で「騎」と書くのですが、そうなっていない。

熊谷　蝦夷に関しても、そうなの?

樋口　全て「人」ですね。

鈴木　「人」と書いていて、「騎」とは書いていないのです。だから、延暦八年の戦いの場面に、馬があったかどうかは、よくわからない。騎兵ならば騎と書きますよ。

熊谷　蝦夷の兵士に関しても、そうした書き方をするのかね。

樋口　そこが微妙ですね。

鈴木　このときもそうした書き方をした可能性はありますが、確証はありません。このとき戦果として押収された物資は、「別の如し」とあって、別紙参照になっています。残っていないのですが。

伊藤　史料に出てくるのは、「器械・雑物」の器物の類ですよね(史料1)。

鈴木　馬もそのなかに入っていれば、別紙に書いてあったかもしれないですね。

熊谷　でも延暦八年の戦いでは、政府軍は命からがら逃げているわけだから、馬はそうそう捕まえられないな。

伊藤　器物というのは、馬も含むのでしょうか。

熊谷　それは無理でしょう。馬はやはり馬と書くでしょう。

鈴木　馬に関しては少なくとも朝廷軍は使っていなくて、蝦夷軍に関してはいろいろな可能性がありますが、一方で弓矢があります。熊谷さんが著書で強調しているのは、弓矢の使用です。蝦夷は蕨手刀を持っているイメージがありますけど、実際に刀を使う場面というのは、敵同士が向かい合った瞬間であって、ふだんは弓矢を使うのですね。

熊谷　そうです。だって、刀だと敵に届かない。

伊藤　そもそも蝦夷軍の馬・弓・刀は、ほぼ製品を他所から入手しているのですよね。鉄製品は上野国だろうと八木さんは言われましたが、馬はどこから調達したのでしょうか。馬はどこで飼われていたのでしょうね？　何かわかることがあれば、八木さん、お願いします。

八木　馬が東北地方で確認されるのは、奥州市の中半入遺跡が一番古い例です。古墳時代、五世紀から六世紀初めの住居跡などから三個体分の歯などが確認されています。飼養されていたか断定はできないけれど、複数の馬がいたことは確かで、やはり集落の中で飼われていたと考えるのが自然だと思います。

古墳時代の馬の埴輪をみると、全てたてがみが立っています。今私たちが目にする馬のたてがみは柔らかくねています。立っているのはモウコノウマの特徴で、体高(前足から肩の高さ)は一二〇センチほどの小形の馬です。中半入の馬もモウコノウマだったのでしょう。

八世紀前葉の青森県丹後平古墳群や岩手県房の沢古墳群では馬の墓が発掘されています。この頃には蝦夷社会の中にかなり馬が普及していたと考えて間違いないでしょう。そして八世紀以降近代に至るまで、陸奥の馬は良馬として高い評価を得ていましたし、蝦夷は弓馬の戦闘が得意と言われています。ただ、その馬が古墳時代以降どのようにして東北に広がり、品種改良されていったのか、また蝦夷がどのように馬を飼育していたのか、これはまだ全くわかっていません。中世には青森県の東部や岩手県の三陸地方で多くの牧があったことや、江戸時代にペルシャ馬が盛岡藩の牧で飼われて、次第に大形化してきたことはある程度わかっているのですが、その前のことは謎のままです。

伊藤　馬のことは謎としかいえないようですが、いずれにしろ蝦夷軍は大同団結して戦ったわけですよね。その大同団結の内部事情は、どの程度わかるものなのですか。熊谷さんに思うところがあれば、お聞かせ下さい。

熊谷　これは重要な問題ですが、史料的制約があって内部事情まではなかなかわかりませんね。分かる範囲でお話ししたいと思います。どうしても推測の部分が多くなりますが、ご了承ください。蝦夷社会の基本単位は「村」とよばれています。それには「志波村」のように郡規模と思われる大きな村もあれば、「巣伏村」のように郷程度の小さな村もありました。つまり複数の郷程度の「村」によって郡規模の「村」が構成されていたとみられます。工藤雅樹さんによれば、これらの村は通常はそれぞれが孤立分散的で、自律的な動きをしているのですが、律令国家のような共通の敵が現れると大同団結をして、共同して戦うとされています。

問題は、この三十八年戦争のときに大同団結がどのようにおこなわれたのかということですが、それに関しては残念ながらほとんど史料が残されていません。そこで、少し一般的な傾向からお話ししたいと思います。蝦夷の反乱はいつも局所的なところから起こるのですが、それに対する律令国家の軍事行動は、通常、非常に広域的におこなわれます。たとえば、和銅二年(七〇九)に起こった蝦夷の反乱は、越後国出羽郡を中心としたものとみられますが、征越後蝦夷将軍と陸奥鎮東将軍が同時に任命され、両国同時に軍事行動がおこなわれています。養老四年(七二〇)に起こった陸奥の蝦夷の反乱の場合も、多治比県守を征夷将軍に、阿倍駿河を鎮狄将軍に任じて、それぞれ陸奥と出羽に遣わしています。神亀元年（七二四）の陸奥の海道の蝦夷の反乱の場合は、まず藤原宇合を持節大将軍に任じて陸奥に遣わしますが、その翌月には小野牛養を鎮狄将軍に任じて出羽に遣わしています。おもしろいことに、反乱が起こった国に遣わされる将軍がおおむね「征○○将軍」とよばれたのに対して、もう一方の国に遣わされる将軍は「鎮○○将軍」とよばれています。この点は久しぶりに征夷軍が派遣された呰麻呂の乱のときも同じで、征東大使・副使が任命された翌日に安倍家麻呂が出羽鎮狄将軍に任命されています。「征」はもちろん「征討」の「征」ですが、「鎮」は「鎮守」とか「鎮撫」とかの「鎮」で、鎮め、なだめる、すなわち反乱を起こさないような予防的措置を講じるということだと思います。

私は、このような広範囲にわたる軍事行動が通例となっていたことが、戦時における蝦夷の大同団結を暗示していると考えます。つまりどこかで反乱が起こると、その情報を迅速に他地域に伝えるようなシステムが蝦夷社会内部にそなわっていて、それによって他地域の蝦夷集団も呼応して反乱に立ち上ることがよくあったために、律令国家側の軍事行動も広範囲におこなう必要があったのではないかということです。

工藤さんは蝦夷社会の孤立分散的な側面を指摘していますが、政治的には確かにそうであっても、経済や情報などにおいては必ずしもそうとはいえないと思います。まえに書いたことがありますが[*22]、日ごろから交易や朝貢などを媒介として、蝦夷集団相互にネットワークが張りめぐらされていて、それを通してさまざまな情報が比較的スピーディに蝦夷社会のなかを飛び交っていたのだと思います。ですから、宝亀五年（七七四）に海道の蝦夷が反乱を起こして桃生城を焼き討ちすると、その情報は短時日のうちに、山道方面はもとより、出羽の山北方面（横手盆地）にも伝えられ、同じような支配を受けていた多くの蝦夷集団が海道の蝦夷に呼応して反乱に立ち上がることになったのではないかというのが私の考えです。このあたりの理解は、おそらく樋口さんや鈴木さんとだいぶ違うと思いますので、後ほどお二人の意見も伺ってみたいと思います。

ただし、いま改めて考えてみると、呰麻呂の乱後の反乱軍の構成はかなり複雑だったように思われます。というのは、天応元年(七八一)の詔では、呰麻呂に与して反乱軍に加わった百姓(柵戸などの移民)でも、罪を悔いてもどってくれば三年間の調庸を免除するといっているので、反乱軍には蝦夷ばかりでなく、公民も入っていたことになります。それがどのくらいいたのかはもちろん分かりませんが、このような詔が出るくらいですから、無視しがたいほどの数にのぼっていたとみてよいでしょう。それからもう一つ、先にも取り上げた四人の反乱軍のリーダーのうちの伊佐西古は、宝亀八年(七七七)(翌九年にも同様の記事あり。重複記事)に吉弥侯伊佐西古として みえ、呰麻呂とともに勲功を賞されて外従五位下を授かっています。したがって、かれはもともと呰麻呂とともに政府軍側についていた俘囚であって、おそらく呰麻呂が反乱を起こしたときにも行動を共にし、ついにはかれの子飼いの俘軍の部隊とともに反乱軍に身を投じ、政府軍と戦うことになったのではないかと想像します。

このようなことからみて、呰麻呂の乱後の反乱軍は、山道の蝦夷を中心としながらも、呰麻呂派の俘囚・俘軍や、さまざまな事情で呰麻呂方についた公民なども加わって、大きくふくれあがっていたのであろうと考えます。そしてそれが、呰麻呂の乱後、三十八年戦争が新たな段階に入ったと考える具体的な理由です。そういう状況変化のなかで、政府軍も呰麻呂個人の追捕にこだわっていられなくなったのではないかと考えます。また反乱軍がこのような構成であったとすると、かれらが一枚岩で戦い続けることは至難の業で、おそらく状況の変化に応じて離合集散をくり返していったでしょうし、ヘゲモニーをにぎるリーダーもめまぐるしく変わったのではないかと想像します。そういう紆余曲折を経て、やがてアテルイが登場してくるのではないか、というのが私のイメージです。

伊藤　樋口さん、鈴木さんのお考えはどうですか。

樋口　呰麻呂の下に少なからぬ公民が従っていたことは、おそらく彼が伊治(＝栗原)郡の郡司(大領)を勤めていたことと深く関連しているものと思います。呰麻呂が郡司を勤めた郡を蝦夷郡とみる見解もありますが、私は正規郡の大領だったと理解しています。

また、蝦夷軍のリーダーがめまぐるしく変わったのではないかとのただ今の熊谷さんのご発言に対しては、率直に申し上げて少し違和感を覚えます。むしろ呰麻呂の乱の後には、国家と蝦夷社会との対決の構図が鮮明となり、蝦夷側の結束力は急速に高まっていったのではないでしょうか。

鈴木　「征」と「鎮」を冠する将軍が陸奥と出羽に派遣されるという事実から、蝦夷社会における迅速な情報伝達と、それに基づく大同団結を指摘されたのは、卓見だと思います。私も全面的に支持したいのですが、その場合、やや問題となるのは、桓武朝には「鎮」を冠する将軍が出羽に派遣された例がないことです。出羽に派遣された将軍は、宝亀十一年(七八〇)の鎮狄将軍安倍家麻呂が最後で、桓武朝の三回の征夷と、二回の征夷計画(延暦三年〈七八四〉・同二十三年〈八〇四〉)、および嵯峨朝の文室綿麻呂の征夷では、陸奥だけを対象に征東使または征夷使が任命されています。蝦夷の大同団結を最も警戒すべき桓武朝の征夷において、なぜ鎮狄使の任命がないのか、今のところ不明と言うほかありません。

(4)　戦いの真相をさぐる

戦死者と負傷者の評価

伊藤　蝦夷側の情況は史料がないのでまだわからないことが多いようですが、延暦八年の史料には負傷者数や戦死者数がかなり具体的ですね。当時の武器はやはり弓ですかね。

鈴木　延暦八年のときの官軍の被害は、戦死者が二五人、矢に当たって負傷したものが二四五人ですから、蝦夷は弓矢をかなり使っていることがわかります。刀傷ではないのです。さらに溺死したものが一〇三六人です。

一方、裸で泳いで来たものが一二五七人(史料1)。この「裸身」については、身ぐるみ剝がされて逃げてきたと、しばしば誤解されるのですけど、そうではないのです。衣服や甲冑を身に着けたまま水に入ると重くなって、泳げる人でも泳げなくなります。着の身着のまま川に飛込んだ人が溺れ死んだのであって、自ら脱いで川に入った人が助かったということなのです。

樋口　鈴木さんのあげた官軍側の損害の数字ですけど(史料1)、その一か月後の七月十七日条(史料3)をみると、かなり数値が違います。ここが私が不審に思った点です。七月十七日条によると、官軍の死亡は「千有余人」で、戦死者の数についてはこつの記事はほぼ合っています。六月三日条(史料1)にみえる官軍の戦死者は溺死者一〇三六人、戦闘による死者二五人、合計一〇六一人になります。七月十七日条の「千有余人」とあまり変わりがない。

ところが、戦傷者の数をみると、全然違う。六月三日条には矢傷を負った者が二四五人、裸身で泳ぎ逃れてきた者が一二五七人とあり、仮に後者のほとんどがなんらかの手傷を負っていたとしても戦傷者はせいぜい一五〇〇人くらいです。ところが、七月十七日条には「傷害せらるる者、殆ど二千」とあるので、少なく見積もっても五〇〇人くらいの差があります。さらに七月十七日条には、官軍の損は「すでに三千に及ぶ」とあって、戦死者・戦傷者を合わせた人的被害が三〇〇〇人を越えていたとされているのです。他方、六月三日条では両方合わせても二〇〇〇人に大きく足りません。

もう一つは戦闘で死亡した兵の人数です。七月十七日条によれば、官軍側が打ち取った蝦夷兵の首は八九級です。ところが、六月三日条にみえる官軍側の戦闘死者の数はわずか二五人です。この二つの数字を同じ一回の戦いでの両軍の戦闘死者の数とみると、妙なことになってしまいます。一般には延暦八年の戦いはアテルイら蝦夷勢の圧勝だったとされていますが、戦闘死した軍兵の人数だけ以上の二つの数字で比較すると、まるで逆なのです。ここがとても気になる点です。

アテルイら蝦夷軍が官軍を打ち破った記事(史料1)をみると、詳しい戦闘の実態はよくわからないのですが、最初に現われた三〇〇人の蝦夷軍を官軍が圧倒し、蝦夷軍は退却したとみえています。八九もの蝦夷兵の首の多くがそこで取られたという可能性も皆無ではないのかもしれませんが、どうもその点は蝦夷軍側の陽動作戦によるもののようで、そのとき蝦夷の兵がたくさん死んだとは思えません。そのあと八〇〇人あまりの強い蝦夷軍に官軍は押し戻されたとあり、さらに東の山の方から四〇〇人の蝦夷軍が出てきて、一気に官軍はやられてしまいます。

そうした戦況を見る限り、この戦いの中で官軍側が蝦夷の首を八九人も討ち取るのは、まず不可能なのではないでしょうか。他方でこのとき蝦夷軍の側は、官軍の兵士をわずか二五人しか討ち取っていない。ちょっと変だなと思うのです。

鈴木　六月と七月の戦死者数・首級数の相違は、多治比浜成が戦った海沿いの征討の結果を含むか否かの違いだと考えればいい。ここには矛盾はないと思うのです。

樋口　なるほど。ただ、胆沢での戦闘が二度あったとする私見には、もう一つの状況証拠があります。それは、胆沢征討軍の担当指揮官として最も重い責任を負っていたはずの征東副将軍の入間広成に対する帰還後の免罪・優遇です。

合戦が終わり征東使が帰京した後に、長岡宮で勘問がおこなわれますね。そのときの勘問(史料4)の様子にきわめて奇異な点があるのです。大将軍紀古佐美と副将軍入間広成、鎮守副将軍池田真枚・安倍墨縄の四人が勘問の場に引き出されました。責任が問われた事由は、出陣命令が下った後の衣川営での長期逗留と、アテルイ率いる蝦夷軍に完敗を喫したこと、以上二つの失態です。それについて四人に問い糺したところ、「皆承伏しぬ」とあって全員が罪状を認めたとされています。しかし、その判決の詔の内容をよくみると、きわめて不思議なことに入間広成に対する処分だけが全く言及されていないのです。彼こそは、アテルイに惨敗した胆沢征討軍の正式の指揮官に他ならなかったことを考えれば、その点はきわめて奇妙です。

それればかりではありません。入間広成は、なんとこのあと、征夷の翌年の延暦九年(七九〇)二月に外従五位下から内位の従五位下に昇叙され、さらにその翌月に常陸介に任じられています。これは処罰どころか前年の征夷における論功行賞ともとれなくもないです。

なぜ広成は、勘問の場に引き出され、逗留・敗軍の責任への嫌疑を「承伏」したにもかかわらず、無罪放免され、しかも直後に栄進することができたのでしょうか。『続日本紀』延暦八年九月十九日条の詔の文章中にその理由はいっさい書いてありません。

私は、延暦八年の戦いに二度の合戦があり、胆沢征討軍指揮官である副将軍入間広成その人が二度目の戦いで自ら軍勢を率いて奮戦し、それなりの成果をあげ、桓武天皇に対して面目を示したためであると考える他ないと思っています。それゆえ、当事者の一人としていちおう勘問の場に召喚されたけれども、いっさい追及は受けなかった。それ以外に何かうまい説明の仕様があるでしょうか。

鈴木 いまの話を聞いていて疑問なのは、国家にとって誇るべき成果なのであれば、『続日本紀』に書くべきだと思います。そんなことは全く書いていないですね。

樋口 確かに『続日本紀』の記事内容にはおっしゃる通り不自然な点が少なくなく、今後征夷関係の記事全体の厳密な史料批判が必要になってくるでしょうね。ですが、勘問記事の中で広成は罪状を「承伏しぬ」と記されているのに、彼に対する処分が何一つ書かれていないのはいかにも不可解です。しかもその翌年に内位に叙されて、常陸介に任じられています。

広成は、アテルイに敗戦を喫した胆沢征討軍の最高責任者たる征東副将軍なのですよ。つまり厳しい処分を科された鎮守副将軍の池田真枚・安倍猨嶋墨縄の上官です。『続日本紀』延暦八年六月三日条でも、真枚・墨縄とともに胆沢への進軍計画を自ら策定したことがみえています。通常であれば、勘問を受けた四人の中で最も重い責任を問われそうなものですが。その彼が、なぜ戦後官位昇叙の優遇を受けられたのでしょう。

熊谷　樋口さんの理屈は、私にはどうも理解がむずかしい。私もほぼ鈴木さんと同じ疑問をもちます。もし、仮に入間広成が戦って手柄を立てたのだったら、それをなぜ『続日本紀』がかくす必要があるのかという疑問です。そこを私にもわかるように説明してもらわないと、なかなか同意できませんね。ペンディングです。

征東使の内情と別将の役割

鈴木　延暦八年の史料(史料1)は、まだたくさんの情報を含んでいて、興味深いところです。征夷軍側ですが、たとえば、別将として丈部善理、出雲諸上、道嶋御楯、進士つまり志願兵として高田道成、会津壮麻呂、安宿戸吉足、大伴五百継などが出てきます。このときの軍隊の特徴は、地方豪族が別将などとして実戦に参加していたことです。別将の丈部善理は磐城郡の人、道嶋御楯は牡鹿郡の人です。彼らは軍隊に集められて、自分の配下の小規模な部隊を率いて、「行け」と言われるものだから、仕方なしに北上川を渡ったわけです。ところが、このとき、全体を取り仕切った者がいたかというと、いないのです。

熊谷　そうだね。そこが重要だよね。

鈴木　桓武が怒った理由は何かというと、戦というのは必ず軍監以上の者が行くべきだということです。

熊谷　なのに、別将しか行かなかった。

鈴木　征東大将軍紀古佐美は、玉造塞か多賀城にいるらしく、前線には行っていません。作戦を指揮した征東副将軍と鎮守副将軍も、みんな北上川の西岸で静観しているのです。しかも、本来なら軍監以上が攻め込むべきなのに、行っていない。このときの史料には軍曹も出てこないので、たぶん軍曹も行っていないと思います。結局、在地の豪族が自分たちの配下の者を率いて攻め入って、蹴散らされて帰ってきたのです。

征東使の軍監・軍曹さえ行かずに、別将が行ったので負けたというのが、桓武天皇の敗因分析です。次の延暦十三年(七九四)の戦いでは、軍監・軍曹の数が多くなります。

伊藤 延暦八年の別将は、副将軍ではないのですね。

鈴木 別将には二種類あるのです。鎮守副将軍の池田真枚も安倍猨嶋墨縄も別将と呼ばれていますけど、丈部善理も別将と呼ばれています。朝廷軍全体の中の副将軍格が別将と呼ばれ、かつ一番下の指揮官も別将と呼ばれています。なぜかというと、北啓太さんの研究があるのですけど[*23]、征討使の四等官、つまり将軍・副将軍・軍監・軍曹に入っていない将官が、別将なのです。だから鎮守副将軍も別将になるし、一番下の指揮官も別将と呼ばれるのです。

熊谷 なるほど、そういう意味なの。

鈴木 延暦十三年の征夷ではどうしたかというと、別将をなくしたのです。本来、軍監・軍曹は都から来るのだけど、それを在地の人間から採用するのです。そして、別将に代えて軍監・軍曹の地位を与えるわけです。そうすると、征討使の将官の中できっちりとした位置づけを持ちます。その体制で実施したのが延暦十三年の征夷なのです。

伊藤 徳丹城出土の「別将」(墨書土器)はどうなのかな。

鈴木 徳丹城の別将は謎です。

伊藤 つまり、別将は、高い地位の時もあるし、低いこともある。

鈴木 徳丹城の時期だと、正式には別将がないので。延暦八年の征夷を最後に、別将は文献に見えません。

伊藤 ということは、何か慣例的に、別将と呼んでいるのですかね。

鈴木 正式な称号ではないのに別将と呼ぶのですから、なんらかの慣習があったのかもしれません。

伊藤 征夷軍敗戦の原因はだいたいわかってきましたが、戦後処理を国家側はどうしたのでしょうか。鈴木さん、お願いします。蝦夷側の情報はわかりませんよね。

鈴木 戦後処理と言えるかどうかはわかりませんが、桓武天皇は関係者の処罰と論功行賞をおこなっています。そこに桓武天皇の人心掌握術が見えるような気がします。

まず処罰についてですが、延暦八年(七八九)九月八日に征東大将軍紀古佐美が長岡京に帰ると、九月十九日に、大将軍紀古佐美、副将軍入間広成、鎮守副将軍池田真枚と安倍猨嶋墨縄に対する勘問がおこなわれます。桓武天皇は、彼らの罪状と処分を詔によって示しますが、征東大将軍紀古佐美は、以前から自分に仕えているという理由で罪を許され、副将軍入間広成は、樋口さんも注目されているように、詔の中で言及すらされていません。処罰されたのは、鎮守副将軍の池田真枚と安倍猨嶋墨縄だけですが、ともに刑を軽減されています。墨縄は斬刑に当たるけれども、長らく辺境守備に尽力してきたので、斬刑は許して官職と位階を奪うことにする、真枚は官職と位階を奪うべきだけれども、日上の湊で溺れた軍を救助した功績があるので官職のみを解くこととする、という具合です。[*24]

桓武天皇が意外なほど寛大な処分を下した理由には議論がありますが、私は、将官を厳罰に処することは、今後の征夷に官人を協力させるためには得策でないと判断したのだと思っています。だから将官を厳しく譴責し、厳罰に当たることを示した上で、彼らの罪をすべて減免するという、温情に満ちた君主を演じてみせたのでしょう。九月十九日の詔の末尾には、「少しでも功績のある人には、その軽重に随って評価し、小さな罪を犯した人は、その罪を問わずに許すこととする」という意味の一文もあります。

それを約束通りに実行したのが翌年十月の論功行賞で、叙位・叙勲にあずかった人は、四八四〇余人にも及びました。[*25] 神亀元年(七二四)の征夷では一六九六人、宝亀五年(七七四)の征夷では一七九〇余人、宝亀七〜八年(七七六〜七七七)の征夷では二二六七人が叙位・叙勲されているので、今回の論功行賞は、これまでにない大規模なものです。将官は処罰されているので、対象は主に軍士だったと推測されます。桓武天皇自らが敗戦と断じた征夷にともなって、これほどの論功行賞をおこなっているのは、やはり次の征夷に向けて人心を掌握しておきたいという桓武天皇の意図があったからだろうと思います。

註

＊1 虎尾俊哉『律令国家と蝦夷』(〈若い世代と語る日本の歴史10〉評論社、一九七五年)

＊2 樋口知志「律令制下の気仙郡―陸前高田市小泉遺跡の周辺―」(『アルテス リベラレス(岩手大学人文社会科学部紀要)』七四、二〇〇四年)

＊3 樋口知志『阿弖流為―夷俘と号すること莫かるべし―』(ミネルヴァ書房、二〇一三年)

＊4 村田晃一「三重構造城柵論―伊治城の基本的な整理を中心として 移民の時代2―」(『宮城考古学』六、二〇〇四年)

＊5 『続日本紀』宝亀六年三月二十三日条。「陸奥の蝦賊の騒動、夏より秋に渉る。民皆塞を保《まも》り、田疇荒廃す。」

＊6 『続日本紀』宝亀五年七月二十三日条

＊7 虎尾俊哉『律令国家と蝦夷』前掲註1

＊8 『続日本紀』宝亀七年五月二日条・同八年十二月十四日条

＊9 『続日本紀』宝亀七年十一月二十六日条

＊10 『続日本紀』延暦二年六月丙午朔条。「出羽国言さく、宝亀十一年、雄勝・平鹿二郡の百姓、賊の為に略せられ、各《おのおの》本業を失ひて彫弊殊《こと》に甚し。」。ただし、この点は事実誤認あり。出羽国でも三十八年戦争勃発直後から蝦夷の争乱が起こり、国府の移転を要請するほどの状況に陥っている。本書巻頭「序論 アテルイと東北古代史」参照。

＊11 『続日本紀』宝亀五年七月二十三日条

＊12 『続日本紀』宝亀五年八月二十四日条

＊13 『続日本紀』宝亀七年九月十三日条、十一月二十六日条

＊14 『続日本紀』宝亀七年十一月二十九日条

＊15 北啓太「征夷軍編成についての一考察」(『書陵部紀要』三九号、一九八八年)

＊16 樋口知志『阿弖流為―夷俘と号すること莫かるべし―』前掲註3

＊17 『続日本紀』延暦七年十二月七日条

＊18 一斛＝一〇〇升、二〇〇〇斛＝二〇万升÷二升＝一〇万。

＊19 『続日本紀』延暦八年七月十七日条

＊20 『続日本紀』延暦八年六月九日条

＊21 鈴木拓也「古代陸奥国の軍制」(同『古代東北の支配構造』吉川弘文館、一九九八年、初出一九九一年)

＊22 熊谷公男『古代の蝦夷と城柵』(歴史文化ライブラリー、吉川弘文館、二〇〇四年)

＊23 北啓太「征夷軍編成についての一考察」前掲註15

＊24『続日本紀』延暦八年九月十九日条
＊25『続日本紀』延暦九年十月十九日条

Ⅲ　延暦十三年・二十年の戦いとアテルイの降伏

(1)　延暦十三年の戦い

伊藤　延暦八年(七八九)の五年後、延暦十三年(七九四)に第二次征夷がおこなわれますが、事実関係の確認を鈴木さんお願いします。

鈴木　桓武天皇が次の征夷の実施を表明したのは、延暦九年(七九〇)閏三月四日です。「蝦夷を征するため」に、東海道・東山道の諸国に命じて、革の甲《よろい》二〇〇〇領を三年以内に造らせるという勅を出しています。これ以後、『続日本紀』には、翌年の延暦十年(七九一)まで、征夷の準備に関する記事が一〇件以上残っています。ところが残念ながら、延暦十一年(七九二)以後については、『日本後紀』が四〇巻のうち一〇巻しか現存していないので、詳細は不明です。延暦十三年と延暦二十年(八〇一)の征夷は、その準備段階も含めて『日本後紀』の欠失時期に当たっていて、詳しいことがほとんどわからないのです。

延暦八年の征夷の前後から、桓武天皇の身辺では、次々と不幸が起こります。まず延暦七年(七八八)の五月、桓武天皇の夫人《ぶにん》の藤原旅子が亡くなります。三〇歳でした。彼女はのちの淳和天皇の母です。征東使を勘問したのは延暦八年九月ですが、その年の十二月末に桓武天皇の母の高野新笠《たかののにいがさ》が亡くなります。新笠の年齢はわかりませんが、桓武天皇はこのとき五三歳なので、たぶん七〇歳を過ぎていたと思います。この段階までは、まだ祟りだという認識はなかったかもしれません。

決定的なできごとは、翌年の延暦九年(七九〇)閏三月十日に起こります。皇后の藤原乙牟漏《おとむろ》が三一歳で亡くなったのです。彼女はのちの平城天皇と嵯峨天皇の母です。乙牟漏の死は、次の征夷の実施を表明した閏三月四日のわずか六日後のことです。同年七月には后妃の一人坂上又子(田村麻呂の姉か妹)が亡くなり、九月には皇太子安殿《あて》親王(のちの平城天皇)が発病します。

桓武天皇はこのころから早良親王の祟りを疑い始めます。早良親王は桓武天皇の弟で、長岡京造営の責任者であった藤原種継の暗殺事件への関与を疑われて皇太子を廃され、政府の公式見解によれば、自ら飲食を絶って餓死したという人物です。その早良親王の祟りがこのころから疑われ始めるのです。延暦九年に淡路の早良親王の墓に墓守を置き、付近の郡司に管理を命じたことがその証拠です。*1

その間にも、桓武天皇は淡々と征夷の準備を進めていて、延暦十年(七九一)の正月には、東海道・東山道に閲兵の使者を派遣します。その際に東海道に派遣されたのが、百済王俊哲《くだらのこにきししゅんてつ》と坂上田村麻呂です。田村麻呂が征夷に加わったのは、延暦十三年の征夷が最初ですが、延暦十年から準備に参加しています。そして同年七月十三日に田村麻呂たちが征夷の将官に任命されています。大伴弟麻呂が征東大使、百済王俊哲、多治比浜成、坂上田村麻呂、巨勢野足の四人が征東副使になっています(以上『続日本紀』)。

実際に征夷をおこなった時期は、平安遷都の年として有名な延暦十三年(七九四)です。征東大使の大伴弟麻呂は、延暦十二年(七九三)に征東使が征夷使に改称するので、征夷大将軍として現地に赴いています。じつは、彼には二回出発した記事があるのです。

一回目の出発記事は、『日本紀略』延暦十一年(七九二)閏十一月己酉(二十八日)条で、「征東大使大伴乙麿辞見す」とあります。「辞見」とは天皇に出発のあいさつをすることですが、このときは征夷を実施した形跡がありません。

二回目の出発は、延暦十三年二月一日です。その記事は『日本紀略』延暦十三年正月乙亥朔(一日)条の「征夷大将軍大伴弟麿に節刀を賜う」ですが、正月一日は間違いだということがわかりました。『日本紀略』の日付に誤りがあって、二月一日が正しいことは、浅井勝利さんによって以前から指摘されていました。[*2]最近、宮内庁書陵部所蔵の『節度使将軍補任例』という新史料が紹介されて、[*3]浅井さんの考証の正しさが証明されたのです。節刀を受け取った将軍は直ちに出発する義務があります。

なぜ二回も出発記事があるのかです。私の解釈も入りますけど、平安遷都がからんでいるとみています。平安遷都を桓武天皇がいつから考えていたかですが、早良親王の祟りが正式に認定された延暦十一年六月十日が起点となっています。このころ、早良親王に代えて皇太子になっていた息子の安殿親王の病気が悪化します。そこで卜《うらな》いをした結果、早良親王の祟りであると正式に認定されるのです。ただちに淡路にある早良親王の墓に使者を派遣して慰霊をさせ、六月十七日には墓の整備も命じますが、六月二十二日に長岡京が大洪水に襲われます。このころから、桓武天皇は、長岡京の維持を断念し、新しい都を造ろうと考えたのだろうと言われています。

大伴弟麻呂が一回目の出発をした後、延暦十二年二月十七日に征東使を征夷使に名称を変えていますが、そのころに桓武天皇は征夷と遷都の両方をあわせて実施しようと考えたようです。弟麻呂が延暦十三年二月一日に二回目の出発をするのは、平安遷都に合わせて征夷の実施を遅らせた結果だとみています。

ただ、これは危険な賭けです。桓武天皇はまだ一回も征夷に成功していません。しかも都の造営も長岡遷都が結果的に失敗しています。もし平安遷都に合わせた征夷が失敗すれば、桓武の面目は完全につぶれます。そこで桓武は、征夷で絶対に負けないような布陣をしき、勝利を確実にする工作をしているのだと思うのです。

熊谷　だいたいそうした流れなのでしょうね。鈴木さんの話で延暦八年の敗戦で桓武天皇は、今回は絶対に負けられない、しかも早良親王の怨霊におびえて長岡京を捨てることになった。遷都についてのはっきりした名分がないときに、蝦夷征討の成功をくっつけたかったんだろうなと察しがつきますね。造都と征夷は、桓武天皇のライフワークだったと思うのですが、具体的にスケジュールとして、結びつけられたのは、このときの征夷の最終段階になってからだろうというのが私の考えです（この問題についての鈴木説との相違については、本書熊谷「序論」参照）。

この戦いは絶対負けられない

鈴木　桓武天皇は、絶対負けないために五つの手を打つのです。第一点目は、北方の蝦夷を手なずけることです。延暦十一年七月二十五日・十一月三日に、爾散南公阿破蘇と宇漢米公隠賀の服属と入京があります。これを重視したのが樋口さんで、アテルイたちの胆沢の蝦夷集団に対して、北方の蝦夷集団が国家側に寝返ったのです。その爾散南公と宇漢米公は、志波あたりの蝦夷なのか、さらに北方なのかはわかりません。しかし、胆沢の背後にいる蝦夷集団が国家側についたということは、国家にとって非常に有利になったと考えられます。

第二点目は食糧問題です。延暦八年の征夷の軍粮は前年に準備していますが、軍粮の米が三万五〇〇〇斛、糒が二万三〇〇〇斛だったのに対して、今回は延暦九年閏三月に軍粮の糒を一四万斛、さらに翌年の十一月三日に一二万余斛を追加しています。桁違いに多いことがわかります。これで、食糧が足りないことを口実に将軍が逃げ帰ってくることはできません。紀古佐美は食糧補給の困難を理由に軍を解きましたが、それは絶対に言わせないというねらいで、大量の食糧を準備するのです。甲の製造が繰り返し命じられるなど、大量の武器・武具が用意されたのもこのころの特徴で、征夷に関わる物資の準備が入念におこなわれたことがわかります。

第三点目は、軍勢の大増員です。このときの軍勢は総勢一〇万人で、まさに空前絶後の征夷軍です。この数字は前回の延暦八年の時よりも数万人多いのだろうと思います。一〇万人にまで増員できた背景には、軍団兵士制の廃止があります。陸奥・出羽などでは軍団が残りますが、他の地域では延暦十一年六月に廃止されます。もともと征夷軍には、軍団兵士だけでなく、一般農民や浮浪人、郡司子弟なども動員されていたのですが、軍団兵士か否かという区別をなくして、全て軍士として一括し、指揮系統を明確にしたのだろうと考えています。

第四点目は、軍の幹部に現地の官職を兼任させたことです。延暦八年までは、征討使は現地の官職を兼任していませんが、延暦十三年の征夷では、征東副使（征夷副将軍）の百済王俊哲が鎮守将軍、多治比浜成が陸奥按察使と陸奥守、巨勢野足が陸奥介と鎮守副将軍を兼任しています。延暦八年の征夷では、征東副将軍とは別に、鎮守副将軍の二人が作戦を仕切っていましたが、征討使の官制と鎮守府の官制は別なので、指揮系統が不明確です。だから一本化をはかるのです。征討使が現地の官職を兼任することは、これ以降の特徴で、現地官人を征討使の組織の中に取り込み、指揮系統を明確化したものと評価されています。[*4]

樋口　鈴木さんが挙げられた第四点目に付け足させていただきたいのは、延暦八年のときには副使の多治比浜成は常陸守、百済王俊哲は下野守でともに坂東の国司の兼任ですね。それまでの征討軍の指揮官に坂東の国司との兼任者が多いというのは、中村光一さんが指摘しています。[*5]それが延暦十三年の征夷で廃されるのです。

前の征夷で別将とされた鎮守副将軍の池田真枚や安倍猨嶋墨縄も坂東豪族層の出自です。桓武天皇は坂東の国司や坂東豪族層といった坂東に利害関係をもつ勢力を征夷軍の中枢より排除し、陸奥国の現地指揮官を自らの王権により直接掌握して、そのもとで現地官軍の指揮命令系統を先鋭なピラミッド型に再編制しています。鈴木さんもおっしゃるように、坂東国司を主体とする伝統的な征討軍編制方式をやめ、現地官に征討軍指揮官を兼帯させることこそ、桓武天皇の主体的な決断によるものだと思うのです。それによって、坂東の現地豪族層の独自な利害意識による勝手な動きを封じる。そこが一つのカギであったように私は考えています。

鈴木　そして最後の第五点目が、前にも触れました軍監・軍曹に関わる組織の改正です。桓武天皇は、前回の敗因は、別将がそれぞれの小部隊を率いて川を渡ったこと、軍監・軍曹が川を渡っていないことにあると考えました。そこで別将クラスの地方豪族に軍監・軍曹の地位を与え、正式に征討使の指揮系統に組み込むことにするのです。その結果、北啓太さんが指摘しているように、延暦十三年の征夷から軍監・軍曹の数が急に増えます。*6

熊谷　それはどこに数字が出ているの？

鈴木　弘仁二年(八一一)五月十九日に出ています。*7 弘仁二年の征夷で文室綿麻呂が定めた軍監・軍曹が多すぎるので、嵯峨天皇が是正を求めた際に出した数字です。「去ぬる延暦十三年の例を検ずるに、征軍十万、軍監十六人、軍曹五十八人」とあります。これ以前では、将軍は一人、副将軍は一人か二人、軍監・軍曹は二人・二人、あるいは四人・四人などの例がありますが、延暦十三年のときに桁違いに増えてきます。それまで別将として征討使の官制に入っていなかった下級指揮官たちを征討使の四等官の中に位置づけて、指揮・命令系統を明確にするのです。

桓武天皇がとった必勝作戦は、以上の五つです。①北方の蝦夷の手なずけ、②軍粮の量を増やして足りないとは言わせない、武器・武具を十分に準備する、③征夷軍の兵力を一〇万人に増やし、④軍の幹部に現地官を兼帯させる、⑤軍監・軍曹の数を増やし、別将たちをきちんと指揮命令系統に位置づけることです。これで桓武は勝利を確信し、あえて平安遷都をぶつけたのだろうと私は考えたのです。

熊谷　この五つの新しい方策をたてて、絶対に負けない、なおかつ平安遷都を盛り立てるための材料として蝦夷征討の成功を使うという青写真が、あらかじめある時点で練られていたのでしょうね。それがいつかは問題ですけど、実際の戦闘状態は史料がなくてわかりませんね。とくに蝦夷側の情報は乏しいですね。

鈴木　史料はどうしても国家側に偏りますね。延暦十三年二月一日に征夷大将軍弟麻呂が出発します。長岡京の東院で、桓武天皇が弟麻呂に節刀を授けて出発させています。蝦夷征討の記事は、延暦十三年六月十三日にあります。『日本紀略』の記述は、「副将軍坂上大宿禰田村麿已下、蝦夷を征す」という文章だけですが、このとき実際に征討を仕切ったのは、副将軍四人の中で一番若い、田村麻呂であることがわかります。同年九月二十八日に、遷都と征夷の成功を諸国の名神に祈願しているので、このころ二つの事業はともに最終段階を迎えたのでしょう。

そして桓武天皇は、同年十月二十二日に、長岡京から新京に遷都します。その六日後、十月二十八日に、征夷大将軍の使者が新京に入り、戦勝報告を届けます。「征夷将軍大伴弟麻呂奏すらく、首四百五十七級を斬り、虜百五十人を捕らえ、馬八十五疋を獲、落(村落)七十五処を焼く」と。この戦勝報告をうけて、桓武天皇は新京の内裏に官人を集め、おもむろに遷都の詔を発します。「葛野《かどの》の大宮の地は、山川もうるわしく、四方《よも》の国の百姓《ひゃくせい》も参り出《い》で来《きた》る事も便《たより》にして、云々」と。[*8] 遷都と同時に辺境から戦勝報告がもたらされるという奇跡を自ら起こし、二度目の遷都を劇的に演出したのです。新京に「平安京」という名称が付けられたのは、その十日後の十一月八日です。

残念ながら、今回の主役であるアテルイの行動は、全くわかりません。わからないのですが、想像できるのは、前回使った北上川東岸の狭隘な地形を利用した陽動作戦は、国家側に手の内を知られているので、使えなかっただろうということです。戦勝報告に見える戦果、つまり蝦夷側の被害は、前回を大きく上回っているので、苦戦のほどがうかがえます。またこのときにたくさんの蝦夷が投降して、諸国への移配が大規模におこなわれただろうと想定されています。蝦夷側の被害は甚大ですが、大事なことは、このとき胆沢城・志波城はまだ置かれていません。つまり、胆沢城・志波城を置けるほどの戦果ではなかったということです。

(2) 大伴弟麻呂と坂上田村麻呂

大将軍大伴弟麻呂の役割

熊谷　鈴木さんの話で、事実経過ははっきりわかりました。そのなかで私が気になるのは、新出史料によって延暦十三年二月一日に大伴弟麻呂が節刀をもらっていることがはっきりしました。ここで正式に現地に向かったわけですね。ところが田村麻呂は前年の二月二十一日に辞見をしているから、このときにはすでに現地に行っているわけですね。ほかの副将軍は、たとえば百済王俊哲などは鎮守将軍になっているから、当然もっと前に現地入りしている。したがって、田村麻呂が現地に向かった時点で、副将軍は全員現地にいるということだったと思うのです。

鈴木　このときの副将軍には、延暦八年に沿岸部を攻めた多治比浜成もなっています。按察使兼陸奥守なので当然、浜成も現地にいるでしょう。あともう一人の巨勢野足は陸奥介と鎮守副将軍を兼ねていますね。

熊谷　そうであれば、やはり現地でしょう。田村麻呂が延暦十二年(七九三)二月二十一日に行っているのに、大伴弟麻呂はさらに一年近くたってから、節刀もらって現地に向かうことになる。六月十三日には副将軍の田村麻呂以下が蝦夷を征討したと『日本紀略』に出て来きますね。そうすると、弟麻呂がここに出てこないのは、どうしてなのか。原文がどうだったのか。副将軍以下と書いてあるということは、弟麻呂の名前がこの上にあれば、省略したとは考えにくいという気がするのです。

要するに、弟麻呂の役割が浮いてしまうというのか、役割が非常に不明確で、副将軍が主体になって、副将軍のなかでも一番若い田村麻呂が中心になって、このときの征討がおこなわれたのではないかというのが私の考えです。田村麻呂が副将軍になって仕切ったことと、鈴木さんがあげた絶対に負けないための方策を、前回の反省の上に立ってやったという五点は、ほとんどその通りだと思って聞いていました。おそらく、それが関連しているのかな。大伴弟麻呂の役割をどう考えるか。この場合にひとつ問題になるのかなと思います。

鈴木　なぜ、征夷大将軍が大伴弟麻呂なのか。彼がなにをしたのかですね。弟麻呂は延暦二年(七八三)に征東副将軍になっていますけど。

熊谷　そのとき大伴家持が持節征東将軍になっているけど、翌年家持が亡くなるので、実際の戦闘はおそらくなかったのでしょう。

鈴木　坂上氏では、田村麻呂の父の苅田麻呂が武人として有名で、恵美押勝の乱(七六四年)に活躍した人物です。大伴氏も代々武門の家柄という意識は持っていますが、大伴弟麻呂自身が特別に武力に優れていたかというと、そういう証拠は全くありません。しかも弟麻呂は、任命時に六一歳、実際に戦をしたときには、六四歳です。

一見すると奇異に見えますが、実施せずに終わった延暦三年(七八四)の征夷で持節征東将軍になった大伴家持も六七歳です。樋口さんが注目している宝亀五年(七七四)の大伴駿河麻呂の年齢はわかりませんが、自ら老齢であると述べています。

将軍というのは、節刀を持って天皇の代理をつとめるので、前線には基本的に行かないのです。だから将軍は多賀城か玉造塞にいて、指示を出すだけです。自ら武器をとって合戦はしませんから、老齢であっても、当時としては不審ではないのです。ただ、延暦二十年(八〇一)に征夷大将軍を務めた田村麻呂は、前回の征夷で副将軍として実戦を主導した経験があるので、現地に行ったと思います。

熊谷　延暦十三年のとき、弟麻呂は一年近く遅れて節刀をもらって現地に向かっていますね。その間、指揮をとりようがないじゃないですか。

鈴木　お飾りなんですよ。

熊谷　私も以前からそう考えています。だから、そこが延暦十三年の征夷の特殊性だと思うので、そこをやはり見ないといけない。

鈴木　そうですね。

樋口　弟麻呂は延暦十三年二月一日に征夷大将軍として節刀を賜って、その後間もなく陸奥へ下向したと思われますが、そのときすでに先に乗り込んでいた田村麻呂や、現地官を兼ねていた百済俊哲・多治比浜成ら副将軍たちは、もう事実上、征夷の軍事行動・作戦を展開していたのでしょうかね。

鈴木　準備でしょうね。

熊谷　もう実戦に入って、弟麻呂が節刀をもって現地入りするとき、征夷軍はある程度、優位に立っていたのではないかと思います。これは単なる推測ですけどね。延暦十三年（七九四）の征討は絶対に負けられないし、桓武としては平安遷都とからめたかったわけでしょ。ということは、おそらく弟麻呂が一度辞見したにもかかわらず、都に留まっていたようですね。そのあと、田村麻呂よりもはるかに遅れて節刀をもらって現地に行きます。そんなおかしな形をとっているのは、平安遷都と征夷の成功を結び付けたかったからだ、という話ですね。そうなると、弟麻呂が節刀をもらって現地に行くというときは、もう勝ちに間違いないという戦況にならないと、現地には行かせないと思うのです。だから、この段階である程度、何回かの戦いがあって、政府軍側の優位が高まっていたとみたほうがよいという気がするのです。

鈴木　なるほどね。戦いがあったかどうかは、難しいですけどね。

熊谷　でも、そう考えないと、非常に大きなリスクになるんじゃない。

鈴木　そうですね。

熊谷　ここまで準備して、しかも弟麻呂を都に留めておいて、田村麻呂を先に現地に行かせ、その前にさらに副将軍三人は現地入りさせて、という形でしょう。それでいよいよ弟麻呂が行くわけだから、そのタイミングを考えたら、まだ勝てるかどうかわからないのに弟麻呂を行かせるのは、それまでの準備と話が合わなくなってしまう。

鈴木　合わないとまでは言えないかもしれないけど、熊谷さんが言われるように、勝利の確証は得らない段階ですものね。

樋口　その可能性は否定できないですね。

鈴木　少なくとも実際に戦いがあったというのは、延暦十三年六月の副将軍の田村麻呂以下が蝦夷を征すという文章だけです。ただ、史料があまりない時期なので、いろいろな可能性を考慮してよいと思います。

田村麻呂の起用理由

熊谷　副将軍四人の中で田村麻呂が一番若かったわけですね。延暦十三年の征討で初めて副将軍になるのですが、『日本紀略』の記事で田村麻呂以下が蝦夷を征したと出てくることをどう考えるか、ということもありますよね。

これに対する私の考えは、田村麻呂が若い時から近衛府の武官で、しかも征夷副将軍になったあと、延暦二十年(八〇一)の征夷で征夷大将軍になって、さらに中止された延暦二十三年(八〇四)の征夷計画でも、征夷大将軍に任命されているわけです。ところが、その間、一貫して近衛府の武官の肩書を持ち続けます。近衛府といえば、天皇に一番近いところで、天皇の身辺警護をするエリート武官です。しかも田村麻呂の姉妹(全子)と娘(春子)は桓武天皇の后になっています。桓武と田村麻呂は特別に信頼関係が強かったとみることができると思うのです。

したがって、若い田村麻呂を延暦十三年(七九四)に副将軍に任命したのは、当然、桓武の意向だったと考えるのがよいと思うのです。その意図は、延暦八年の失敗に学んでいて、自分の指示通りに現地の将軍なり副将軍なりが動かない。すぐに逃避してしまう。軍を断りもなく解散してしまう。桓武の意向通りの動きをしない。桓武に言わせれば、だから負けたんだという思いがあったのだと思うのです。

そこで信頼のおける、いつもそばにいて、身辺警護を統轄していて気心も知れているし、能力もわかっている、そんな田村麻呂をまだ若いのだけど抜擢して、自分の意向を一番通りやすくした。田村麻呂なら自分の言うとおりに動いてくれる。おそらくそういう思いで田村麻呂を任命して、四人の副将軍の中で一番若いにもかかわらず、指揮をとらせたのではないか、と推測しています。

鈴木　百済王俊哲の娘も、桓武天皇の后になっています。百済王教法という女性です。このときの副将軍で、かつ征討前に東海道の閲兵の使者になった百済王俊哲と田村麻呂のどちらも、桓武と姻戚関係をもっています。しかも、二人とも渡来系氏族です。百済王氏は、百済滅亡の時に日本に亡命した王族、坂上氏も朝鮮半島から来たと推定される東漢《やまとのあや》氏の一族です。桓武天皇の母の高野新笠も百済系渡来氏族の和《やまと》氏の出身ですね。田村麻呂への信頼も、渡来系氏族であることが関係しているかもしれません。そのほかに、田村麻呂の起用とからんでくるのは、征東使から征夷使への名称変更だと思うのですが、熊谷さんのお考えはいかがですか。

熊谷　延暦十二年二月に、なぜ征東使から征夷使に変えたかということですか。もちろん記事が非常に短いので、確実なことはわからないけど、私の考えとしては、征東使は光仁朝以来の官名であって、桓武天皇が即位した時点は、直前に砦麻呂の乱が起きて、久しぶりに送られた征討軍もぐずぐずしてなかなか征討を実行しないというときですよね。その流れで桓武は光仁天皇の征夷を引き継がざるを得なかったわけです。官名もそのまま引き継いだ。それで延暦八年に大敗をしてしまった。征東使という官名は、光仁天皇の時代のものをそのまま使っていたということだと思うのです。

一方、桓武は、自分の即位事情が複雑で、征夷を造都とならんで自分の権威づけに積極的に使うわけです。そうなると、征東使という名前を引きずっていては、征夷が光仁天皇の時代からの連続だと捉えられるので、ここで名称を新しいものに変え、桓武天皇の征夷というニュアンスをはっきり打ち出す目的で、征夷使という新しい官名をつけたのではないかなという考えです。

伊藤　明確に蝦夷を討つという意識はないのですか。

熊谷　そもそも征夷は、蝦夷を討つことだと思うのです。征東使の時代であっても、当然、ターゲットは陸奥と出羽の蝦夷だったわけだから、それ以外にターゲットはないはずです。光仁朝の名称をそのまま使うことを避けたというか、ここで改めたと見るのがいいのではないかな、と思います。

鈴木　光仁朝の征夷のイメージを消したかったのでしょうか。

熊谷　それはあるでしょう。

鈴木　と同時に、延暦八年の失敗は、桓武本人の責任でもあります。自身が命じた征夷で大敗しているので、変えたいと思ったのでしょう。当初はもとの名称を使うのだけど、準備の過程で名称を変えています。征東使も征夷使も語源は「東夷」からきているので、根本的な違いはないはずです。奈良時代には征東使も征夷使も使っています。それをあえて名称を変えると宣言しているのは、雰囲気を変えたいというのがあったのでしょう。

樋口　征夷使への名称変更のすぐあとに、節刀こそ持っていないけれど、田村麻呂が派遣されていますね。そこに意味があると思うのです。

鈴木　なるほどね。

熊谷　それはあると思う。二月十七日に名称を変更して、四日後の二十一日に辞見ということですね。

鈴木　ということは、田村麻呂のために名称を変えたのでしょうかね。

熊谷　そう考えたほうがいいね。

鈴木　そうですよね。田村麻呂を出すために、あえて名称を変えたんだと。

熊谷　とすれば副将軍田村麻呂は、この点からもそうとう特別な存在だったということになりますね。

(3)　蝦夷社会の内実

伊藤　すごく信頼されていたのですね。田村麻呂が登場する背景はかなり明確になってきたと思いますが、蝦夷側の状況はどうなのでしょうか。

樋口　延暦十三年の征夷の後に、俘囚の吉弥侯部真麻《まま》呂《ろ》が殺害された事件が起こっていますね。同年の征夷が蝦夷社会の内部に及ぼしたインパクトがあって、それに対するリアクションとして注目できる事件のように思います。俘囚系住民同士の内輪もめから発した殺人事件で、真麻呂を殺したのは同じ俘囚の大伴部阿弖良《あてら》です。

阿弖良という人物はここにしか出てこないのでよくわからないのですけど、その姓からみて牡鹿郡や小田郡などいわゆる黒川以北十郡出身の俘囚であった可能性も考えられます。他方、殺された真麻呂のほうは、神護景雲元年の伊治城造営のときに功労者としてその名が見えています。伊治城造営にあたり多くの蝦夷を懐柔したことを褒められて、外従五位下から外正五位下に進められているのですが、どうやらその後、伊治公呰麻呂の乱の際に反逆に転じて位階を剥奪され、さらに延暦八年の征夷の後に再び国家の下に帰降したようだ、というのが今泉隆雄さんの説です。*9

なお真麻呂は延暦十三年の征夷に先だって、大伴部宿奈麻呂とともに官軍側について蝦夷軍の切り崩しのための工作活動に従事していたようで、『続日本紀』延暦十一年十月一日条によれば、「外虜を懐《なつ》」けた功によって外従五位下に叙されています。そのように、反復定まらない不思議な軌跡を歩んだ真麻呂が、同じく俘囚の大伴部阿弖良によって殺害されたのです。この事件のもつ意味は、あらためてじっくり考えてみる必要がありますね。

八木　真麻呂や大伴部阿弖良のほかに、私が気になるのは、延暦十一年(七九二)に胆沢公阿奴志己《あぬしこ》が志波村の夷として出てきていることです。*10 阿奴志己は伊治村に行ったところ、俘たちに遮られ、戦っていますね。伊治の地域は国家側にすれば城柵もできていた時期だと思うのですが、まだ地元の勢力がかなり強かったことは気になりますね。

その数か月後、爾散南公阿破蘇《にさなのきみあわそ》と宇漢米公隠賀《うかめのきみおが》が上京しますが、*11 彼らがどこの人間なのかも、気になります。鈴木さんがあげた征夷作戦の第一点目、後方の蝦夷を懐柔しようとする意図はわかるのですが、具体的にどの地域を懐柔しようとしたのか。そこがよくわからない。

伊藤　樋口さんには、思うところはありますか？

樋口　宇漢米公隠賀と爾散南公阿破蘇の二人が長岡京に上京した背後には、敵軍蝦夷を懐柔するのに功のあったとされている俘囚の吉弥侯部荒嶋《あらしま》の仲介があった可能性もありますね。あるいは、先に挙げた吉弥侯部真麻呂や大伴部宿奈麻呂もまた、国家の命令の下、山道方面の蝦夷族長らへの切り崩し工作に関与していたのかもしれません。

その結果なのかどうなのか、阿奴志己や隠賀・阿破蘇らが帰降してくるのだけれど、でも現在の私は、正直彼らの降伏が真実のものであったのかどうか、大いに疑わしいと思っています。私もかつては、彼らが国家へ帰降したことでアテルイが次第に孤立無援化していったなどと考えたこともあったのですけど、関連史料をあらためてじっくり論理的に読み直してみたところ、その点に深い疑念を懐くようになりました。

まず阿奴志己は、胆沢公の姓をもっているのに、志波村の住民とあります。胆沢公は胆沢の譜第豪族の一族がもつ姓です。胆沢公一族の阿奴志己が、なぜこのとき志波村に身を寄せていたのか。あるいは台太郎遺跡の巨大集落としての特殊性に由来するのかもしれませんが、やはり阿奴志己は、延暦八年の戦いの際に胆沢の本拠地を失い、縁故関係のあった志波村の族長勢力を頼って、一家を率いてその地に移住していたのではないでしょうか。

その阿奴志己が「降路」を開いてくれと陸奥国に請願した記事の半年ほど後に、隠賀や阿破蘇らの上京関係の記事が続きます。『続日本紀』延暦十一年正月十一日条の記事では、「夷狄の性、虚言にして不実なり」として阿破蘇は物を与えられ「放還」されたとされていますが、実際には国家は阿奴志己の請願どおりに、交通を阻害する蝦夷勢力を排除し、「降路」を開いたものと考えられます。その後、隠賀や阿破蘇らが陸路で長岡宮に招かれたのでしょう。

とすれば、一つの考え方として、阿奴志己は、自分たち一族を客分としてもてなしてくれていた志波村の族長勢力のために、陸奥国に「降路」を開いてくれと請願したという可能性が浮上してきます。おそらく宇漢米公隠賀と爾散南公阿破蘇の二人のどちらか一人が志波村の譜第族長だったのではないでしょうか。あるいは両人とも志波村の族長であった可能性もあるかもしれません。いずれにせよ、志波村に客分として身を寄せていた阿奴志己の請願によって開かれた「降路」を迎接されながら長岡京に上京したこの二人の族長が、志波村と全く無関係であったとはかなり考えにくいように思います。

なお、胆沢公とか和我公(君)といった譜第蝦夷族長の姓にならえば、志波地方の蝦夷族長の姓は「志波公」だったのではないか、との反論も予想されそうですが、文献史料上では「志波公」姓の存在は全く確認されません。私は、隠賀か阿破蘇の少なくともどちらかが志波村の譜第族長であった可能性は多分にあると思っています。

ところで、長岡宮で饗宴を受けた隠賀と阿破蘇は、桓武天皇より「いさおしく仕え奉」るべきことを命じられて帰郷しましたが[*12]、たいへん奇妙なことに、彼らがその後アテルイら蝦夷軍と戦闘を交えたことは一切史料に見えていません。またアテルイがそのころ本当に孤立・弱体化していたとするならば、延暦十三年の征夷に一〇万人もの大軍が投入されたこととも齟齬が生じてくるのではないでしょうか。とすれば、あるいは阿奴志己や伊治村の住人らの行動も、実は裏で巧妙に仕組まれたものであった可能性も出てきます。論証の詳細は近刊予定の拙著[*13]に譲りますが、私は、阿奴志己・隠賀・阿破蘇らの降伏が実は偽装であった疑いが濃厚であると考えています。

伊藤　八木さん、台太郎遺跡は八世紀末にはあるけれども、竪穴住居はそんなにたくさんあったのですか？

八木　八世紀末は少し減る時期です。それよりも前の時期が多いですね。台太郎遺跡に限らず、胆沢は少し違いますけど、北上以北は八世紀の後葉から九世紀の前葉であれば、のきなみ人口が減ります。集落が減るのです。八戸のほうも同じですね。

熊谷　宇漢米と爾散南の事実関係を簡単にたどっておきましょう。まず、宝亀元年(七七〇)に宇漢迷公《うかめのきみ》宇屈波宇《うくはう》が仲間を率いて本拠地に逃げ帰り、「同族を率いて必ず城柵を攻撃してやる」と揚言するという事件が起こります。ですから少なくとも宇漢米氏は奈良時代にはいったん服属していたということになります。面白いのは、その後、宇漢米と爾散南がよく並んで出てくることです。延暦十一年(七九二)に陸奥国の夷俘として、爾散南公阿破蘇と宇漢米公隠賀が出てきます。朝堂院で饗したという記事です。そのあと弘仁三年(八一二)に宇漢米公色男《しこお》と爾散南公獨伎《どっき》が節会の際の入京を許されています。[14] この時点では「夷」とありますから、陸奥に居住していたのではないかと思います。

さらに承和二年(八三五)にも宇漢米と爾散南が出てきます。これは逆類に従わなかったことを理由に外従五位下を授かっています。騒乱を起こしたグループに加わらなかったということなので、やはりまだ陸奥にいたのだと思います。

ところが、その少しあと承和十四年(八四七)になると、近江国蒲生郡の俘囚として爾散南と宇漢米が並んで外従五位下をもらっています。[15] そのあとさらに、天安二年(八五八)に近江国の夷俘を統制するために、爾散南沢成《さわなり》を夷長にして、笏を持たせることにしたという記事があります。[16]

つまり、承和年間の初めくらいまでは、爾散南も宇漢米も陸奥にいたようなのですが、承和年間の後半になると、近江国に移配されています。近江国は移配俘囚が一番多いところだと思いますが、そこの夷長に任命されて、近江国の俘囚を統括する役割を担うようになってくる。ですから、爾散南と宇漢米の蝦夷の一族は、一貫して政府軍側に付いていることがわかります。

陸奥のどこにいたのかはわかりません。けれども、私は志波村と考えるより、もっと北のほうに考えたほうがよいという気がしています。志波公とは出てこないので、志波村の譜第豪族が何と呼ばれていたのかわからないわけです。胆沢公が胆沢の譜第豪族だとすれば、やはり志波公みたいなのが、同じように考えられるのではないか。

また胆沢公阿奴志己が志波村夷として出てくるのは、事情はわからないにしても、樋口さんも言ったように、本来は胆沢の譜第豪族だった胆沢公阿奴志己が、何らかの事情で志波村にいて、志波村を統括している譜第豪族のもとで、その庇護を受けるのか、あるいは協力していたのか、そんな関係だったのかなと思います。おそらく、アテルイが山道蝦夷を統括するような段階には、胆沢の譜第豪族とみられる胆沢公は、もしかしたら志波に行っていたのかもしれない。これももちろん可能性ですけどね。

八木　爾散南・宇漢米は、地名にしてもどこかはわからないけど、つねに、爾散南と宇漢米がセットで出てくるというのは、面白いですね。

熊谷　それがなぜだかわからない。どうも二つの一族はつながっているのだと思うのです。本拠地が隣接しているか、ふだんからつるんでいるか。近江までつるんでいますからね。

鈴木　移配先でも待遇はいいですね。

八木　志波より北の蝦夷とする根拠がよくわからないですね。ただ志波村はあり得ないだろうと思うのです。宇漢米や爾散南は九世紀の中ごろでも出ますが、その前に斯波連も登場し、台太郎のボスは斯波姓をもっていたと思います。爾散南や宇漢米ではないような気がします。もう少し近い北上盆地の中あたり、あるいは遠野地方あたりと考えたほうがまだすっきりするような気がします。

熊谷　いずれにしても、爾散南も宇漢米も地名ではないかと思うのです。

八木　たぶん、そうでしょう。

熊谷　そこを本拠地にした豪族とみるのが自然ですね。爾散南も宇漢米も、志波とは別ですね。志波村の意味ですけど、伊治村の蝦夷に遮られて、これまで行けなかった陸奥国に朝貢させてくれと言って来たのだから、つまり、それまでは陸奥には来ていないわけですよね。ということは、出羽に行っていた。出羽国の志波村と『日本後紀』に出てくるので、出羽に属していた可能性があります。出羽に属すというのは、出羽に朝貢していて、出羽の国府と朝貢関係を結んでいた。志波でも出羽型甕などが出土しますね。なにかそのあたりと話がつながってくるのではないかなという気がしているのです。志波城に関しては、陸奥にも出羽にも属していないという話が話題になると思うので、そのときにまたしましょう。

(4)　延暦二十年の戦い

伊藤　延暦十三年(七九四)の征夷は官軍側の勝利でも、

まだ胆沢城はできていない状況ですね。アテルイの動向がわからないのは残念ですが、最後の延暦二十年(八〇一)の征夷について、鈴木さんお願いします。

鈴木　征夷をする側の論理から見ていきましょう。延暦十三年の征夷は、桓武天皇にとっては征夷と造都の失敗を乗り越え、自らを権威づける効果があったと思います。実際にそれをうかがわせることがいくつかあります。平安遷都のときに、遷都の詔を出して平安京という名称を決めています。長岡京のときは、遷都の宣言もしていませんし、長岡京というのも通称であって、正式に決めたわけではないのです。そうしたことをきちんと実施していることは大きい。

もっと決定的なのは、国名です。都は山城国にあるのですが、山城はもともと山背《やましろ》です。大和・奈良から見て山の背後にあるという意味で、大和を基準にした国名です。長岡遷都のときは山背の国名を変えていません。まだ国名を変えられないくらい桓武の権威は弱いのです。山城に表記を変えたのは、新京に平安京と名付けたときです。征夷と造都の成功が、桓武天皇の権威づけに非常に大きな効果をもたらしたと考えられるのです。

しかし東北地方では、アテルイは降伏していません。城柵を作って支配領域を広げるのが最終的な目標ですけど、それもまだできていません。桓武としては、征夷を続行する理由があるわけです。延暦二十年(八〇一)の征夷がそれにあたるのですが、史料がなくてほとんどわからないのが現状です。

延暦二十年の征夷は、第三次征討ともいわれますが、将官の任命は延暦十六年(七九七)の十一月五日です。このときに坂上田村麻呂が征夷大将軍になっています。副将軍以下も任命されているのですが、『日本紀略』は副将軍以下を略していてわかりません。『日本三代実録』[*17]で小野永見《ながみ》が副将軍の一人だったことはわかりますが、ほかはわかりません。百済王俊哲は延暦十四年(七九五)八月に亡くなっています。

延暦十六年十一月に将官を任命した後、延暦十九年(八〇〇)十月二十八日に再び征夷副将軍を任命した記事があるのですが、これも人名が省略されています。ただ注目されるのは、延暦十九年十一月六日に、田村麻呂が征夷大将軍の肩書を持ったまま諸国に派遣されていることです。移配された蝦夷の実態を調べるためです。[18]

延暦十三年の征夷にともなって移配があったという史料はないのですけど、延暦十七年から十九年にかけて、移配蝦夷（夷俘・俘囚）の処遇に関する基本的な法令が連続して出されていることから、実際には大量の移配があったことがうかがわれます。延暦十九年に田村麻呂が全国の夷俘を調査しているのは、翌年の征夷にともなって、蝦夷をさらに移配するため、事前に実態を調べたのだろうと考えれば説明が付きます。しかもこのころから移配蝦夷をめぐっていろいろな問題が起きています。

田村麻呂自身の出発は、延暦二十年（八〇一）二月十四日です。[19] 征夷軍は四万人です。軍監が五人、軍曹が三二人です。[20] 軍曹が多いというのは、延暦十三年以来の流れですね。この年の九月二十七日、田村麻呂から戦勝報告があるのですが、『日本紀略』は「臣聞く。云々。夷賊を討伏《とうふく》す」だけです。『日本紀略』はある意味、インデックスなので、あとは『日本後紀』を見よ、ということなのですが、『日本後紀』が残っていないので詳しいことはわからないのです。

戦勝報告は九月二十七日ですが、田村麻呂が都に入って節刀を返したのは十月二十八日です。奇妙な偶然ですけど、この日付は七年前の戦勝報告の日で、平安遷都を宣言した日でもあります。十一月七日に田村麻呂に対して従三位を授けて、副将軍にも位を授けています。その際に桓武天皇は、「陸奥国の蝦夷等、代を歴て時を渉りて、辺境を侵し乱して、百姓を殺略す。ここを以て従四位上坂上田村麿大宿禰らを遣わして、伐ち平らげ掃《はら》い治めしむるに」云々という詔を出しています。[21] 征夷軍監以下に対して、位階や勲位を与えているのは、翌延暦二十一年正月八日です。

このときの戦いは、詳しいことはわかりませんが、その直後に胆沢城・志波城の造営が始まるので、胆沢・志波地域を国家側が完全に制圧したのだろうと考えられます。胆沢城の造営が始まるのは、坂上田村麻呂を現地に派遣した延暦二十一年正月九日です。志波城は翌年の延暦二十二年(八〇三)二月に造営が始まっています。

田村麻呂が征夷を終えて節刀を返した段階では、まだアテルイは降伏していません。アテルイの降伏は、延暦二十一年(八〇二)四月です。[*22] 胆沢城の造営工事はこの年の正月に始まっていますが、志波城の造営は始まっていない状態です。そのようなときに、アテルイは降伏するのです。田村麻呂の肩書は「造陸奥国胆沢城使陸奥出羽按察使」です。すでに征夷大将軍ではありません。

四万でも勝てる

伊藤　征夷軍が一〇万人から四万人に減るというのは、これでも制圧できるという読みがあったのでしょうか。半分以下に減らしていますね。

鈴木　そのくらいでいけるだろうという判断があったのでしょう。

伊藤　とくに軍の規模に対応する軍監・軍曹の数の定まりはないのですか。

鈴木　律令の軍防令に、征討軍の規模に応じて将軍・副将軍・軍監・軍曹の数を加減する規定があります。たとえば一万人以上の軍ならば、将軍一人・副将軍二人・軍監二人・軍曹四人・録事四人となっていますが、実例には必ずしも合致しません。合致はしないのですけど、軍監・軍曹は各二人、もしくは各四人が普通で、何十人という軍監・軍曹がいるのは本来の数ではないです。何十人が増えている軍監・軍曹はたぶん在地の人間です。

熊谷　とくに軍曹が多いね。十三年と二十年では、五八人と三二人ですからね。

伊藤　軍監と軍曹の違いというのは、実際にはどうなのですか。たとえば、軍監一人に軍曹何人かが付いて、チームを編成するような感じなのですか。

鈴木　具体的なことはわかりませんが、それほど違わないと思います。ランクは違いますけど、主従関係ではないですから。

熊谷　軍曹三〇人とか五〇人とか、すごい数ですけど。

たとえば一つの実働部隊に複数の軍監・軍曹がいるということになるよね。

鈴木 そうなりますね。

熊谷 現場で混乱しないのかな、と思うのだけど。

鈴木 だからこそ、軍監がいるんですね。

熊谷 複数の軍曹を束ねるために。

鈴木 そうですね。だから軍監のほうが少ないのですね。なるほどわかりました。伊藤さんが言われたのは、そういう意味ですね。軍監一人に対して、複数の軍曹がいるということなのですね。それで説明できますね。桓武は前回、軍監以上が実戦に出るべきだと言っています。実態としては地方豪族が自分の配下の人びとを率いて戦に行くのだけれども、彼らを全員軍曹にして、そのうえで軍監が束ねるという体制ですね。

伊藤 軍曹はどういう人たちだったのか、具体的にはわかるのですか。

鈴木 それはわからないですね。けれども、数が非常に増えているので、おそらくかつて別将と言われた、丈部善理のような地方豪族だろうと考えたのが北啓太さんです。*23

伊藤 アテルイとは違いますけど、文室綿麻呂が実例を出して、軍隊の追加を申請するじゃないですか。あのときの軍監・軍曹は、在地の人間なのでしょうか。

鈴木 完全に在地の人間ですね。

熊谷 綿麻呂のときは全体の部隊の編成自体が地元ですよ。それに俘軍もいますね。

鈴木 実際に活躍したのは俘軍ですけど、征夷軍一万九五〇〇余人に対して、綿麻呂が定めた軍監・軍曹の数は正任が四七人、権任《ごんにん》(仮に任命した人)が一五人、合計六二人です。この数は今回の征夷軍の規模に比してあまりに多いので、嵯峨天皇が半減させます。おそらく綿麻呂なりの考えがあったのでしょう。あのときは徴発にすごく苦労するので、徴発しやすいよう地元の人間に対して高い地位を与えたのだと思います。「軍曹にしてやるから協力してほしい」ということなのでしょう。

熊谷 そのために軍曹がたくさん増えてしまった。それはあり得るね。

鈴木　延暦十三年(七九四)から軍監・軍曹が増えることに関しては、北さんが言っているのですが、軍団兵士制の廃止が関係している可能性があります。軍団がなくなれば、軍団の官人は職を失います。その失職した官人に対して、征夷軍の中で軍監・軍曹の地位を与えたのだろうと。

熊谷　軍団兵士制が廃止になったのはいつでしたか。

鈴木　延暦十一年(七九二)六月七日です。*24 ただ、軍団兵士制が残っている陸奥・出羽だけの兵力で軍を編成した弘仁二年(八一一)の綿麻呂の征夷のときにも、軍監・軍曹は多すぎるので、北さんは留保しています。しかし、失職した軍団の官人に地位を与え、引き続き軍隊に務めさせようということもあったと思います。

熊谷　史料は非常に少ないのですけど、注目されるのは兵力が大幅に減っていることです。半分以下の四万です。鈴木さんが言ったように、ある程度めどがたっていて、そのくらいの兵力で十分抑えられるとみたのではないかと思います。

もう一つは、十三年の征夷で一〇万という数を徴兵しているので、限界に達している。このあとで話題になるはずですが、その後に徳政相論があって、征夷の終焉という流れになっていきます。その流れを考えれば、前ほど徴兵できない状況になりつつあったというのもあったと思うのです。

戦闘状況などは何もわからないのですが、とにかく胆沢と志波地域の制圧に成功したのは、両地域に胆沢城と志波城を直後に作っているので、間違いないところです。ほかに注目されるのは、時期を同じくして、払田柵が作られていることです。さらにほぼ同時期に秋田城も全面改修されます。つまり、陸奥側からみれば、胆沢城と志波城を作ったのは非常に大きいけれど、それと連動して出羽側の城柵支配体制も大きく変わって、前線の四つの城柵の体制というのが、このとき新たに構築されるという点は非常に重要です。結果的にアテルイまでも投降してくるわけですからね。延暦二十年(八〇一)の征夷は、律令国家側にとって決定的な勝利をあげることになったといえるでしょう。

樋口　先ほどから、延暦二十年二月に坂上田村麻呂が征夷大将軍として下向した後の出来事に議論が集中していますが、私が注目するのは、田村麻呂がすでに延暦十五年(七九六)正月に按察使兼陸奥守となり、同年十月に鎮守将軍を兼任して、おそらく同年中頃より陸奥国へ赴任し常駐していたとみられる点です。

みなさんがいわれるとおり、官軍と蝦夷軍との戦いは延暦二十年の征夷を期に事実上終焉に向かったわけですが、しかし田村麻呂本人はその四〜五年ほど前から按察使・陸奥守・鎮守将軍として多賀城に常駐していて、現地統治や対蝦夷政策を遂行するために奔走していたのだろうと思います。なお征夷大将軍は、本来都から節刀を帯びて派遣されるものですが、延暦二十年の田村麻呂の場合もその手続きはとったのだろうけど、このときの征夷大将軍は現地官の兼任というこれまでにないかたちをとっていますね。そこにも大きな意味があるように思うのです。

次期征夷大将軍となる田村麻呂は、延暦十五年以降の四、五年間にいったい何をしていたのでしょうか。田村麻呂の陸奥国在任中できわめて注目すべきなのは、帰降した蝦夷に対する優遇政策の実施を示す史料が散見されることです。延暦十五年(七九八)十二月には、陸奥国の屯田より徴集される地子を一町ごとに稲二〇束とすべきことが定められていますが、[*25]それは帰降した蝦夷族長らへの食料支給の財源確保とも密接に関連していたとみられます。次いで同十九年(八〇〇)には、陸奥国内で帰降夷俘の食料稲が不足したため、佃《つくだ》三〇町を新設することが定められていますが、その際陸奥国は、「帰降せる夷俘、各《おのおの》城塞に集い、朝参相続《つ》ぎて、出入寔《まこと》に繁《しげ》し。夫《そ》れ荒を馴すの道は、威と徳とに在り。若《も》し優賞せざれば、恐らくは天威を失わん。今夷俘の食料、充用するに足らず」とまで述べています。[*26]

なお、『日本後紀』延暦十六年二月十三日条には、この日撰進された『続日本紀』の上表文が載せられていますが、そこには「威は日河《にっか》の東に振い、毛狄をして息を屛《ひそ》めしむ」との表現がみえます。陸奥国の蝦夷らを、懐柔によっておとなしくさせていることを指しているものではないでしょうか。

さらに目立つのは、他国への移配蝦夷に対する公民の待遇をはるかに越えた過剰なサービスです。延暦十七年には、相模・武蔵・常陸・上野・下野・出雲の六国の国司に対して、奥羽より移住してきた夷俘に、毎年時服《じふく》や禄を支給して優遇し、帰郷の念を懐かせないようにすべきことが命じられています。*27 また同十九年には、出雲国で帰降俘囚が法の規定を上回る過剰な優遇を受けていたことが問題とされ、介の石川清主に対して注意が与えられています。*28 清主は、俘囚らに対して田や絹・綿をたくさん支給し、そのうえ毎月一日に慰問までしていたというのです。

先ほどからみなさんがいわれているように、延暦十三年の征夷以降の官軍による征討が順調に進捗していたのならば、いったいなぜこの時期に、国家側は帰降した蝦夷系住人に対してここまで過剰な譲歩・懐柔政策をとる必要があったのでしょうか。

またあとで問題になると思いますが、田村麻呂自身も延暦十五年に現地に赴任した後には、帰降夷俘に対する譲歩・懐柔政策へと大きく傾斜していったように推察されます。他方で、アテルイら抵抗を続けている蝦夷軍の動静はどうだったのか。彼らのほうも、決してこの戦争が長く続くことを望んでいたわけではなかったでしょう。あるいはすでにこの頃、双方ともに、停戦に向けての道筋について考えはじめていたのかもしれません。

たしかに延暦二十年の征夷は戦闘のありさまがほとんどわからず、官軍側の戦果や損失に関する記事もいっさい残っていない。そして官軍側の「戦勝」のすぐあと、アテルイの降伏へとつながっていく。その間にいったいどんなことがあったのか、じつに頭を悩ます問題ですね。

(5)　アテルイの降伏

なぜアテルイは降伏したのか

伊藤　延暦二十年の征夷の結果、胆沢・志波地域が国家側に押さえられ、その後、城柵が作られ始めるのですが、その状況下でアテルイは降伏しますね。なぜ、アテルイは降伏したのでしょうか。

鈴木　アテルイの降伏は、延暦二十一年(八〇二)四月ですね。坂上田村麻呂が「夷大墓公阿弖利為《あてりい》・盤具公母礼等、種類(同族)五百余人を率いて降る」と報告したという文章です(史料5)。正月に胆沢城造営工事が始まっていますが、本人は征夷で捕まっていませんので、そのまま逃げおおせようと思えば、できたはずです。それが目の前で胆沢城が造られているときに、降伏をした。そこにどんな判断があったのかです。

アテルイの降伏を受け入れたのは田村麻呂ですが、一般に、アテルイの降伏は長年にわたって戦ってきた両軍の領袖が握手をし、互いの健闘をたたえあうようなイメージがあります。たぶん、いまでもそう思う人は多いと思います。

新野先生は田村麻呂に対するアテルイの降伏に以前から注目されていて、両者の信頼関係を重視しています。[*29] それは否定できないと思うのです。アテルイ自身に降伏した後の行動を決める権利はないと私は思っていますが、田村麻呂は助命嘆願して現地に戻したいとまで言っていますので、互いに相当な信頼関係があったことは間違いない。

ただ、大事なのは、両者の関係は対等ではないことです。このあたりは熊谷さんが詳しく論文に書かれていますけど、[*30] 降伏には作法があって、「面縛待命」といって武器をすべて下ろして、手を後ろ手に縛り、相手に命を預けます。元慶の乱のときに国家側の認識として出てきます。[*31] 「面縛待命」は古くからあったことは確かなので、アテルイの降伏も、おそらく「面縛待命」でおこなわれたのだろうと思います。少なくとも、アテルイとモレの二人は、後ろ手に手を縛っている状態のはずです。一緒に降伏した五〇〇人も、面縛の状態であったかもしれないと思っています。降伏とは、本来、絶対に抵抗の意思がないことを相手に示さないと、受け入れられないものなのですから。

この後の助命嘆願に関しても、両者の友情だけでは解けないでしょう。戦に勝った国家側の将軍と、賊とされて国家に投降してきたアテルイという関係ですので、その文脈で冷静に見ていく必要があると思います。

伊藤　アテルイは多賀城で武装解除して、田村麻呂のところに行ったのですか。

鈴木　田村麻呂はこのとき胆沢城を造っていますから、アテルイと対面した場所は、造営中の胆沢城かその周辺でしょう。

伊藤　樋口さんはどう考えていますか。

樋口　いろいろ考えなければならないことがありますね。アテルイやモレに率いられて投降した五〇〇余人とは、どういう人たちなのか。精鋭兵だけだったのか、それとも女・子供や老人まで含んだ人数なのか、など、これまでにも議論があります。またアテルイ率いる蝦夷軍は、この段階でもまだ余力を残していたのか、それともすでに追い詰められ力極まっていたために降伏せざるをえなかったのか。私自身の考えるところでは、五〇〇余人はアテルイ率いる義勇軍の精鋭兵で、また降伏の前提には彼と田村麻呂との間で取り交わされた停戦合意があったと推察しています。降伏・停戦というものは、結局のところ政治的な状況によって決まりますので、実戦力の多寡だけでははかれないように思います。

ところで、鈴木さんが言われた「面縛待命」に関してですが、史料がみえるのは元慶の乱の際ですね。ただし、アテルイ降伏の場合に「面縛待命」の作法がとられたかどうかについては、もう少し慎重であるべきだと思います。帰降夷俘については、戦いが始まる前の桃生城が造営された時期や、宝亀八年(七七七)の山海二道蝦夷征討戦の直前にも大勢の帰降者が出ていて、数多くの蝦夷・俘囚らが投降のために道路に連なっているのが城柵からみえたというようなことも、史料に所見があります。投降者に対してすべて「面縛待命」がおこなわれたとも考えにくい。私はアテルイが「面縛待命」をさせられたとは断言できないと思います。

それからもう一つ、重要なことがあります。アテルイとモレは延暦二十一年八月十三日に河内国で斬刑に処されますが、そのあと二人の処刑に報復する弔い合戦の反乱が起こった形跡がいっさいないことです。私はどうしても、その点が引っかかります。

田村麻呂が、アテルイらの助命嘆願をした際に、二人を生きて現地に返し、彼らの力を利用して「賊類を招かん」と提言したことからみても、アテルイは降伏直後の時点でもまだ蝦夷社会の中に鞏固な勢力基盤をもっていたことがうかがえます。それなのに、蝦夷の中に反乱を起こすものが出なかったのは、事前に誰かが、そうしたことが起こらないように蝦夷社会の人びとに固く言い含めていたと考えるほかないのではないでしょうか。

それができたのは誰か。私は、アテルイ本人を措いてほかにいないと確信します。つまり、アテルイは、田村麻呂を相手とした和平交渉において、すでに蝦夷社会の側のさまざまな利益・権益の保護や、政治的・社会的地位の向上などを実現させるよう田村麻呂に求め、彼の確約を得ていたのでしょう。そして、アテルイは、そうした好条件が決して水泡に帰すことがないように願うとともに、もしも自分とモレが上京後に死んだとしても、決して反乱だけは起こさないようにと、蝦夷社会の人びとに対して強く諭していたのではなかったかと、私は考えています。

アテルイと田村麻呂との間に、今言ったような和平交渉が交わされていたとするならば、アテルイ降伏の際に「面縛待命」の儀式がおこなわれたとはさらに考えにくくなりますね。

伊藤　アテルイが降伏するときに、周辺の族長たちに相談しながら、最終的に降伏しようと判断したのでしょうか。

樋口　国家側にも東国の疲弊や財政悪化といった問題

があり、いつまでも征夷を続けることはできません。もちろん、蝦夷社会の側でも、万単位の大軍を繰り出してくる官軍を相手に、ずっと戦い続けることはできません。そもそも、蝦夷たちは侵略を受けたから防戦したのにすぎません。

戦いを早期に収めたいという願望は、きっかけは必要ですけど、おそらくどちら側にも潜在的にあったはずです。とすれば、アテルイが胆沢城の造営を見て自らの敗北を悟り降伏したなどと考えるのは、いささか一方的な見方なのではないでしょうか。アテルイが自分の負けを認めないかぎり戦争は終わらないなんて考える必要はそもそもないのです。

おそらく、アテルイやモレにとってみれば、一番よい降伏のタイミングで、一番いい落としどころの条件を引き出したうえで、自分たちが死んだ後も残された蝦夷社会の人びとに対して大きな不幸が及ぶことはないだろう、これならなんとかやっていけるだろうというところまでじっくり見定めたうえでの降伏だったと思います。また、だからこそ、アテルイが死んだ後も弔い合戦の蝦夷反乱は起こらなかったのでしょう。

浮浪人の移住と蝦夷の強制移住

伊藤　在地の立場から見て、どうなんですかね。八木さん。

八木　私が一番気になるのは、胆沢城が作られるのも大変なことですが、それと同じかそれ以上にインパクトがあったのは、四〇〇〇人の浮浪人の移配です。

熊谷　うん。なるほどね。

八木　アテルイ側の投降者数も話題になっていますが、それを上回る人数が一挙に来るわけです。しかも、浮浪人ですよ。男女はわかりませんが、男が主体だったろうという可能性もあるので、男が大量にやってくる。地域の女性問題も起こるでしょう。そのことを考えれば、胆沢の地域は、城柵を作ることよりも、浮浪人移住のインパクトが大きかったのではないかと思います。アテルイは、そうした状態を見てから降伏しているわけです。

熊谷　そういうことですね。そこを見落としてはダメですね。

伊藤　田村麻呂の権限でアテルイとモレが降伏しますと言ってきたとき、彼がもつ降伏者に対する権限はどれくらいなのですか。

鈴木　交戦中に捕らえた敵方の人物は、捕虜として都に送ります。戦勝の証拠として送るのです。中国では盛んにおこなわれていて、生身の人間を連れていくこともあるし、首をはねて首だけ持っていく場合もあります。それを皇帝自らが都の高い門のところで受け取って、民衆に戦勝をアピールするのです。

日本でもこれを部分的に受け入れていて、たとえば宝亀十一年（七八〇）六月に、呰麻呂の乱の後に一向に征夷が進展しないので、光仁天皇が「佇みて俘を献ずるを待つ」、つまり自分はずっと都に佇んで、俘が献上されるのを待っていると述べた例があります。[*32] 実例としては、熊谷さんが指摘されていますけど、[*33] 弘仁二年（八一一）の綿麻呂の征夷で「新獲の夷」を進上する史料があります。[*34]

交戦中であれば、将軍たるものは、敵の大将なり指揮官なりを捕まえて、戦勝の証拠として都に送ることが大事な仕事になっています。田村麻呂とアテルイが微妙なのは、いったん延暦二十年（八〇一）の征夷が終わって、田村麻呂が節刀を返した後だったことです。ここが非常に微妙です。もし交戦中なら間違いなく面縛待命でよいと思います。この場合は、すでに戦は終わっていますし、節刀も返していますので、絶対に面縛待命かといわれると、樋口さんの話を聞いていて、だんだん自信がなくなってきました。節刀を返していることを考えると、一般の帰降と同じ扱いであってもよいかもしれません。

熊谷　面縛は元慶の乱のときに出てきて、そこには「古よりの法」とあるのですね。

鈴木　『日本書紀』にもありますね。

熊谷　私はアテルイの降伏時に、「古よりの法」が変わったとは思えない。もう一つ重要なのは、面縛待命はあくまで戦闘中に、降伏した場合の方法です。そうではない場合、まさにアテルイのケースもそこが問題になる。

交戦中ではないので、それをごっちゃにした議論を樋口さんがしていましたが、これを一緒にしてはいけない。その話は横において、アテルイの降伏に関しては、いくつかの事実をまず抑えて、それに基づいて考えるべきだと思うのです。まずは、胆沢城の造営がすでに始まっていることです。これが第一点、一月九日です。

第二点は、八木さんが言われた延暦二十一年(八〇二)一月十一日に四〇〇〇人の浮浪人が胆沢城に移住してくることです。それを受けて、四月十五日にアテルイは降伏してくるのです。降伏した時の記事は、アテルイとモレが種類五〇〇余人を連れて降伏してきたとあります。種類の中身が問題だと樋口さんは言いましたけど、ともかく、五〇〇人ほどを連れて降伏してきたと書いてある。これが基礎的な事実です。

そのあとで、さらに翌年、志波城を作っています。いま話した事実は、少なくとも最低限踏まえたうえで、アテルイの降伏の状況を考える必要があります。

新野さんが言っているのは、このとき五〇〇人も連れてきたので、まだ余力があって、戦おうと思えばアテルイはまだ戦えたのに、このとき、余力を残して、田村麻呂との信頼関係のうえで降伏してきた、というとらえ方ですね。ただ、胆沢城を作るばかりか、八木さんが強調されたことに私も同感なのですが、四〇〇〇人もの浮浪人を胆沢城の地域に移住させるのを見せつけられた後で、アテルイが降伏していることを、どう理解するのか、ということがあります。

樋口 それは、事実というよりは解釈じゃないでしょうか。

熊谷 解釈ではなくて、事実でしょう。

樋口 その二つを見せつけられた後で降伏したというのは解釈です。

熊谷 確かに見せつけられたは、私の解釈ですけど、四〇〇〇人が来た後で、その事実を間違いなく知ったうえで、アテルイは降伏したわけです。

樋口 それは事実です。

熊谷 それをどう考えるか、ということです。

樋口　浮浪人四〇〇〇人の移住についての問題は、私はあまり蝦夷社会にとっての脅威とは考えていなかったです。たしかに、四〇〇〇人もの荒くれ男たちが現地の蝦夷社会に入ったらどうなるかと問われると、不安な要素も感じなくもありません。しかし史料には彼らが全員男性であったとは見えておらず、私は男女を合わせた人数だったと考えています。そもそも四〇〇〇人の移民の目的が何であったのかについては、もう少し慎重に考える必要があると思います。浮浪人と呼ばれる人びとがすべて荒くれ者で、地元の女性を暴行するというような悲惨な結果ばかりを生んだかどうかは、即断できないところがあります。また先に述べた私の考えを前提とすれば、胆沢など北上盆地の現地社会の将来に関わる国家側の政策についても、アテルイと田村麻呂との和平交渉の際に当然話題が及んだと思われますから、アテルイら現地の蝦夷の立場を全く無視して、浮浪人四〇〇〇人の移住が強行されたと言えるかどうかにも、強い疑問を感じます。

また伊藤さんや高橋千晶さんによる近年の考古学研究の成果によれば、胆沢城ができてからの移民系の集落は北上川右岸の胆沢郡域、それも胆沢城からやや離れた胆沢段丘の縁辺部あたりに多く分布しているとのことです。*35 胆沢段丘の縁辺部は、それまで古代集落が立地していなかったところで、おそらく東国からの移民の人びとによって、胆沢城造営以降に新たに耕地が造成されていったものと考えられます。他方で、胆沢城の北東方、北上川左岸の江刺郡域に所在する手工業製品の生産・供給を担ったとみられる集落遺跡群のほうに、蝦夷系の住民がかなりたくさん居住していたらしい痕跡がみつかっているそうです。

浮浪人というと何か悪いイメージがあるようですが、この時期には、相当な資力をもち、多くの労働力を抱えているいわゆる富豪の輩のような富裕層の者までもが、浮浪人身分に編成されています。そういえば鈴木さんも、『類聚三代格』巻十五の弘仁二年(八一一)正月二十九日太政官符をもとに、九世紀初期に奥羽両国で浮浪人による耕地開発が盛んになされていたことを指摘されていますね。[*36]おそらく胆沢城下でも、富裕な浮浪人たちがもつ開墾技術や労働力を利用して、縁辺部の水田開発が進められていったのではないでしょうか。

そのように考えるならば、浮浪人四〇〇〇人の移住は、あるいは胆沢の地域社会における農業生産体制の整備を主な目的としていた可能性も浮かび上がってきます。八木さんのご見解は、浮浪人に対するマイナスイメージが先に立ちすぎている感があり、私としてはにわかには承服できません。アテルイ降伏後の胆沢では、住民構成も変わり、景観や農業・手工業の生産体制も大きく変化しましたが、胆沢城造営を機に、蝦夷系住人と移民系住人とからなる新たな地域社会の形成へと向かっていったことの意味を、もっと深く考える必要があるように思います。

八木　確かにその面もあるかとは思います。和名抄で郷名が出てきますが、江刺郡は中部地方や静岡などの郷名が多くて、胆沢郡は関東系の郷名が多いですね。おそらく、ある程度、移民たちが定着していったのだろうと考えざるを得ないと思います。その意味では、樋口さんが言うように農地開発や新たな地域社会の発展につながっていったのは、確かです。ただし、一方で、従来の胆沢の地域社会は、文化的な部分も含めて、伝統文化も含めて、大きく変貌したと考えざるを得ません。

樋口　それはその通りです。

八木　その大きな変化をアテルイは読み取ったと考えているのです。こうした大きな変化にアテルイ自身がこれ以上胆沢にいては駄目だということもあったのではないでしょうか。

樋口　もちろんそういう心境の変化はあったかもしれません。そういったことをも受け入れたうえでの降伏という決断だったのではないかと、私も考えています。

伊藤　水沢・胆沢周辺でいうと、胆沢城は段丘の一番低いところにあって、奈良時代の集落が立地するところです。そこに平安時代の集落ができて、それからもう一段上の胆沢段丘にも新たに九世紀の初めからバタバタと新興団地みたいな集落ができてくる。それがおそらく浮浪人・移住民の集団居住地だと思うのですが、城柵を作るというのは、周辺の状況がガラッと変わるということです。在地社会にとっては非常に大きなインパクトだったと思うのです。

鈴木　移民を持ってくるだけでなく、征夷の結果、たくさんの蝦夷が俘囚となって、全国に強制移住させられますね。地元の人びとを全国に分散させてしまうわけです。これは地元の社会を破壊する行為です。一方で東国からも浮浪人がやってくる。江刺郡には信濃・甲斐郷があって、胆沢郡には下野・上総郷があります。浮浪人と言っても、決して悪いイメージではなくて、戸籍や計帳の支配から外れた人たちなので、富裕層が少なくなかったかもしれません。戸籍に登録されている公民を動かすと、もともとの地域社会が破壊されますから、浮浪人を動かしたほうが、国家や国司にとっては都合がいいわけです。アテルイの降伏のとき、浮浪人が四〇〇〇人来ていたことに注目する八木さんの意見は、なるほどなと、大いに納得した次第です。

八木　富裕層の人たちというのは、何人か連れてくるのですかね。

伊藤　家族では来ないでしょ。

鈴木　奈良時代前半までの柵戸は、戸単位です。奈良時代中ごろの天平宝字年間から、浮浪人を移住させるのですが、人単位です。天平宝字四年(七六〇)に、陸奥国の柵戸の百姓が、故郷の父母・兄弟・妻子を呼び寄せたいと申し出ている記事*37があり、妻子は故郷にいたようです。

熊谷　ああ、そうだよね。

鈴木　ですから、少なくとも奈良時代中ごろの柵戸は、男だけである可能性が高いわけです。アテルイのときはわかりませんが、奈良時代中ごろから変わっていなければ、当初は男だけであった可能性もある。男だけだと、そのあと人口が維持できませんから、当然、女性もいないといけないわけです。

樋口　四〇〇〇人は、だいたい一郷の人口が一〇〇〇人だから、それだけで四郷構成できるほどのすごい人数です。延暦二十一年(八〇二)七月十日に、田村麻呂がアテルイとモレの二人をともなって入京します。交戦中の降伏なら捕虜として天皇に届けますが、この場合は戦が終わった後の降伏なので多少微妙です。しかし、あえて入京させたのは、長年にわたって朝廷軍に抵抗してきた蝦夷の族長なので、いかなる状況での降伏であれ、戦勝の証拠として入京させる必要があったのだと思います。

七月二十五日に百官の役人たちが天皇に上表して、蝦夷の平定を祝賀しています。八月十三日にアテルイとモレが河内国で処刑されますけど、その際に田村麻呂が二人の助命嘆願をおこなっていることは、よく知られているとおりです(以上、『日本紀略』)。

なぜ田村麻呂は、助命嘆願をしたのかです。もちろん、これまで言われているように両者の間に信頼関係があって、とくに田村麻呂がアテルイを信頼に足る人物と考えたことは間違いないと思います。でも、両者の関係は対等ではありません。そのあたりを強く主張したのが今泉先生です。*38 アテルイを生かす目的は、田村麻呂の言葉の

ですね。

八木 そうですね。

熊谷 かなりの数です。その後、さらに女性や家族を呼べば、またふくれ上がってくるわけだからね。すごい数ですよ。

鈴木 延暦二十一年の四〇〇〇人は、そうとうインパクトのある数字ですね。しかもかなり迅速に実施しただろうと思います。

アテルイの入京と田村麻呂の助命嘆願

伊藤 アテルイ降伏の背景には、城柵の造営や浮浪人の大量移住、蝦夷の強制移住などによって胆沢の蝦夷社会が大きな変貌を遂げたことがあったのは確かなようですね。アテルイと田村麻呂との関係も、助命嘆願の問題も含めて改めて考えてみたいと思います。鈴木さん、お願いします。

鈴木 アテルイと田村麻呂の関係が対等ではないことを前提に、入京と助命嘆願も考えるべきだろうと思いま

中にあります。「この度は願いに任せて返し入れ、その賊類を招かむ」と(史料6)。アテルイを胆沢の地に戻し、まだ国家に従っていない蝦夷たちを招こうという主張です。戦いが終わった後の胆沢地域を支配するために、アテルイの持つ権威を利用しようというわけです。しかし、公卿の反対によってアテルイ・モレは処刑されます。

田村麻呂の意見は、現地の状況を知り尽くした担当者の正当な意見です。しかし、この意見は胆沢という一地域の支配には正当性を持ち得ても、国家全体を考えた場合、正当性を持ち得ません。莫大な犠牲を支払って捕えた賊の大将を生かして故郷に帰したとなれば、国家の体面に関わります。アテルイを処刑して初めて、桓武天皇がおこなってきた征夷政策は正当化されるのです。処刑は桓武天皇自身の意向と考えよいと思います。

熊谷　この記事で私が気になるのは、「公卿執論していわく」とあって、公卿は処刑することにこだわったということです。この記事の書き方は、公卿のほうが物わかりが悪くて、原則論というか、それに囚われて処刑しろとみんなが言って、結果的に処刑されたというニュアンスで書いている、というようにも受け止められるのです。この記事自体には桓武の意向がどうだったのかは、出てこないのですね。ただ、鈴木さんが言うように、桓武は処刑すべきだという考えを持っていたからこそ、最終的に処刑になった。ただ気になるのは公卿が執論してという書き方です。こだわっている、固執している、頭固いのだというような感じで書いているところをどう受け取るのか。

鈴木　『日本後紀』を作った人は、アテルイを生かしてもいいと思っていたと。

熊谷　なんだか同情的というか、あるいは田村麻呂の言っていることが正しいと考えて、こう書いたのか、ちょっと微妙だとは思うのですけど。

鈴木　いまの話を聞いて思ったのは、『日本後紀』の編纂には長期間を要していますが、最初から最後まで一貫してかかわっていた人物は藤原緒嗣《おつぐ》一人です。緒嗣はこの後、按察使として陸奥に来ているので、緒嗣の価値判断が入っている可能性はあります。

熊谷　それはあるね。私もいま、それをチラッと思った。

樋口　それは徳政相論にもつながる問題ですね。

鈴木　そうですね。徳政相論はあとで触れますけど、桓武はアテルイの処刑にしても、征夷と造都の停止にしても、人に言わせるんですね。公卿が言ったことになっていますけど、桓武の意向がアテルイを地元に返すことにあったら、そうしていたでしょう。

熊谷　アテルイの助命嘆願は、田村麻呂が桓武に逆らったとか、対立したとまでは言えないと思う。意見を求められて、自分の立場から言ったということじゃないかなと思いますけどね。

八木　こうした助命などが記事になる事例はほかにあるのですか。

鈴木　ないです。

八木　そうするとこの記事は異質なのですね。

鈴木　特筆に値するということですね。そもそも、交戦中に捕虜になった敵の大将を都に連れてくること自体が、あまりないのです。原則はそうだけど、熊谷さんが言われたように、投降した蝦夷は大事にするのが普通だった。わざわざ斬るというのは、よほどのことです。助命嘆願も処刑も、どちらも異例です。これはやはり、アテルイという人物が長年にわたって朝廷軍と戦ってきたという事実を踏まえないと理解できないことです。

伊藤　処刑地の問題は後ですが、アテルイとモレは、投降者だから「夷大墓公阿弖利為」「盤具公母礼」とフルネームで書かれているのですかね。

熊谷　これは、なぜなんですかね?

八木　公姓をフルネームで書いていますね。

伊藤　呰麻呂は、最後に剝奪されていますね。

樋口　名前の書き方も『日本後紀』の編者の判断ですよね。

熊谷　そうですね。正式な名前で呼んでいるのだと思うのですけども。

樋口　賊だったときには、剝奪されることになるんですよね。

熊谷　罪を犯すと、いまでもテレビニュースで敬称付けないで容疑者を呼ぶような感覚かなと思っているのですけど。

樋口　しかも天皇の命令によって斬刑に処された二人の名前を、フルネームを復活させてここに記載してあるというのであれば、ちょっぴり奇異ですよね。

熊谷　奇異だとは思いますけど、ここからまた何か意味を汲み取ろうとするのは、難しいと思います。いくつかの可能性はあると思いますが、よくわからないですね。

鈴木　結論をいうと、田村麻呂が助命嘆願したのは、胆沢地域の支配のためにアテルイとモレが非常に有益である、だから置いておきたいのだという判断があってのことなので、純粋な友情ではあり得ないのです。しかし、裏を返せば、よほど信用していないとそこまで言えませんので、以前から言われている両者の信頼関係に関しては否定する必要はない。

熊谷　その通りだと思う。

伊藤　アテルイと田村麻呂の信頼関係が二人の間の直接交渉にまで及ぶのかどうかは、時間もありませんので保留せざるを得ませんが、アテルイ亡き後の東北社会はどうなっていくのか、アテルイが残したものを最後のテーマとして議論していきたいと思います。

註

＊1　『類聚国史』巻一九〇延暦十一年六月十七日条

＊2　浅井勝利「『日本紀略』延暦十三年の記事について」（『続日本紀研究』二八三、一九九二年）

＊3　石田実洋「宮内庁書陵部所蔵『節度使将軍補任例』の基礎的考察」（『続日本紀研究』三八一、二〇〇九年）

＊4　北啓太「征夷軍編成についての一考察」（『書陵部紀要』三九、一九八八年）

＊5　中村光一「「三十八年戦争」と坂東諸国」（『町史研究伊那の歴史』六、二〇〇二年）

＊6　北啓太「征夷軍編成についての一考察」前掲註4

＊7　『日本後紀』弘仁二年五月十九日条

＊8　『日本紀略』延暦十三年十月二十八日条

＊9　今泉隆雄「三人の蝦夷―阿弖流為と呰麻呂・真麻呂―」（同『古代国家の東北辺境支配』吉川弘文館、二〇

一五年、初出一九九五年)
*10 『類聚国史』巻一九〇延暦十一年正月十一日条
*11 『類聚国史』巻一九〇延暦十一年七月二十五日条
*12 『類聚国史』延暦十一年十一月三日条
*13 樋口知志『阿弖流為―夷俘と号すること莫かるべし―』(ミネルヴァ書房、二〇一三年)
*14 『類聚国史』巻一九〇弘仁三年正月二十六日条
*15 『続日本後紀』承和十四年四月九日条
*16 『文徳実録』天安二年五月十九日条
*17 『日本三代実録』貞観二年五月十八日条
*18 『類聚国史』巻一九〇延暦十九年十一月六日条
*19 『日本紀略』延暦二十年二月十四日条
*20 『日本後紀』弘仁二年五月十九日条
*21 『日本紀略』延暦二十年十一月七日条
*22 『類聚国史』巻一九〇延暦二十一年四月十五日条
*23 北啓太「征夷軍編成についての一考察」前掲註4
*24 『類聚三代格』巻一八
*25 『類聚三代格』巻一五、延暦十五年十二月二十八日太政官符
*26 『類聚国史』巻一九〇延暦十九年五月二十一日条
*27 『類聚国史』巻一九〇延暦十七年六月二十一日条
*28 『類聚国史』巻一九〇延暦十七年三月一日条
*29 新野直吉『田村麻呂と阿弖流為―古代国家と東北―』(吉川弘文館、一九九四年)
*30 熊谷公男「蝦夷移配策の変質とその意義」(熊田亮介・八木光則編『九世紀の蝦夷社会』高志書院、二〇〇七年)
*31 『日本三代実録』元慶二年十月十三日条
*32 『続日本紀』宝亀十一年六月二十八日条
*33 熊谷公男「蝦夷移配策の変質とその意義」前掲註30
*34 『日本後紀』弘仁二年十月十三日条
*35 伊藤博幸「律令期村落の基礎構造―胆沢城周辺の平安期集落―」(『岩手史学研究』八〇、一九九七年)、高橋千晶「胆沢城と蝦夷社会」(『古代蝦夷と律令国家』高志書院、二〇〇四年)
*36 鈴木拓也「陸奥・出羽の浮浪逃亡政策」(同『古代東北の支配構造』吉川弘文館、一九九八年、初出一九九七年)
*37 『続日本紀』天平宝字四年十月十七日条
*38 今泉隆雄「三人の蝦夷―阿弖流為と呰麻呂・真麻呂―」前掲註9

Ⅳ アテルイが残したもの

(1) 胆沢城・志波城の造営と城柵再編

城柵造営のねらい

伊藤　アテルイ亡き後、胆沢城・志波城などの城柵の造営が開始されるのですが、このことについて八木さんお願いします。

八木　胆沢城と志波城とほぼ同時に、秋田県大仙市の払田柵が造営されます。第二次雄勝城であることを鈴木さんが「払田柵と雄勝城に関する試論」(同『古代東北の支配構造』吉川弘文館、一九九八年)で指摘されています。山形県酒田市の城輪柵も新しい出羽国府として造られますが、実態がよくわかっていないので、ここではふれません。

胆沢城は、アテルイが降伏する延暦二十一年(八〇二)四月より前の一月に坂上田村麻呂が、胆沢城造営の長官として派遣されています。また数日後には関東や中部地方からの四〇〇〇人を胆沢城に配置することが該当の諸国に発令されています。アテルイ降伏はその三カ月後ですので、政府軍に対抗する力が前年の戦いですでに失われていたことに加え、胆沢城造営や移民の開始を目の当たりにしたことが、降伏の決断をさせたものと考えられます。

また志波城は、翌八〇三年に越後などから米や塩の支援を受けて造営されます。志波は胆沢のような強大な抵抗勢力がいなかったので、胆沢城から一気に六〇キロも北進して城柵を造ることができたのです。ただ志波という地域はこれまで地理的に陸奥と考えられていましたが、出羽国の志波村[*1]という記事や志波城に陸奥国といった国名が冠されていないことなどから、奥羽両国との関係が考えられてきています。そうしますと、出羽側で八〇二年造営の払田柵、実は雄勝城の横手盆地北部への移遷なのですが、そことの関係を考える必要がでてきます。

八〇二年は胆沢城と同じ年です。払田柵では前年から木材の伐り出しがおこなわれていたことが年輪年代測定でわかっています。胆沢城も前年のアテルイとの戦いが決着した時点で造営準備に入ったとみてよいでしょう。

三城は直線で結ぶと正三角形、つまりほぼ等距離にあるトライアングルになります。もちろん奥羽山脈をはさむので、実際の距離は異なりますが、相互の連携を考えたものであることは明らかです。北の二城が北上盆地と横手盆地の掌握する北の拠点であると同時に有事の際には連携しあうことができますし、胆沢城が陸奥側からの支援拠点となることもできます。また胆沢城は北上川を通じて多賀城などと、払田柵は雄物川を通じて秋田城と結ばれますが、志波城は両城からみるとさらに北あるいは東にあって、奥羽両国の最前線ということもできるのではないでしょうか。このような位置関係で三城は配置されたと考えられます。

ほぼ同じ時期に多賀城や秋田城も大改修がおこなわれます。この中で、秋田城は築地塀が材木塀に変わったりして、やや後退する面もあります。いずれにしても城輪柵を含め、奥羽の各地で建設ラッシュのバブル期にあたっていました。

熊谷　秋田城は簡略化ですよね。規模自体は踏襲しているわけですね。

八木　規模は同じですけど、鵜ノ木地区の性格も変わってきます。渤海使が来なくなってから性格が変わるのですが、その意味で発展的な部分と再整理のようなこともあったのではないでしょうか。再整理というのは、秋田城の機能が移るかどうかもからんできます。払田柵は志波城との関わりも含めて考えたほうがいいだろうと思

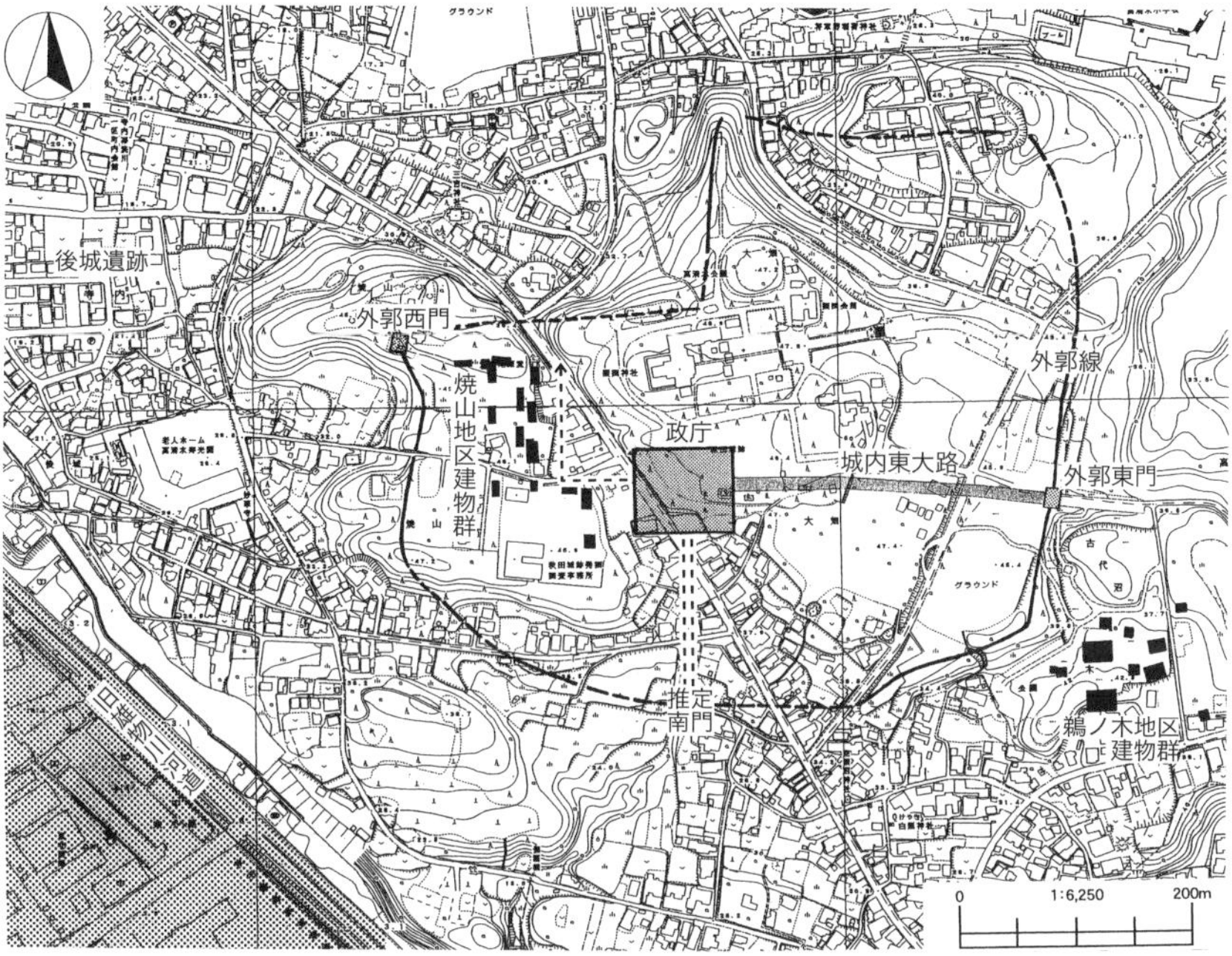

図1　秋田城跡

います。多賀城も七八〇年に呰麻呂の焼き討ちにあった後の本格的な修復も、ちょうどこの頃なのですね。

熊谷　多賀城の復興はこの頃までずれ込むのですか。

伊藤　そうです。

八木　呰麻呂の襲撃を受けてそれまでは仮設ですませていたのが、きちんと整備するのはこの時期です。

伊藤　この段階の城柵造営と整理の主導者は田村麻呂ですかね。

熊谷　それはそうでしょう。

樋口　三城配置の計画も田村麻呂によるものでしょう。田村麻呂が按察使・陸奥守・鎮守将軍のすべてを兼ねていたからできたことなのですね。

伊藤　田村麻呂は新城を造営しながら、かつ多賀城・秋田城の改修もしている。何を目的にしているのでしょうね。田村麻呂のヴィジョンは何だったのでしょうね。

鈴木　胆沢・志波が延暦二十年(八〇一)の征夷によって押さえられます。その直後に造られた胆沢城・志波城ですが、志波城のほうが一回り大きい。同じころ第二次

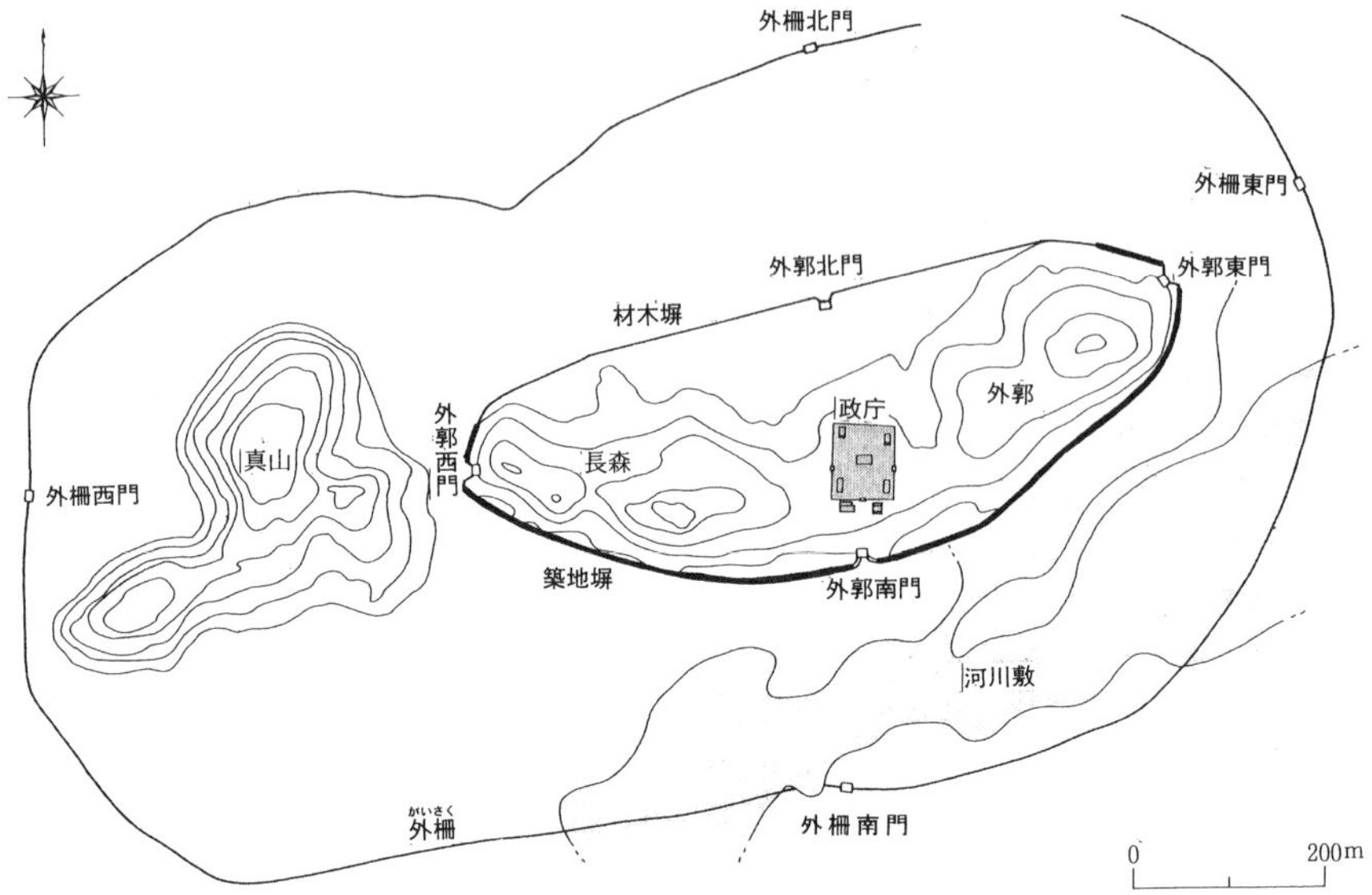

図2　払田柵跡

雄勝城として造営された払田柵は、外郭施設の材木が八〇一年の冬から翌年の春にかけて伐採されたことが年輪年代から知られています。そのころの文献史料を調べると、延暦二十一年（八〇二）正月に、雄勝城に膨大な量の鎮兵粮を運んでいる記事があります。[*2] 雄勝郡内にあった雄勝城を横手盆地の北に移転させ、第二次雄勝城として払田柵を造営するために、多数の鎮兵を動員したと考えています。

払田柵は二重の外郭線を持ち、東西一三七〇メートルという最大規模の城柵です。場所も横手盆地の最南端から最北に移しています。田村麻呂が主導して作らせた最北の城柵、志波城と払田柵が、ともに最大規模であることは、国家としてさらに北に向かって、領土を広げていこうという施策と言ってよいと思っています。

熊谷　鈴木さんの考えに私も基本的に賛成です。秋田城の問題をそれにからめると、延暦二十三年（八〇四）に「城を停めて郡となす」[*3] というのがあって、これをどう理解するかです。秋田城に国府機能がこの頃にあったのかも問題ですが、これに対して私は今泉さんの論文(「秋田城の初歩的考察」『古代国家の東北辺境支配』吉川弘文館、二〇一五年、初出一九九五年)で秋田城に国府があったことは一度もなかったという説に賛成です。

写真1　秋田城跡

ただし、「城を停めて郡となす」という解釈は今泉さんの説と考えが違います。今泉さんは、城を停めるとあるのだから城を廃止するのだとみています。具体的には国司の一人が城司となって城柵に行くのが大原則なのですが、その城司をやめ、秋田郡にして地域支配をするというようになったのだ、というのが今泉さんの解釈です。

そう考えると、八木さんが言われたように、再整理して後退する面もあったという考えにつながりやすいと思うのですが、むしろ平川南さんが言っているように、この場合の「城」は一種の行政区画であり、城制から郡制に変わったと理解すべきだということです。この史料を見る限り、平川さんのその解釈に私は賛成です。

というのは、「かの城に住むものをもって、編付すべし」と最後にあって、秋田城に住む者を戸籍に登録するようにと命じています。だから、城は住民のいる一定の広がりをもったものを指していると読めるのです。その城を停めて郡にしているのだから、郡に対応した行政組織とみたほうがよいでしょう。

秋田城の組織自体は、この前後も基本的には変わらない。つまり城司が統括する体制が続いていたとみたほうがいい。ということは、これまでは城司が秋田城下を直接支配していたけれども、秋田郡を置くことにしたわけだから、郡司も当然置かれたはずです。秋田郡の支配は郡司に任せて、それを上から城司が統括するという二段構えになったと考えられるのです。むしろ、支配の強化につながるのではないか、というのが私の考えです。

この史料の最初に「秋田城は建置以来、四十余年、土地墝埆《こうかく》にして五穀によろしからず」とあります。土地がやせていて、穀物ができない。「しかのみならず、北隅に孤居して」、つまり孤立しているとあって、「相救うに隣りなし」と、救援するのが難しいところなので、秋田城を廃止してくれと出羽国側が主張します。出羽国の申請は秋田城自体の廃城ですね。そうした申請に対して、城を停めて代わりに郡を置きなさい、城の住人は土人（地元に本籍のある公民）・浪人（＝浮浪人）を論ぜず、編付しなさい、というのが政府の決定事項です。これはむしろ支配の強化につながると考えたほうがよいと思うのです。

秋田城の停廃問題は宝亀年間からあって、このときはその再現みたいなものだったのですが、ところがこの後、秋田城に関しては、停廃問題はなくなりますし、秋田城が土地がやせて孤立しているという言い方も、これが最後になります。元慶の乱（八七八年）の時点では、秋田城司の良岑近《よしみねのちかし》が秋田城下の俘囚からも苛斂誅求《かれんちゅうきゅう》して、たくさん物を取り立てていて、ついに俘囚が反乱に立ち上がったのだということが『保則伝』に出てきます。つまりいろいろな物産が豊富で、どんどん収奪するような状況になっていた。それまでの土地がやせていて穀物の栽培に向いていない、孤立して守りが難しいという状況とは、大きく異なっているのだと思います。

鈴木さんが言うように、払田柵は第二次雄勝城と考える説に大賛成ですが、払田柵は距離的には志波城と秋田城のちょうど中間あたりですね。両方と連携して陸奥・出羽の最前線を四つの城柵で固める意図を持っていたのではないかと考えています。いずれにしても、第二次雄勝城ができることによって、秋田城の置かれていた孤立した立地が大きく改善され、しかも郡が置かれることによって在地支配も通常の城柵の置かれた郡と同じ体制に

写真２　払田柵跡

なることで支配が安定する。このあと秋田城下に、もともと俘囚がいますし、編付された浪人や一般の公民（柵戸）もたくさん定着するようになった、という流れでとらえられないのかな、というのが私の考えです。*4

樋口　払田柵と志波城の規模の評価については議論のあるところです。まず払田柵の規模ですが、最近の考古学の成果だと、一番外側のいわゆる外柵《そとさく》は防御機能の面でも柵木列のあちこちに切れ目があって堅固な守りとはいいがたく、その内側も湿地帯になっていて、建物跡もあまりみつからないような場所であって、創建期の一期だけで廃絶しています。しかも払田柵の政庁は六三メートル四方と小さいのです。志波城（一五〇メートル四方）や多賀城（一〇三×一一六メートル）にくらべても格段に小さい。

鈴木　格段とまで言えますかね。

樋口　面積でいって三分の一以下なので、規模が小さいのは確かです。ですから外柵で囲まれた区域の大きさだけから、払田柵の機能について論じるのはいかがなも

のでしょうか。

八木　払田柵の全体の大きさは、作った当初には大きく作ろうという意思はあったのではないですか。

熊谷　そうでないと、あんなに大きな外郭施設は作らないでしょうね。

伊藤　田村麻呂が領土拡大策を目指しているとすれば、志波城や払田柵の外郭規模は、とんでもなくでかいですね。

樋口　たしかに外から見たとき、外柵の材木塀の大きさには視覚的効果もあるのでしょうけど。

熊谷　鈴木さんも言ったように、盆地の一番北側を抑えているのが重要だと思うのです。

伊藤　そういった大規模な城柵が北の端まで作られつつある。城柵体制が田村麻呂によって整備されていくなかで、アテルイの降伏があったと思うのですが。

樋口　そこは前後関係が逆じゃないでしょうか。アテルイが降伏するよりも前に胆沢城の造営が始まりますが、ほかの二城柵が完成し、新たな城柵のネットワークが厳然と姿をあらわし、機能するようになるのはアテルイの死後のことです。

伊藤　そうだとしても、明らかに情報はもう入っているでしょう。

樋口　先ほども言いましたが、アテルイと田村麻呂との和平交渉の際に、戦後の現地統治のありようをめぐっても多くの議論がおよんだことは大いに考えられます。ですが、それはアテルイも受け入れた同意事項に属するものと考えられますから、論理的には城柵の造営によってアテルイが降伏に追い込まれたということにはならないのではないかと思います。

伊藤　樋口さんが言う国家の攻めの方策なのであれば、田村麻呂はおそらく、そういうことは言っている。

樋口　そう思います。ただ、胆沢・志波・払田の三城柵を一体のものとして造営するという国家の政策についての評価には、大きく言って二通りの考え方があるように思います。

第一の説は、桓武天皇による積極的な征夷政策を背景として三城の造営がおこなわれたとみる説、そして第二の説は、征夷終焉後の奥羽における新たな支配体制を構築するために三城が造営されたとみる説です。論者の数でいうと、現時点では前者が多数説、後者が少数説ですね。つまり、戦時体制の延長を前提とした布陣か、戦争が収まった後の新たな奥羽支配のための布陣か、というのが、ここでの争点になります。

私は、少数派の第二の説を支持します。つまり、三城柵は征夷終焉後の新たな現地支配体制における政策推進拠点として配置・造営されたと考えています。志波城や払田柵の見た目の規模の大きさについても、あるいは最北の城柵であるがゆえに、北方から朝貢に来る蝦夷の眼を意識して、大きく作ったのだということは考えてもよいかもしれません。しかし、その見た目の大きさを根拠に、この段階でも律令国家が本州最北まで極めんとする積極的な征夷政策をもち続けていたという考えに対しては、私はきわめて深い疑念を懐いています。*5

八木　樋口さんが言われるように払田柵の政庁は城柵の中では最小の部類ですが、郡家（郡の役所）と同じ規模ですから、払田柵の管轄範囲は限られていたとみるべきではないでしょうか。

熊谷　いまの話は、城柵がどういう施設なのかという問題とからみますね。城柵が蝦夷支配のための施設だとするのは普通ですから、城柵を新たに置くというのは、当然ながら、その地域の蝦夷支配が最大の目的になってくる。その意味で樋口さんが言ったことは、その点に関してはほとんど納得できます。

鈴木　北上盆地に城柵を置いて支配体制を確立することと、それを拠点としてさらに北に向かって支配領域を拡大していくこととは、矛盾しないと思います。

熊谷　征夷を考えた場合、戦後の新たな支配体制を作るために城柵を置くのは、基本だと思うのです。その通りだと思うのです。ただ、征夷は城柵を除いてはできない。当然、征夷の戦略ともからんでくる。そうとらえるべきだと思います。

樋口　戦時と平時の二つの場合を考えると、戦時は敵軍を討つための軍事施設で、まさに戦略上の城柵です。でも戦時と平時で、城柵の立地や配置プランが全く同じでよいということにはならないですよね。

熊谷　もちろん、城柵の立地や配置には、当然、戦略があるはずです。その場合の戦略は、目の前の敵に対応するだけではなくて、ある程度のスパーンで今後の蝦夷支配をどうするかという意味での戦略だから、武力行使もからんでくるし、支配の問題もある。私は支配の問題が基本だと思います。支配の問題をにらんだうえでの城柵の配置なのでしょう。たとえば、払田柵をあの場所に置いたのは、中期戦略だと思います。

樋口　そうですか。

熊谷　そこは、鈴木さんや熊田さんとは少し考えが違っています。鈴木さんと熊田さんは、その次の中止になった征夷とからんで、盆地の北側に置いたという理解だと思うのですが、私は中期戦略がからんでいて、基本的にはあの地域の支配を考えて、払田柵の選地がなされたと理解しています。

樋口　私はまた考えが異なります。先ほどの私の発言は、戦時と平時をきれいに分けすぎたところに少々問題があったかもしれません。ただ、さらにその先を見ると、蝦夷支配の中身は、歴史的背景が変わっていく中で、少しずつ実態的な変化も起こってきていますよね。とくにアテルイの降伏から胆沢城・志波城の造営のあたりの問題となれば、その一〇年足らず後の弘仁三年(八一二)に造営された徳丹城との歴史的なつながりについても考えてみなければなりません。

徳丹城は鈴木さんが指摘されたように、完成してさほど経ない弘仁六年(八一五)八月には鎮兵の配置が停止され、俘囚兵だけに守られる城柵になっています。[*6] そのような守衛体制は、奈良時代までの城柵ではほとんどあり得なかったことです。

また徳丹城が完成し、北上盆地の北部で機能するようになった時期に、嵯峨天皇が「夷俘と号すること莫《な》かるべし」といって、蝦夷・俘囚に出自をもつ者に対して「夷俘」などと蔑称することなく、官位・姓名で呼ぶべきことを命じました。[*7] これがちょうど徳丹城の本格的な機能開始と同時期に出されているのです。どうも弘仁年間(八一〇〜八二四)には、蝦夷系住人らの政治的・社会的地位が上昇し、公民と蝦夷系住人との身分的格差も縮小されていく流れができていくようです。さらに、熊谷さんがかつて注目された「民・夷融和政策」についても、弘仁四年(八一三)二月に、飢饉などにおいて公民・俘囚を区別せずに食料を支給すべきことを命じられたとあるのが、その政策的な初見ですね。[*8]

アテルイがこの世に残した想いとかかわって、私はとても注目しています。

徳丹城造営の頃にはすでに、国家と蝦夷社会との政治的関係が明らかに変化しているのです。国家と蝦夷との戦争の時代を挟み、奈良時代までの古いタイプの城柵から徳丹城型の新たな城柵へと城柵そのものの機能・ありようが大きく変わっていく中で、田村麻呂によって延暦二十一・二十二年に造営された奥羽北半の三城柵が、本質的にどういう性格、どういう指向性を持っていたのかという問題については、これまでの先入観を排して根本的に再検討をおこなう必要があると思います。

八木 樋口さんが言われたことは、鈴木さんが言う版図拡大政策や積極政策を城柵の配置や外郭線の規模から読み取れるかどうかが、ポイントだと思うのですが。

樋口 「読み取れるかどうか」は、多分に研究者個人の主観的解釈の問題ですから、それで決着はつかないでしょうね。

みなさんは、今私が言った城柵の機能・ありようの歴史的な転換点を、延暦二十四年末の徳政相論に求めているのですね。

ただ、志波城の問題については、私はかねてより一つの疑問を懐いています。志波城の造営は延暦二十二年のこと、一方徳政相論はそのわずか二年後のことで、その時点で巨大な志波城がすでに完成していたかどうかもわかりません。また、あとで議論になるでしょうけれども、桓武天皇が徳政相論以前にすでに征夷停止に傾いていた可能性も大いにあると思います。だとすれば、なぜその時点でまだ完成途上だった志波城の造営を中止しなかったのでしょうか。陸奥国最大の城柵の造営と征夷停止との間の期間があまりにも短すぎる点は、やはりとても気になります。

しかも、志波城には大きくわけて二時期の遺構があり、発掘調査を担当された津嶋知弘さんによれば、徳政相論による征夷停止決定後にも官衙施設の展開があった可能性が高いことが指摘されています。*9 さらに、志波城がまだ存続していた大同四年(八〇九)か弘仁元年(八一〇)頃、後に徳丹城が造営される地にいわゆる「一五〇メートル方形区画」の官衙施設が建設されています。志波城から徳丹城への政策的な連続性もある程度垣間見えるのです。

そういったことを考えますと、私は、従来のような、志波城と徳丹城との規模の差を、おのおのの造営時点における国家の対蝦夷政策の違いに結びつける理解の仕方には、きわめて大きな問題があるように思います。

熊谷　もっと具体的に胆沢城と志波城を調査されたお二人から、考古学に基づいた立場で、城柵のお話を聞きたいですね(本書第II部参照)。

(2) 胆沢城と志波城

伊藤　胆沢城は八〇二年に造営され、規模は六七〇メートル四方です。志波城は八四〇メートル四方、外側の築地塀を入れると約九三〇メートル四方で、その翌年に造営されます。これほど大きな城柵ができたのは、阿部義平さん以来の説なのですが、胆沢城の鎮守府を志波城に移動する意思があったのではないかと言われています。

しかし、志波城は一〇年くらいで廃され、徳丹城に移ります。そのころに胆沢城は急激に再整備されはじめ、官衙が充実していきますので、城柵官衙が整備・再編されていくのではないかと考えています。

陸奥側では、北の蝦夷支配、北方支配が胆沢城に集中していくようにみえるけど、どこまで北を見据えていたのかはわかりません。胆沢城は九世紀末か十世紀初めくらいに、別の展開を遂げていきます。官衙は整備されながらも、次第に城柵の終焉に向かっていく。これは胆沢城に限らず、秋田城も払田柵も含めて、そうした状況になっていきます。

八木さんにあとで触れてもらいたいのですが、胆沢城周辺には兵士も移民も配置されています。でも、城内に住んでいないのは確かです。九世紀後半ころになると、胆沢城の周辺では移民による計画的な村に掘立柱の建物が作られる。それから胆沢城の直接支配がやや希薄な村にも掘立柱建物が成立してくる。その計画的な集落では須恵器を出すのが一つの特徴です。

九世紀末から十世紀の初めにかけて、胆沢城周辺では、かつての中・長期的な計画的な集落がほとんど姿を消して、三～四棟前後、二～三棟前後の竪穴住居のみで形成される小さなグループがあちこちに点在します。とくに胆沢段丘上に急展開しますので、高台の開発はかなり小規模なレベルで、しかしたくさんできるという状況があります。これが胆沢城下の大きな変化ですね。

八木　志波城が作られた当初の官衙は、どちらかというとコの字型配置の官衙を形成しますね。それに対して胆沢城は、南北棟を中心として庇をもたないという実務的な建物を中心にしているという違いが創建当初からあります。おそらく、胆沢城と志波城では、与えられた役割が最初から多少違っていたのだろうと思います。

熊谷　それは面白いね。

八木　志波城は一番北にあるので、朝貢・饗給という関係で蝦夷との関わりを強く持っていたと思います。胆沢城の創建当初は実務的な部分が中心的なものだったのでしょう。ただ志波城は一〇年くらいで移転することになります。その移転理由もいろいろ議論があって、記録[*10]のとおり受け止められるかどうかは、議論があります。

移転後の徳丹城には、前身官衙というのでしょうか、徳丹城本体ができる一段階前に施設がありました。志波城とほぼ並行する時期に、徳丹城に先行官衙が作られていたことが考えられています。先行官衙の意義づけは、徳丹城造営の現地事務所や徳丹地域の住民を対象にした志波城の支所など諸説ありますが、その後に城柵として

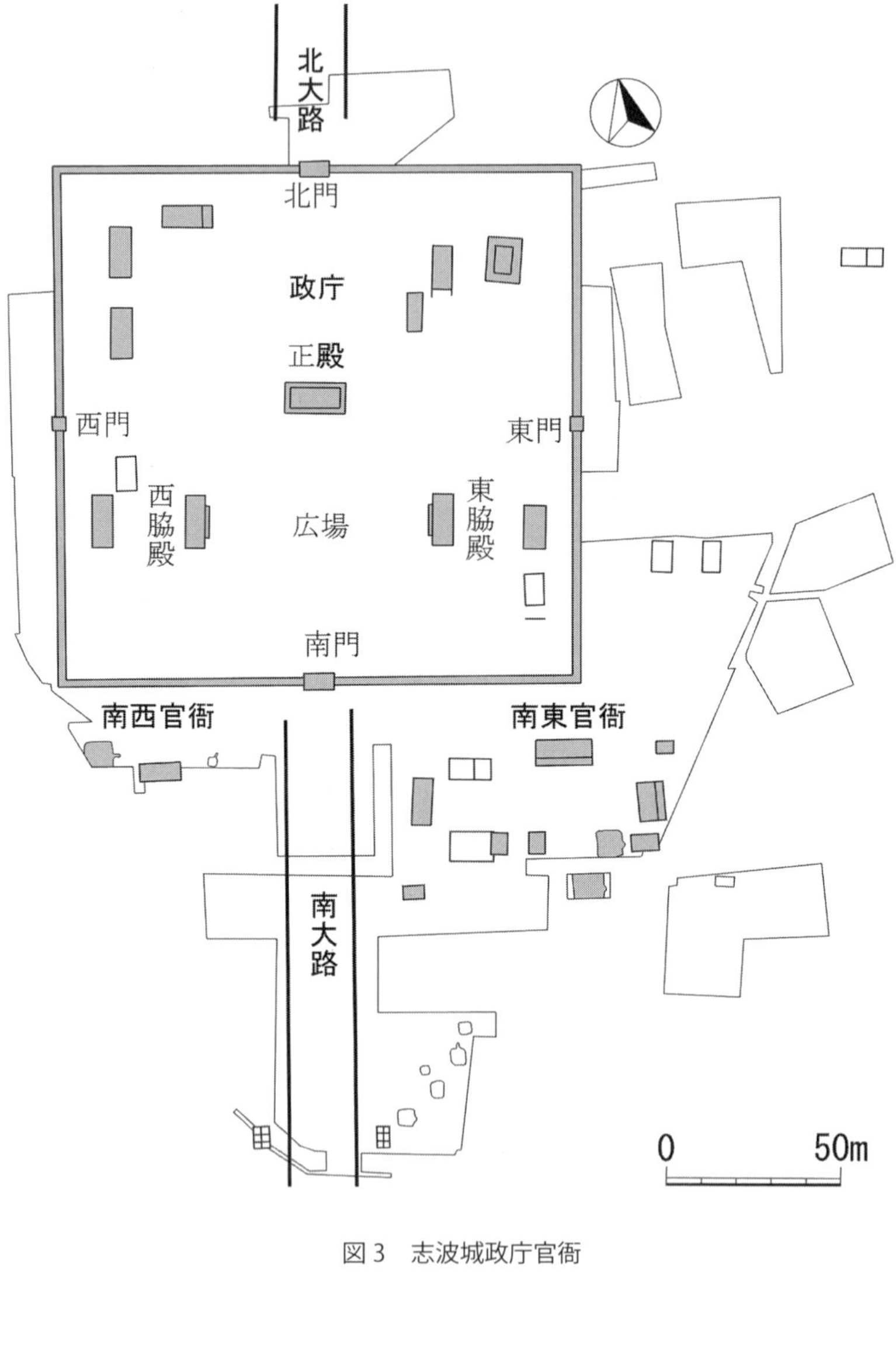

図3　志波城政庁官衙

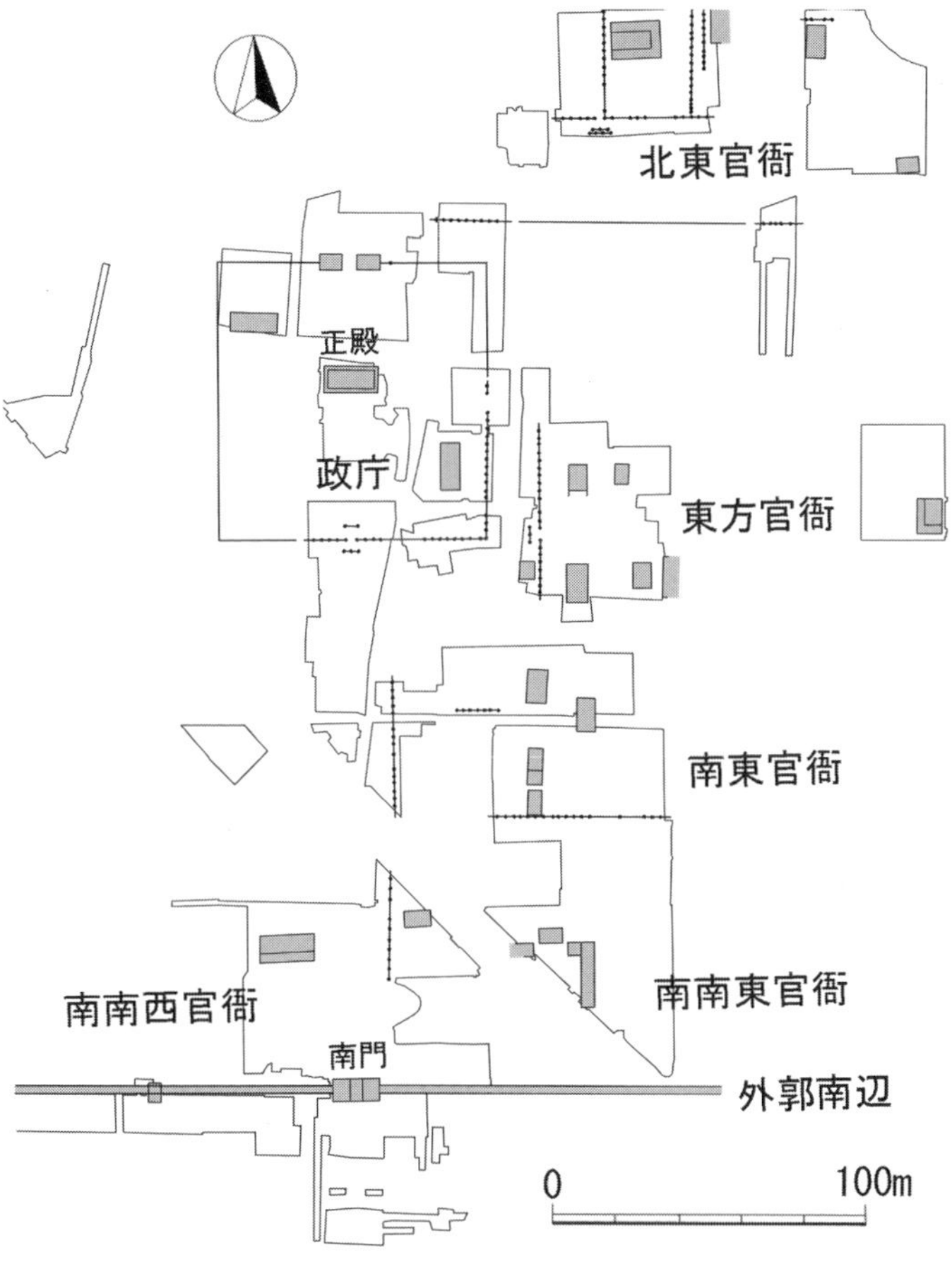

図４　胆沢城官衙

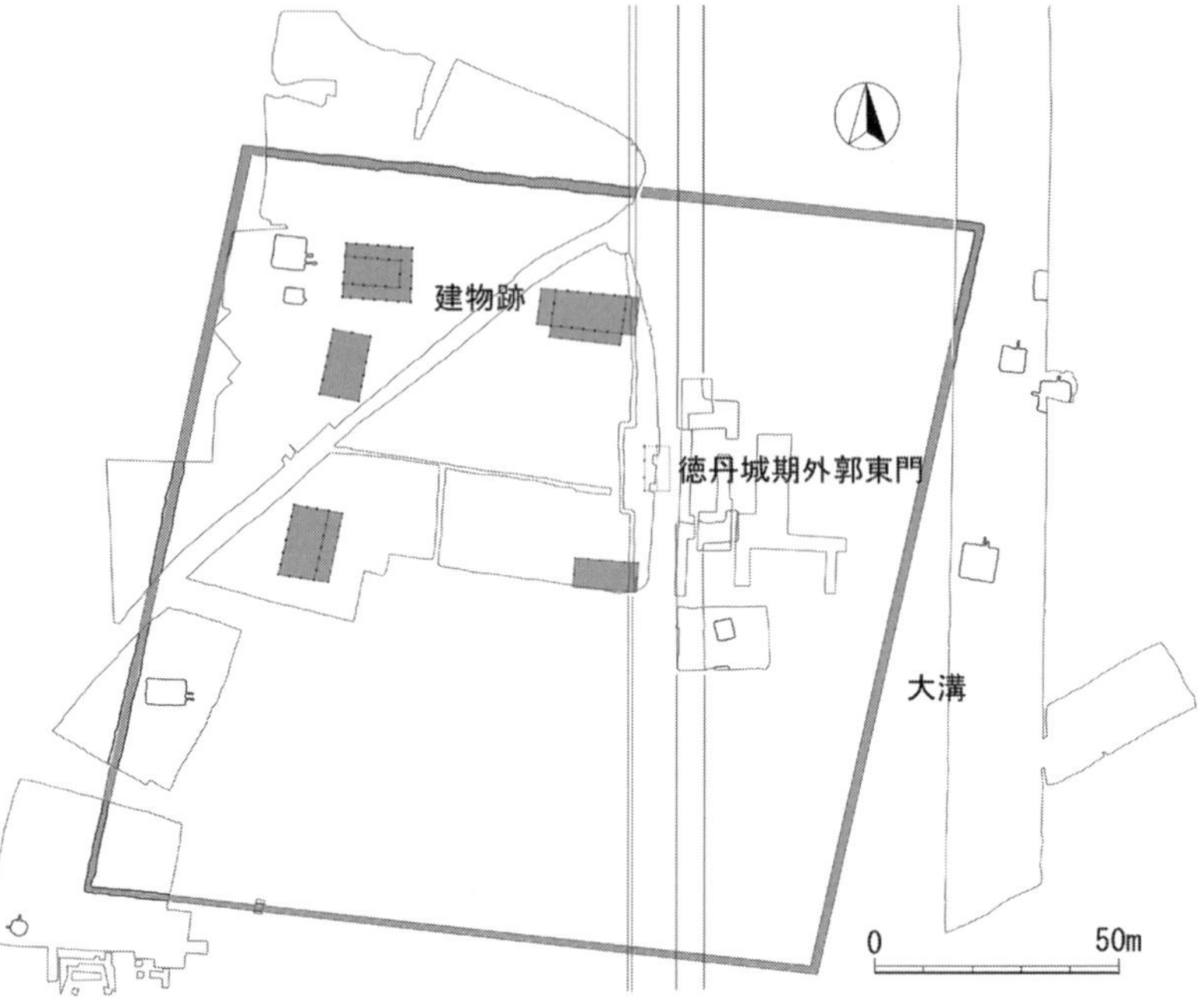

図5　徳丹城先行官衙

規格的な徳丹城を造ります。

その徳丹城は、胆沢城や志波城といくつか違うところがあります。まず胆沢や志波は広域地名ですが、徳丹城は、城柵の名称が小地域の地名が付いています。そこがポイントの一つになろうかと思います。

また、徳丹城は規模も小さいのです。志波城は八四〇メートル四方なのに対して、徳丹城は三七〇メートル四方です。湿地帯の部分には丸太材を立て並べ、高い所は築地も併用しています。胆沢城・志波城が全部築地で外郭線を作っていることと比較しても、徳丹城は違っています。ただし城内を掘ってみると、官衙らしい建物がかなり整備されていることがわかり、コンパクトに機能の充実が図られたものになっています。

そして、徳丹城も八四〇年前後に機能を失って、胆沢城に北上盆地の城柵が統合されていきます。胆沢城は、それと同じ時期か、少し時間を置くか、土器の編年問題があるので微妙ですが、これまで実務官衙中心だったところが、饗給官衙というのでしょうか、東西棟で庇を持つような建物ができてきます。

熊谷　それも面白いですね。

八木　伊藤さんが言われたとおり、九世紀中頃から後半に明らかに大きな変化があります。遺物をみても緑釉陶器や灰釉陶器などがその頃から増えてくることにもつながっています。瓦葺き建物も九世紀後半ですよね。

伊藤　大きく言えば、そうですね。

八木　胆沢城が北上盆地で一城になった段階で大きな変化が起きます。そこが一つの転換点だろうと思います。そのほかの城柵も、三十八年戦争で桃生城は焼き討ちにあってなくなっていますし、伊治城は九世紀の前葉くらいで終わりでしょう。八世紀代に造られた城柵は、どんどん廃止されていきます。徳丹城が整理された段階で、六つの城柵に統合されていくのです。私は六城柵体制〔陸奥側の多賀城＝陸奥国府・胆沢城・玉造塞、出羽側の秋田城・払田柵・城輪柵＝出羽国府〕、伊藤さんは奥羽それぞれで一府二城という表現をしておられます。

志波城が徳丹城に移り、さらに徳丹城も廃止されていくように、数十年かかって城柵の再編が進められるのです。つまり、蝦夷政策も九世紀初頭と大きく変革する九世紀中頃が画期だと思います。

熊谷　八木さんの話でいくつか面白い事実がありますね。志波城と胆沢城を作る段階で志波城と胆沢城の役割の相違点が官衙のあり方から見えてくるのは、非常に興味深いですね。しかも志波城が廃止され、徳丹城がなくなった段階で胆沢城の官衙のあり方が変わってくるというのも興味深いですね。

鈴木　徳丹城と城柵再編の話は、延暦二十四年（八〇五）の徳政相論に始まる征夷終焉の過程の話でもあります。徳政相論の話はあとでしますけど、なぜ、志波城が大きくて、徳丹城が小さいのか、しかも南に一〇キロも下がっているか、ということですね。これは、八木さんが最初に指摘されたとおり、志波城の創建から徳丹城の創建までの一〇年のあいだに大きな政治的変革があったからに違いない。[*11] それを熊谷さんが徳政相論による辺境政策の転換であることを明らかにされたのですよね。[*12]

志波城と徳丹城にみられる大きな相違点は、徳政相論の物的証拠と言ってよいと思います。志波城の移転は、征夷の終結とともに、大規模な軍縮と城柵の再編をともなっておこなわれました。弘仁二年(八一一)閏十二月に文室綿麻呂が三八年間に及んだ征夷の終結を宣言して、大規模な軍縮を決定します。[*13] 陸奥の軍団を四団から二団に減らすとともに、鎮兵三八〇〇人を段階的に削減し、最終的に一〇〇〇人にする計画が示されます。鎮兵については、「城柵等」に収めている軍粮や器仗を他所に移すまで一〇〇〇人を置くこと、水害を受けた志波城を移転するまで二〇〇〇人を置き、移転が完了したら一〇〇〇人を残して守備兵とすること、それ以外の八〇〇人は直ちに解任すること、という段階的削減案です。

「城柵等」の食料や武器を他所に移すというのは、それらの城柵を廃止する意味で、このときに伊治城などが廃止されたと考えています。また志波城の移転、つまり徳丹城の造営が完了して、鎮兵が一〇〇〇人にまで削減されたのは、『類聚三代格』巻五弘仁三年(八一二)四月二日太政官符の「鎮兵の数減定すること已《すで》に訖《おわ》りぬ」から、弘仁三年三月中とわかります。この太政官符によって、鎮守府の官制は、将軍一人・副将軍一人・軍監二人・軍曹二人の四等官制から、将軍一人・軍監一人・軍曹二人の三等官制に縮小します。志波城の移転すなわち徳丹城の創建は、大規模な軍縮と城柵の再編、さらに鎮守府の縮小をともなって実施されたことになります。

(3) 蝦夷と城柵運営

樋口 志波城に関しては文献から見る限り、内国からの移民が現地に送られたことを伝える記事はないし、考古学的にもその周辺に移民系の村と積極的に想定できる集落もありません。そこはまず押さえておくべき点であろうと思います。

また文献史料をみると、八世紀末から九世紀初頭に内国に奥羽から移配された蝦夷族長は少なからずいたようですが、志波城が造営された当時に、その周辺地域の譜第族長や蝦夷系住人が内国に移配させられたような形跡も、今までのところ明確には確認できていません。

アテルイ降伏以前の征夷戦争における、志波地方の族長たちの動向についてみてみると、どうやら彼らは延暦十一年(七九二)以降に帰服の態勢をとったようです。つまり、彼らの勢力はその後あまり大きなダメージを受けずに温存され、その上に志波城が造営された可能性が高いと推察されます。

この問題に関連して、弘仁二年(八一一)正月の和我・薭縫・志波三郡の建郡があります。常識から言えば、郡編成の基礎になるのは律令制支配の客体となる公民ですが、先ほども触れましたように、北上盆地中部以北のそれらの地域に内国からの公民の移住がなされた形跡は確認されません。とすれば、あるいはこの三郡は、当初から在地の蝦夷系住人を中核にして編成された特殊な郡であった可能性がでてきます。私はこれら三郡を、「俘囚郡」の範疇で考えています。

なお近年、三郡は当初移民された公民により正規の郡として建てられたけれども、九世紀後半に蝦夷系住人が反乱を起こし、徳丹城を落として三郡を占拠した、と主張する渕原智幸さんの説も出されていますね。[*14] しかし渕原さんのご見解は、徳丹城の廃絶時期など様々な点で岩手県内の考古学の調査成果とかなり矛盾していて、私としては成立がきわめて困難だと思っています。また、和我・薭縫・志波の三郡はそもそも最初から現地の蝦夷社会に基礎を置いた「俘囚郡」だった可能性が高いのですから、史料上全く痕跡のない「蝦夷反乱」を無理に想定しなければならない必然性もありません。

以上述べましたような征夷終焉後における志波地方の蝦夷社会の政治的・社会的動向が、徳丹城の特質・性格の問題とも深く関連していると思うのです。つまり、志波城造営期・機能期から徳丹城移転までの時期のプロセスや、志波城と現地の蝦夷社会とのかかわりをめぐる問題は、今後まだまだ考えを詰めていくべき余地があるということです。私自身の個人的感想では、ただ徳政相論ばかりに目を奪われていては、その間に展開した歴史がもつ真に大事な意味がとらえられなくなってしまうのではないかと危惧しています。

熊谷　私は樋口さんの志波城の評価には、正直、前々からかなりの違和感を感じてきました。ここで発言しないと、樋口説に賛成しているように受け取られそうなので、疑問に思う点を述べさせてもらいます。

まず樋口さんは志波城について、陸奥国を冠した史料がないので、陸奥・出羽の双方に属していたということを以前から主張していますよね。またさきほども、志波城に移民が送られたことを伝える史料がないということを強調されましたが、ここから、志波城は通常の城柵とちがって柵戸を付属しない城柵なんだという持論を展開するわけです。私はこの二つとも、賛成できません。それは、いずれの見解も六国史のダイジェスト本である『日本紀略』の記述を立論の出発点にしているという問題があるからです。

さきほど延暦十三年(七九四)や延暦二十年(八〇一)の征討のところで鈴木さんから説明があったように、二つの征討とも『日本後紀』の残っていない時期にあたっているために、ほとんど具体的な状況がわからないということがありました。それほど『日本紀略』には省略が多いんです。そのうえ大伴弟麻呂が節刀を授与された日付を間違えているように、あまり質のいいダイジェスト本とはいえないという問題もあります。この辺のことは、坂本太郎先生が『六国史』(吉川弘文館、一九七〇年)で述べておられます。ですから『日本紀略』を史料として使う場合、まずこのようなことに注意を払う必要があります。志波城に関しても、まさにこのことが問題になるわけです。

樋口さんは「造陸奥国胆沢城使」という史料と「造志波城使」という史料を並べて、胆沢城は「陸奥国」を冠しているのに、志波城の方は冠していないので陸奥国だけに属していたわけではなかったというのですが、前の方は『類聚国史』(巻一九〇 俘囚 延暦二十一年四月庚子条)であるのに対して、後の方は『日本紀略』(延暦二十二年三月丁巳条)です。前の『類聚国史』は『日本後紀』の文章をそのまま引用しているとみてよいですが、『日本紀略』に「造志波城使」とあっても「陸奥国」は省略したのだろうとみるのがごくふつうの発想だと思います。少なくともその可能性を疑うのが当たり前です。要するに、八世紀後半に志波村が出羽国の管轄であったことを示唆する史料は確かにあるのですが、出羽国が志波城を管轄していたことを示す史料なんて、ただの一つもない。そのうえ徳丹城への移転が決まる少しまえの弘仁二年(八一一)正月には陸奥国に和我・薭縫・斯波の三郡を置いたと『日本後紀』に出てきますから、志波城ははじめから陸奥国の管轄だったとみて何の不都合もないと思います。それを『日本紀略』の不確かな記事をもとにどんどん話を大きくしていって、ついには二ヵ国の共同統治という、ほかに例をみない概念を使って説明するということには、私はとてもついて行けません。

つぎに移民の有無の問題ですが、これも出発点になっているのは『日本紀略』に移民の移配を示す記事がないということです。でもそれは、やはり根拠としては弱いと思います。樋口さんは、つぎに志波城内から見つかった多数の竪穴住居を移民のものとみる見解を否定し、さらには志波地域の蝦夷が諸国に移配された形跡もない、だから志波地域の蝦夷勢力は温存されたんだと、話を進めていくわけです。

でもこの主張にもいくつか疑問があります。まず志波城内の竪穴住居の大半が服属した蝦夷のものという考えは、私になかなか理解がむずかしいです。これは賑給や出挙を柵戸ばかりでなく蝦夷にもおよぼすというのとは、話は別だと思います。服属したとはいえ多数の蝦夷を城内に住まわせるというのは、志波城を管轄する城司などの役人たちは無防備同然で多くの蝦夷たちと同じ施設内に常時いっしょにいるということになります。私には、律令国家の役人たちが、ついこの間まで敵・味方の間柄だった蝦夷をそこまで信頼するようになるというのは、ちょっと想像がむずかしいですね。徳丹城から鎮兵が引き上げることを引き合いに出していますが、それは征夷終焉後の弘仁六年(八一五)のことだし、おそらくこのときには城司も引き上げたんだと思います。まったく別の話でしょう。それに志波地域の蝦夷勢力が温存されたのなら、なぜ蝦夷をわざわざ城柵の中に引き入れて住まわせる必要があったのかというのも、私には疑問です。

それから志波地域の蝦夷は他国に強制移住させられた形跡がないといわれていますが、胆沢城周辺だって似たようなものではないですか。『日本紀略』に頼らなければならない時期は、そもそも蝦夷を他国に移住したという記事がほとんどないわけですから。それに、高橋崇さん[*15]や今泉さん[*16]の研究によって明らかにされ、私も賛同していますが[*17]、蝦夷移配策は延暦十三年(七九四)の征夷後に本格化するということをふまえる必要があると思います。要するに、十三年・二十年の征夷の連続勝利によって、それまでよりも格段に多くの蝦夷が強制的に諸国に移配されるのです。その政策で志波城周辺だけがほかの地域と区別されたと考える理由はみあたらないので、志波地域でも同じように頑強に抵抗した蝦夷を中心にかなり多くの人びとが坂東から西海道(九州)までの諸国に移配されたと考えてよいと思います。つまり志波地域でも、志波城の造営後に有力な蝦夷勢力が諸国に移配されたことを契機に在地勢力の交替が起こったことが想定されるのです。それを裏付けているのが、承和二年(八三五)に俘囚の吉弥侯宇加奴《うかぬ》らに「物部斯波連」という姓を賜ったという記事で(『続日本後紀』承和二年二月己卯条)、このとき宇加奴ら一族が志波地域の有力豪族として国家から認定されたんだと思いますが、彼らは「吉弥侯」という旧姓からみて、志波地域の新興階層とみられます。

樋口　ただいま熊谷さんより長大なご批判をいただきました。志波城がひとり陸奥国管轄下の城柵ではなかったという見解には先説があり[*18]、先学の方々の名誉にも関わってきますので、ここで私が黙って見過ごすわけにもいきません。

まず志波城だけが「陸奥国」を冠して呼ばれたことがないとする私見に対して熊谷さんは、『日本紀略』には省略が多く記載内容があてにならないから無効だ、というような批判をされました。ここで史料を確認しておきますが、同じ『日本紀略』の中で、坂上田村麻呂の肩書きがかたや「造陸奥国胆沢城使」(延暦二十一年七月十日条)、かたや「造志波城使」(同二十二年三月六日条)と明らかに書き分けられています。熊谷さんは、前者で胆沢城に「陸奥国」がはっきりと冠されていることをどう説明なさるのでしょうか。その点から、志波城が胆沢城とは異なり陸奥国単独の管轄ではなかったと推察することには、史料解釈上は特段の問題がないように思うのですが。なお私は、志波城の規模の巨大さについても、同城が陸奥・出羽両国の協同管理下の城柵だったからではないかと考えています。熊谷さんはお気に召さないようですけれど、考古学研究者の方々からは今までとくに違和感を表明されたことはありません。

つぎに志波城の周辺に内国からの移民があったかどうかの問題ですが、『日本紀略』中に志波城周辺への移民記事が存在しなくても、それは単に編者によって省略されただけだというのは、あまりにも乱暴な議論ではないでしょうか。『日本紀略』の延暦二十一年正月十一日条には、駿河以下一〇ヶ国の浪人四〇〇〇人を「陸奥国胆沢城」に配したという例の記事があります。同じ『日本紀略』の中で、移民記事のある胆沢城も、それがない志波城も、移民の実態はともに同じようなものだったとみる熊谷さんのご指摘は、史料的根拠をともなう実証的な知見とは思えません。

また熊谷さんは、私が志波城内で蝦夷系住人の活動を想定している点は理解不能でついていけない、とも批判されました。私がそのように解した主たる根拠は、志波城内で検出されている竪穴住居のカマドの構成が煙道の長いいわゆる蝦夷タイプ六〇%、短いいわゆる坂東タイプ四〇%の割合となっていることや、相当多くの住居跡から現地社会特有の球胴甕を出土していることなどの考古学的知見です。[*19] 私はその点から、志波城内には坂東方面出身の鎮兵と現地蝦夷出身の兵士とが相混じって住んでいたものと推察しています。私たち文献史学徒も、今やこうした分野では考古学的知見との整合性をできるだけ重視しつつ見解を構築せねばならないのではないかと考えます。

ただし熊谷さんは、カマドの煙道の形態にかかわらず城内の竪穴住居をすべて公民の鎮兵のものと見なしておられるようですが、それならカマドの形態の違いはいったい何を意味するのでしょうか。また志波城造営時点における志波地方の蝦夷系住人が、国家側の人びとにとってすべて〝信頼しがたい敵〟であったとお考えのようですが、そう決めつける根拠もよくわかりません。アテルイと田村麻呂との間に信頼関係があったことを認めるいっぽうで、志波地方の蝦夷たちが志波城に勤務する田村麻呂配下の役人たちに全く信頼されていなかったとお考えになっている点も、なんだか少しちぐはぐな感じがします。「蝦夷と国家側の人びととは常に敵対関係にあるはずだ」というような旧来からの先入観に囚われてしまっているのではないでしょうか。

さらに熊谷さんは、志波城の周辺でも胆沢城の周辺と同様に、蝦夷族長が大勢内国へ強制移住させられたと明言されました。しかし現在までのところ、同城造営直後に廃絶したとみられる現地集落はなく、台太郎遺跡をはじめとする五つの大規模な集落は七世紀代以降継続しています。志波城造営の時点では、志波地方の在地社会が大きな変貌を蒙ることはなく、この地における律令国家の統治もわりあい穏健なかたちでおこなわれていたとの見方は決して私独自の説というわけではなく、むしろ広く岩手県内の考古学研究者の間で共通認識となっているように思います。[*20] とはいえ、後にも述べますように、弘仁二年(八一一)の征夷の後になると、北部も含む北上盆地全域で譜第蝦夷族長らの内国移配がおこなわれるようになったようなのですが。

いっぽう北上盆地南部の胆沢城周辺の在地社会の状況については、伊藤さんによって提起された「計画村落論」が代表的ですが、アテルイ降伏の直後に大きな社会変動が生じたことが想定されています。胆沢城造営とほぼ同時に、かつて現地に存在しなかったタイプの全く新しい類型の集落が次々と成立してくる。その中には明らかに東国からの移民を主体とした集落もみられますし、江刺郡域には胆沢城へ手工業製品を供給したとみられる蝦夷系住民を主体とした集落もあります[21]。志波城周辺地域とは全然様相が異なっていることは明らかです。

少し長くなってしまいましたが、以上の諸点から私は熊谷さんのご見解に対して全く賛同できません。

伊藤　志波地域をめぐっては、文献・考古ともにまだ課題が山積していて、これから研究を深めていくべきことがたくさんありそうですね。ところで、話題を少し変えますが、アテルイが処刑された後、志波や胆沢の地域に第二・第三のアテルイのような蝦夷社会をリードしていく勢力は出てくるのですか。

樋口　「村長」に任じられた蝦夷族長がいますね。『類聚国史』大同二年(八〇七)三月九日条によれば、奥羽両国の国司が朝貢にやってきた蝦夷族長に対して、いわれるままに位階や「村長」の地位を与え、彼らに支払う禄がかさんでしまい国衙財政が逼迫しているという情況があったことが知られます。大同二年の初め頃の情況らしく、徳政相論のおよそ一年後のことです。律令国家に「村長」に取り立てられ、蝦夷族長としての権威を公的に認定された人がいたということでしょう。多くは譜第族長層に属する人びとであったようにも推測されます。

ただ一方では、弘仁二年(八一一)の征夷の直後の同年十月十三日の記事に、「蝦夷」は当人の申請によって内国に移配し、「俘囚」は便宜をはかって「当土に安置」するとみえています[22]。「蝦夷」・「俘囚」の概念的な区別をめぐってはすでにいくつかの説が出されていますが、私は基本的には「蝦夷」を譜第族長層、「俘囚」をそれより下位の新興有力者層や一般庶民層とみる平川南さんの見解が妥当であると思います[23]。なおそれ以前までは「俘囚」のほうが内国へ移配されて、族長クラスの「蝦夷」のほうが現地に留め置かれてきたのですが、このとき原則が大きく変わります。また、「新獲の夷」についてはその身を都へ進上せよとあります。

そうした蝦夷系住人に対する政策の転換は、ちょうど徳丹城の完成とクロスする時期におこなわれています。新たな政策では、「蝦夷」は内国へ移配せよとありますが、ただし北上盆地や横手盆地に当時住んでいたすべての譜第族長が移配されたわけではないでしょう。依然現地に残った族長層も少なからずいたとは思いますが、それでもかなり多くの族長たちが弘仁二年以後に他国へ移住させられた可能性があると考えられます。そして、伝統的な譜第族長層がある程度間引かれた後に、現地に残った「俘囚」の新興有力者層の中からあちこちでニューリーダーが育ってくる動きが、徳丹城体制下の北上盆地北半地域で進行していったようにも推察されます。その段階でまた、北上盆地全体の蝦夷社会の構成が大きく変わっていったのではないかと考えています。[*24]

その段階になると、古垣玲さんも言われているように、譜第族長として地名+公のかたちの「蝦夷」姓を持った人も、吉弥侯部などの姓をもつ「俘囚」の人びとと同様に、「俘囚」や「俘」といった呼称を姓名の上に付けて呼ばれるようになるのです。[*25]「蝦夷」と「俘囚」との身分差がなくなり、ともに胆沢・徳丹両城を拠点とする律令国家側の支配機構の中に取り込まれていくようになったことの反映ではないかと思われます。先ほども指摘しましたが、弘仁五年(八一四)十二月に嵯峨天皇が、「夷俘と号すること莫かるべし」という勅を発したことも、そうした現地蝦夷社会の政治動向と深く関連していることでしょう。

つまり、中央国家の側が「蝦夷」族長や「俘囚」有力者らを積極的に現地の官僚制支配機構の中に取り込み、彼らのやる気を起こさせて、国家の統制下においてコントロールしていこうとする政策方針を打ち出し、それに呼応するかたちで、蝦夷社会の大きな再編成が進行していったのではないか、と考えられるように思います。

しかしその先には、承和年間に「奥郡騒乱」というかたちで、現地支配体制の矛盾が顕在化し内紛を誘発するような事態もありました。徳丹城はこの事件の直前の承和元年(八三四)頃に廃止されたと推測され、内紛の終結後には鎮守府胆沢城一城だけの体制の下で陸奥国北半の支配体制が整備されていく動きがみられます。また、九世紀末~十世紀前期あたりになると、和我郡の族長である和我連氏や、「俘囚」有力者に出自をもつ吉弥侯豊本らが、鎮守府胆沢城の支配機構の内部に直接参入してきます。

以上のように、国家による支配体制と在地社会との緊密な緊張関係の中で、現地の政治はとても複雑な動き方をしているようです。

熊谷　和我連や吉弥侯豊本については、私もだいぶ前に同じようなことを述べたことがあります。*26 もう一つ付け加えるなら、勲位を持った俘囚が承和年間にかなり出てきます。律令国家側に付いて何かの戦闘に加わって、戦功を立てたのでしょうから、武力としても俘囚が使われるようになり、一方で在地支配に取り立てて、もしかしたら鎮守府の下級官人として登用することもあったでしょう。さらに武力が主体になっていって、その中でも俘囚が使われるような形になっていくのかな、というイメージです。

伊藤　俘囚の組織化は、在地社会と密接にリンクし始める状況ですね。敵だった蝦夷を在地社会でうまく使うことになりますが、新たな時代の社会再編について、鈴木さんはどう考えますか。

鈴木　征夷の結果、移配される蝦夷と、現地に残る蝦夷とがいます。移配蝦夷に対しては、禄や食料を与えるなど、優遇するかのような政策を国家側はとりますが、これは予想外の事態です。国家は当初、蝦夷を全国に移配すれば、行った先で落ち着くし、調庸も取れると、かなり楽観視していたようです。それが無理だと分かったのは、延暦十七年(七九八)で、大宰府の申請に基づいて、全国の俘囚の調庸を免除します。*27 延暦十三年の征夷で全国に移配された蝦夷たちが、理不尽な支配に抵抗を続けた結果だと思います。彼らの中には適応してうまくわたり歩くのもいるのですけど、大多数は貧困と差別に苦しんでいるのでしょう。国家としては彼らが生活できるように禄を与えたり、食料を与えたりしなければいけない。でも調庸は取れない状況が続くのです。夷俘の中から夷俘長を選び、夷俘専当国司を置いて、支配の安定化が図られますが、九世紀を通じて移配蝦夷の抵抗は続きます。

一方で、胆沢地域では新たな支配体制を構築していくのですけど、アテルイを失っていることは大きい。アテルイのカリスマ性は決して一朝一夕にはできません。アテルイが亡くなった後、そう簡単に代わりの人間はあらわれない。そもそも蝦夷社会は征夷と移配政策で破壊されています。新たな支配体制は、鎮守府のもと、国家主導で作っていくのでしょう。鎮守府やその周辺には、勲位・位階を持った蝦夷系の豪族や、姓からみて俘囚系・蝦夷系と思われる人たちが登場します。胆沢城跡から出土した「勘書生吉弥侯豊本」と「和我連□□進白五斗」という木簡はその証拠です。そのほか蝦夷訳語（通訳）として、斯波郡の豪族とみられる物部斯波連永野がいます。*28 史料に残るのはごく一部ですが、蝦夷系の住民に立脚して支配体制をつくっているのは、熊谷さんの指摘の通りでしょう。*29

伊藤　これも新たな城柵体制が生んだ一つの動きですね。

八木　たぶん徳丹城以後の動きとみていいのでしょう。志波城から徳丹城に移るというのは、地元の人たちの意識の違いがあるように感じられます。城内の住居の構造をみると、志波城をそれほど喜んで受け入れているわけではない。それに対して徳丹城の置かれた地域は、比較的受け入れているような違いがあります。志波城のまわりの人たちは、必ずしも協力的な人たちばかりではなかったと思います。

熊谷　それに比べて徳丹城のほうは、むしろ協力的だった？

八木　そう、だから、協力的な人たちを迎えることもあって、先行官衙を作ったのかもしれません。城柵のような大きな施設を造るわけだから、敵対関係があるとうまくいかないでしょう。志波城の南のエリアを抑えるための出先機関が徳丹城の先行官衙で、最終的には徳丹城に移転するのだと思うのです。

伊藤　志波城はやりづらかったのでしょうね。早々に志波城がダメになるのも、そのあたりの事情があったのでしょうね。

八木　現地の協力をもらわなければ、やっていけない状況になっていたと思いますよ。

(4) アテルイの処刑地

首塚伝承の裏事情

伊藤　アテルイ死後の胆沢・志波地域の状況が見え始めましたが、アングルを変えて都に下って処刑されたアテルイが、なぜ河内国で処刑されなければいけなかったのか、河内のどこに葬られたのかを考えてみましょう。事実関係を鈴木さんお願いします。

鈴木　アテルイの処刑地に関する記事は、『日本紀略』の延暦二十一年(八〇二)八月十三日条です(史料6)。その末尾に、「すなわち、両虜を捉へて、河内国杜山《もりやま》にて斬る」とありますが、国史大系本の「杜山」は、誤読だったことがわかっています。神英雄氏が『日本紀略』の写本を調査した結果、判明したことです。[*30] 国史大系本の底本は、宮内庁書陵部所蔵の久邇宮家旧蔵本です。それほど古い写本ではなく、江戸時代末期の書写です。

国史大系本が「杜山」と誤読した文字の写真を、図に示しました(図6)。「杜」と読んだのは木へんの文字で、つくりが土に点を打ったようにも見えますが、筆順がおかしいのです。神氏は「植」の崩し字とみるべきだろうと指摘されています。残りの写本には判読困難なものもありますが、概ね「植山」か「椙山《すぎやま》」です。

神氏の論文には、二四の写本を調査した結果が表になっていますけど、「杜山」は国史大系本だけです。神氏自身の見解は、「椙山」のほうがよいということですが、今泉隆雄先生は「植山」と「椙山」の優劣は付けられないと指摘しています。[*31]

植山・椙山の比定地は、いずれも枚方《ひらかた》市内にあります。枚方は河内の一番北です(図7)。現在の京都と大阪のあ

図6　『日本紀略』久邇宮家旧蔵本「植山」(宮内庁書陵部所蔵)

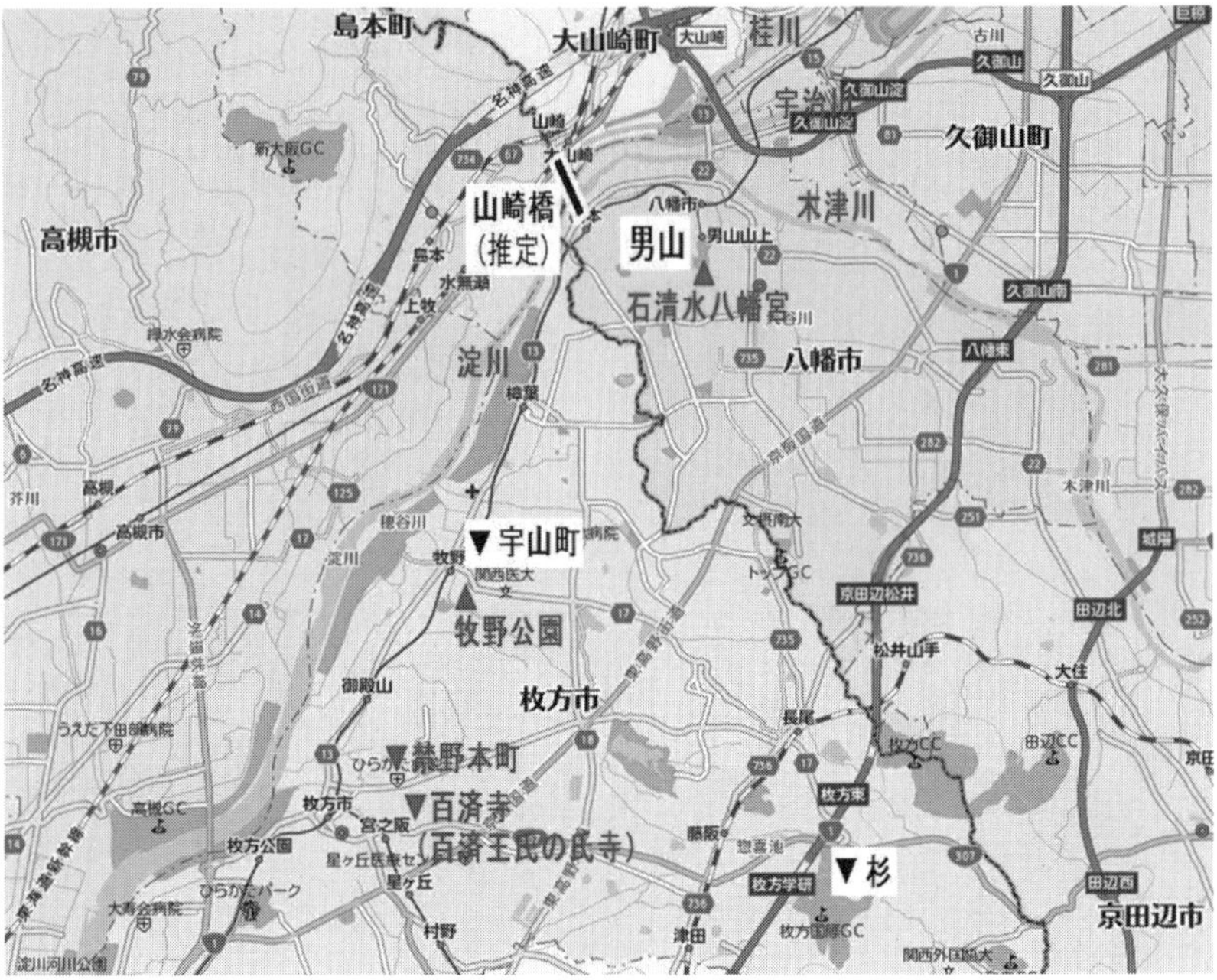

図7　アテルイ処刑地の諸説（宇山町・杉・男山）

いだくらいの場所です。

植山の比定地は枚方市北部の宇山町（旧交野《かたの》郡宇山村）です。宇山は江戸時代初期の元和元年（一六一五）ころまで、上山と書いていましたから、宇山の地名が、本来は植山であってもいいわけです。もう一つの椙山は、枚方市の東部にある杉という地名に比定されています（枚方市杉・旧交野郡杉村）。

宇山町の南、片埜《かたの》神社の裏にある公園には、アテルイの首塚と称する塚状の高まりがあります。写真3は二〇〇二年九月のものですが、ここがアテルイの墓だと言われ始めたのは一九七〇年代の末頃で、決して古い伝承ではありません。河北新報が、一九七九年三月二十五日に、アテルイの処刑地と墓が発見されたという記事を載せたので、広く知られるようになりました。この伝承が成立し、広まった経緯について、近年、馬部隆弘さんが明らかにしています[*32]。枚方市史に関わる仕事をされていた馬部さんが、伝承成立の事情を記した内部の文書を公開したのです。

一九九〇年五月のメモによると、その一〇年ほど前に、付近に住む女性の方から市史編さん室に電話があったそうです。その女性は、「夢に時々長い白髪で白いあご髭の人が地中から半身を乗り出して何かを訴えているのだが、むかしこの辺で何かありましたか」と言うのです。担当者がほぼ冗談として「むかし蝦夷の酋長が斬られた話がありますから、そんな関係でしょうか」と答えたそうです。すると後日、その女性は「きっとその酋長だと思う、きちんとお祀りしてあげなさい」と言ったそうです。担当者はむろん断ります。ところが、そのあと、この夢をみた女性は、独自に柵を立て、綱を張り、いわくありげに飾りたてた。最初は行政も一般市民も無視して

写真３　〝アテルイ首塚〟と称する高まり 2002 年 9 月

写真４　〝伝阿弖流為・母禮之塚〟に改造 2008 年 11 月

写真５　清水寺　阿弖流為・母禮之碑

いたのですけど、時間がたつにつれて、一種独特の雰囲気をかもしだしてきた。

樋口　この塚は、電話してきた女性が作ったのですか？

鈴木　もともとあった高まりを整備したのか、新たに作ったのかはわかりません。馬部さんが公開された資料によると、その女性は柵や綱を巡らして飾りたてたということです。

熊谷　でも、もともとは、なかったものなんでしょ。

鈴木　それ以前には、この地が特に意味のある場所と言われた形跡はなかったそうです。この状況だったら、まだ一部の市民が個人的におこなっていることなのですが、これが二〇〇七年に、急に立派になります。写真4は、二〇〇八年十一月に撮影したのですが、塚が改造され、立派な石碑が立っていました。碑文には「伝阿弖流為・母禮之塚」とあって、アテルイとモレの二人の塚になっています。

樋口　清水寺のものと似ていますね(写真5)。

鈴木　清水寺の石碑と同じく、清水寺の貫主が揮毫しています。岩手にもありますよね。

伊藤　羽黒山にありますね。

鈴木　碑石の裏側をみると、平成十九年(二〇〇七)三月四日建立とあって、「寄付者御芳名」によると、個人、枚方市役所関係、小中学校、幼稚園、大学、企業その他、多数の方々から寄付を募っています。私も東北の生まれですから、枚方のみなさんにここまでアテルイを大切にしていただけるのは、正直に言ってありがたいという気持ちもあります。ただ、学問にたずさわる立場としては、これをアテルイの墓の伝承地とみとめることはできません。

熊谷　ここまですると、ほほえましいでは、すまないね。

鈴木　二〇〇二年の写真に見える何も書いていない石もまだ立っています。それとは別の九〇度の方向に、石碑を新たに立てたのです。

樋口　石碑建立の中心となったのは、どなただったのですか？

鈴木　石碑の裏には「伝　阿弖流為・母禮之塚建立実行委員会」とあります。地元の有志の方々でしょう。アテルイの胴塚も、近くにあると言われているので、探したけどみつかりませんでした。宇山１号墳という古墳で、一九八八年に枚方市が発掘して、古墳時代後期の円墳であることが判明しています。

伊藤　いま現場はどうなっているのですか。

鈴木　マンション建設にともなって調査され、今は残っていないそうです。

熊谷　古墳時代の円墳があったところを、胴塚だと言ったただけですね。

鈴木　馬部さんによると、首塚とセットで生まれた話のようです。首塚・胴塚はこれくらいにして、一方の杉の地名ですが、枚方市東部の丘陵地にあります。現地ではとくに話題にはなっていません。そもそも枚方市内や交野郡内にアテルイの墓を探す必然性はないのです。植山と椙山に対応しそうな地名はあるけど、『日本紀略』の原文をみると、「河内国植山（椙山）」と書いてあるだけで、交野郡という限定がないのです。

熊谷　なんとなく、そっちのほうに目がいくよね。

鈴木　なぜ、こうなったかというと、おそらく桓武天皇と交野の関係が深いことがあるのでしょう。桓武天皇は鷹狩が大好きで、在位中に一二八回もやっていますが、最初のころは主に交野で狩りをしていました。鷹狩自体は本来、百済伝来の文化なのですが、交野に本拠をもっていたのは、桓武天皇が頼りにした百済王氏で、鷹狩に百済王氏が奉仕したこともあります。また、桓武天皇は延暦四・六年（七八五・七八七）の冬至に、郊祀《こうし》という中国風の儀式をおこなって、天帝と光仁天皇を祀っていますが、その場所も交野です。

熊谷　やっぱりアテルイの墓を交野にもっていくのは、桓武天皇のイメージなんだね。

鈴木　交野で鷹狩をするには禁野が必要で、『西宮記』には交野の禁野を百済王氏が管理する記載があり、いまでも枚方市に禁野本町《きんやほんまち》という地名があります。馬部さんは、宇山町あたりが交野の禁野に含まれると推定されることから、当地におけるアテルイの処刑と埋葬を否定しています。天皇の狩猟地である禁野は、穢れを極度に嫌うからです。

男山で公開処刑?

鈴木　ならば、どうみるかです。植山であれ椙山であれ、比定地は山ではありません。宇山町は平地、杉は丘陵地です。『日本紀略』には、植山・椙山とあって、村とか郷がつかない。要するに、山で結ぶ地名ではなくて、山そのものなのです。郡名を書かなくとも、みんながわかる山なのです。私は椙山か植山と思って河内の山を一生懸命探したのですけど、最近、新説が出てきました。男山です。後に石清水八幡宮が造られる男山です。この説を唱えたのは、西本昌弘さんです。*33

西本さんは、「杜」の字を「牡」の誤写だろうと推定されています。男山を「牡山《おとこやま》」と書く例として、『日本後紀』延暦十五年(七九六)九月一日条の「牡山の烽火《とぶひ》」があります。「杜」自体は「植」の誤読なのですが、字形は「牡」に近いといえば近いように見えます。さらに西本説が面白いのは、男山で人を斬った例があることです。延暦四年(七八五)の藤原種継暗殺事件で、実行犯の牡鹿木積麿《おしかのきつみまろ》らが処刑されますね。その場所は「山埼椅《やまざきばし》(山崎橋)の南の河の頭《ほとり》」です。*34 言い換えれば、男山なのです。

熊谷　だけど、山じゃないね。川のほとりだよね。

鈴木　淀川のほとりですが、山崎橋のすぐ南が男山です。男山なら誰でも知っている山だし、同じ桓武朝に男山のふもとで斬首した例があるのです。この西本説が一番新しい見解です。「杜山」自体があやしいのですけど、なかなかよく考えられています。

伊藤　河内国ではないですよね。

鈴木　河内国と山城国の境目です。男山の河内国側なら、結果的に交野郡です。山崎橋は、いまはありませんけど、行基が橋を架けて以来、何度か架橋がおこなわれました。ここは桂川・宇治川・木津川が集まる交通の要

写真6　大山崎から見た男山と淀川

衝で、長岡遷都以後は、南海道が山崎橋を通るようになります。ただ、橋を作っても流されるので、平安中期以後は、橋はありません。

樋口　そうすると、山のふもとというより、人の行き来があって、人の集まる場所なのですね。

鈴木　そうですね。橋がありますしね。しかも幹線ルート上ですからね。

樋口　市が立ってもおかしくないですね。やはり公開処刑の場なのでしょうか。

熊谷　ちなみにですけど、上山の「上」は仮名で書くと「うへ」ですよね。植は「うゑ」と書くから、江戸時代初めにそれをごっちゃにするというのは、ちょっと不自然じゃないの。

鈴木　江戸時代に発音上の区分がありますかね。

熊谷　平仮名で書いたときの書き方が違うのだから、区別しているでしょう。

鈴木　もちろん、上代では完璧に区分するでしょうけど。

熊谷　江戸時代にもやっているんじゃないの。

鈴木　耳で聞き取れるくらい、はっきり発音が違うのですかね。

熊谷　改めて聞かれると自信がなくなるけど、戦前の仮名遣いですら違うわけだから、江戸時代でも違うんじゃないの。だから、上山(宇山)を植山のことだというのは、そこがちょっと引っかかるね。

鈴木　結論からいうと、わからないというしかないのですが、男山説は魅力的ですね。

熊谷　男山で引っかかるのは、写本に「杜」という文字があれば良いけど、それがない、誤読だというのが引つかかります。誤読の字に近いので、そこが一番のネックです。

樋口　アテルイは閑静なところで、人目に付かないように処刑されたというイメージでしたけど、男山のふもとだと人目のたくさんある、市が立っているような場所で処刑されたことになりますね。

伊藤　私は最初からそう考えていたのです。公開処刑する必要があるでしょうからね。

熊谷　古代には処刑を市でやるくらいだからね。

樋口　平安京の市とあまり変わらないところでの最期だったということですね。

伊藤　平安京では、都が穢れるから市は避けないのですか。

鈴木　平安京の東・西市で処刑した例はありましたかね。*35

熊谷　どうかな。律令の規定ではそうなっていますけど。実例はないかな。

鈴木　平将門の首を斬った後、都に持っていきますね。その首を東の市で晒そうとするのですが、市の司が嫌がったという史料はあります。それで仕方なく市の外の木に懸けるのです。*36やはり、穢れは嫌われるのですね。

熊谷　でも首を市に持っていくのは、なにかそうした習慣があるということなのかな。

鈴木　習慣か律令の規定(獄令7決大辟条)を根拠にしているのでしょうね。

樋口　将門の時代には、死の穢れが嫌われていたのでしょう。

伊藤　アテルイの時代はどうだったんですか。

樋口　アテルイの時代は、まだそれほどではないと思います。市の司が拒む理由があるのかどうかも怪しいです。

伊藤　じゃあ、なんで?

樋口　そうですね。なぜ平安京の市ではなく、河内国なのか、理由がわからないですね。

伊藤　アテルイは、入京しますよね。入京して百済王氏に身柄を預けているのですかね。

鈴木　たしかに男山であれば、百済王氏の本拠地に近いですね。アテルイの処刑地と百済王氏との関係を想定する説もありますね[*37]。中国ならば本当に公開処刑です。市で処刑するというのは、中国から来ていますし、生きた捕虜を捕まえてきて市で殺すときにも、皇帝が殺していいという許可を出してから執行します。そうやって多くの人が見ている前で、戦勝をアピールするのです。アテルイの処刑についてはわかりませんが、目立つところで処刑したほうが政治的な効果はあったでしょう。

(5)　徳政相論と征夷の終焉

伊藤　アテルイの処刑地も、結局はよくわからないのですが、すでに話に出ています徳政相論と征夷の終焉に話題を変えましょう。事実関係から鈴木さん、お願いします。

鈴木　徳政相論を語るうえで必要なのは、延暦二十三年(八〇四)正月十九日に次の征夷の実施が表明されていることです。蝦夷を征するために坂東の六国と陸奥国に命じて、糒と米を用意させます。それが征夷の準備の始まりです。その直後、正月二十八日に田村麻呂を再度、征夷大将軍に任命し、副将軍三人、軍監八人、軍曹二四人を任命しています(以上、『日本後紀』)。桓武天皇としては、アテルイを処刑して、かつ胆沢城・志波城を作ったけれども、さらに北の方には広い土地と未服属の蝦夷がいますから、征夷を続行する理由はあったのだろうと思います。

ところがその後、全く動きがないのです。そもそものとき準備を命じた糒一万四三一五斛と米九六八五斛は、延暦十三年の糒二六万余斛に比べれば、一割にも満たない少ない量にすぎません。さらにいうと、延暦二十三年正月から徳政相論までの間、あるいは桓武が死ぬまでの間、『日本後紀』が全部残っているにもかかわらず、糒と米の運搬と将軍以下の任命以外に、征夷に関わる記事はないのです。

桓武は征夷をしようとしたけれども、その後、準備が進展しなかったということです。田村麻呂も征夷大将軍になっていますが、桓武の行幸や坂本親王の元服に立ち会って、都にいます。現地に行って準備に奔走した形跡はありません。

そしていよいよ、延暦二十四年(八〇五)十二月七日に徳政相論がおこなわれます。徳政相論の記事は『日本後紀』に収録されています。[*38] 桓武天皇が参議藤原緒嗣《おつぐ》と参議菅野真道《まみち》に命じて、「天下の徳政」を相論させます。徳政とは、民衆に対して恵みを与える、徳のある政治という意味です。

藤原緒嗣はこのとき三二歳、菅野真道は六五歳です。若い緒嗣はこう言います。「まさに今、天下の苦しむところは、軍事と造作となり。この両事を停むれば、百姓安んぜん」と。軍事が征夷、造作が都の造営です。征夷と造都をやめれば、民衆は安心して暮らせるだろうという主張です。これに対して、菅野真道は、異議を唱えて譲らなかったのですが、結局、桓武天皇は緒嗣の意見を採用して、二つの事業の停止を決定します。有識者で、これを聞いて感動しないものはいなかった、と『日本後紀』は結んでいます。

これが徳政相論です。これ自体が真剣勝負だったのか、あらかじめ筋書きのある芝居であったのかは、以前から議論があります。近年では桓武天皇の伝記を書いた井上満郎氏が真剣勝負とみています。[*39]

真剣勝負だという人は、みんな桓武と緒嗣を褒めます。たとえば緒嗣に対しては、若いのに民衆のことを思って渾身の抗議をしたのは素晴らしいと称賛します。桓武を褒める人も多いですね。井上氏もそうです。自分の治世を否定するに等しい意見を受け入れた桓武の度量は並々ならぬものであったと。真剣勝負とみる人には、緒嗣が征夷と造都に反対する官人たちの後押しを受けて言ったのだ、と解釈する人もいます。

一方、筋書きがあったという説は、村井康彦氏が早くから主張しています。[*40] 私はこれが正しいと思っています。なぜかというと、同じ十二月七日に、衛士《えじ》・仕丁《しちょう》の削減、隼人司の隼人の削減、調庸の品目の変更など、一一項目にわたる負担軽減策が認可され、徳政相論はそれに続いておこなわれているからです。しかも一一項目の負担軽減策は、民衆の負担を軽減せよという桓武天皇の綸旨を受けて公卿が策定し、十一月十日に太政官奏として桓武に提出しているのです。そのうちの二件が『類聚三代格』に残っています。[41]これらの負担軽減策を、桓武が一括して許可したのが十二月七日です。桓武の指示で負担軽減策を定めているので、それに続く徳政相論も筋書きがあったとみるべきです。真剣勝負のわけがないのです。[42]

なぜ、桓武天皇はそんな判断をしたのかです。一つは、征夷を続けると決めたのだけども、一向に進行しないという状況を前にして、民衆の疲弊と国家財政の窮乏が限界に達していることを認識したのだろうと思います。この状況判断には、桓武の信頼が厚い田村麻呂も関わっていたと想像しています。田村麻呂は現地をよく知っていますので、征夷は不可能である、あるいは続行の必要はないと言った可能性はあるだろうと思うのです。

それに加えて、桓武天皇本人の健康問題があります。桓武天皇は、徳政相論の一年前、延暦二十三年(八〇四)の年末に六八歳で病気にかかり、それからほぼ政治ができない状態になってしまうのです。桓武天皇はすでに自分の母親と后妃三人を亡くしており、息子の安殿親王も精神を病んでいます。これらの原因が早良親王の祟りだと考えていた桓武は、今度は自分の番かと思ったことでしょう。

桓武天皇が七〇歳の生涯を閉じるのは、徳政相論の三か月後、大同元年(八〇六)三月十七日です。延暦四年(七八五)の種継事件の関係者の名誉回復と、早良親王の供養を遺言して亡くなっています。死ぬ間際まで早良親王の祟りを気に病んでいたのです。

『日本後紀』は、桓武天皇の埋葬記事に続けて、評伝を載せています。[43]「内に興作を事とし、外に夷狄を攘《はら》う。当年の費えといえども、後世の頼りなり」という有名な文章です。これは桓武朝の征夷と造都の歴史的意義を、国家の立場から述べたものです。

熊谷　事実関係として、どのようにして徳政相論に至って、征夷が終わったのかという話でしたが、焦点は、徳政相論にはシナリオがあって、桓武主導のもとに征夷を終結させるために開かれた議だったということ。それがまず、はっきりわかると思うのです。そうなると、桓武がいつ、どういう理由で征夷を終結させようと考えるようになったのか。ということが当然、問題になってきます。

少なくとも延暦二十三年正月の段階には、まだ征夷の準備をして、征夷大将軍を任命しているくらいだから、このときまだ征夷をやめるという決断はしていない。その年の十二月に桓武が病気にかかっているので、鈴木さんの考えでは、この病気が一つの引き金になったのではないか、ということでしょうか。

鈴木　もちろん、状況認識があって、プラス病気ですね。

熊谷　最後の追い討ちなのかな。もちろん、これまで何回も戦ってきて、国家財政をひっ迫させ、東国や陸奥を非常に疲弊させたのは、当然、桓武もわかっていた。このまま続けるわけにはいかないという気持ちにだんだんなって、病気にもなって、最終的におそらく延暦二十四年(八〇五)になってから、征夷を終わりにしようと決断したと考えられる、ということですね。私も異存ありません。

ガチの勝負かヤラセの芝居か

鈴木　大事なことを言い忘れました。なぜ、自ら止めると言えば済むことを、わざわざ芝居に仕立てたかです。佐藤宗諄氏が指摘していますが、『貞観政要』という唐の二代皇帝太宗と臣下との問答集があり、桓武はこれを意識していたのではないかというのです。中国では、臣下の諫めを聞くのは、名君の証であるとされているからです。[*44]

桓武は、老齢の真道には以前からの方針を言わせ、若い緒嗣には民衆の現状をよく理解した上での良心的な意見を言わせるという芝居をやらせます。そして、最終的に若い緒嗣の良心的な意見を採用することによって、臣下の意見に耳を傾け、民衆の苦しみに理解を示す中国的な名君を演じたのだろうと思うのです。そして注目されるのは、徳政相論の記事の最後に、「有識これを聞きて、感歎せざるはなし」という一文が入っていることです。

熊谷　確かに入っているね。

鈴木　これが大事です。こういう芝居をうったからこそ、みんなが感動するのです。私が面白いと思うのは、徳政相論がガチンコの真剣勝負であって、桓武天皇が自分の治世を否定するような意見を受け入れたのは素晴らしい、という歴史家が今でもたくさんいることです。まさに『日本後紀』の「有識これを聞きて、感歎せざるはなし」という一文が、現在でも生き続けているのですよ。

熊谷　みんなのせられちゃったんだね。

鈴木　そう、のせられているのです。それくらい桓武という人は、人を担いでのせるのがうまい人なのですよ。

樋口　徳政相論にはある程度のシナリオがあったとは思いますが、真剣勝負か否かという問題で少し気になるのは、桓武が病気で、財政難や怨霊への恐怖もあって、さまざまなことに気を病んで、気弱になって追い詰められた結果、王としての権威を温存させるために、姑息な芝居を仕組んだというようには、やはり考えにくいところがあります。

一つには、真道と緒嗣が当時を代表する「歴史家」であることが気になります。真道は『続日本紀』の中心的な編者の一人、緒嗣は後の『日本後紀』の中心的な編者になる人物です。中国風の学問素養も豊富にあり、後世に歴史を書き残す立場となる二人に、桓武本人の面前で互いに意見を戦わせる。ここまでの設えは、単なる演出のためとか、自分は気弱で言えないけど中国の政治思想に乗っかって、少しでも格好つけて征夷を止めるというような姑息な芝居と見るよりは、素直に桓武本人の見識によるものだったと考えるほうがよいように思うのです。

衰えたりとはいえ、王者の風格を私は感じます。敗北を認めたことにはなるにしても、果たして桓武天皇がそれまでの自分自身を全否定したのかといえば、私は決してそうではないような気がします。

熊谷　鈴木さんは全否定したなんてまったく言ってないでしょ。

樋口　桓武天皇が、自らの人生の最後の締めくくりとして徳政相論をおこなって、死に赴く前に天皇として自分がおこなってきたことを客観化して見つめ直し、自らの治世に幕を下ろしたというのは、帝王としての引き際として、やはりとても賢明なところがあると思います。決して姑息な政治的演出とは言い切れないように感じています。

鈴木　だから、演出・芝居をやって終わらせるだけでなくて、みんながそれに感動したところが大事なのですよ。

樋口　「のせられた」のではなく、みんな素直に感動したんだと思いますよ。私もその場にいたらそれなりに感動したでしょう。

鈴木　だからやはり、人をして感動させるように仕向けるのが桓武なんですよ。

樋口　やはりそれだけの器はあったのですよ。

鈴木　それはその通りでしょう。

熊谷　なにも安っぽい「ヤラセの芝居」だと言っているわけじゃないでしょ。どうも鈴木説を曲解してるね。

樋口　どこが曲解ですか。鈴木さんのおっしゃり方には、「ヤラセの芝居」とか、「担いでのせる」とか、あたかも桓武の姑息な作為的演出がこの出来事の本質であったかのような印象を与えてしまうところが多分にあるように思えます。桓武天皇という一人の人間の人生に対して、もっと寄り添って考える視点も必要なのではないでしょうか。

鈴木　芝居であることは確かですからね。

樋口　でも、「歴史家」としての素養の豊富な二人に議論をさせたというのには、少なくとも鈴木さんのいわれる「ガチンコ勝負」の一面があったと考えるべきであると思います。ただその際に、桓武自身が概ね結論を準備していたという可能性は、大いにありえることだとは思いますが。

支配者・為政者の悪政や失態をことさらにあげつらい

糾弾することが、あたかも民衆の立場に寄り添った民主主義的・進歩的な歴史研究であるかのように考える傾向は現在でも一部に残っているようですが、私はそうした考え方には学問的方法論として大きな問題があるように思っています。決して鈴木さんのご見解への批判というわけではありませんが。

鈴木　私は政治的演出をおこなうことが姑息だとは思いません。むしろ、すぐれた政治的能力があるからこそ、みんなを納得させ、感動させるような幕引きができたのだと思います。とにかく、樋口さんはガチンコ勝負だという説ですね。桓武はだいたいの結論を用意していたけれども、ガチンコ勝負だとみるのですね。

樋口　「政治的演出を姑息とは思わない」とおっしゃいましたが、それなら「ヤラセの芝居」や「担いでのせる」は、やはり言いすぎでしょうね。

私の立場はといえば、あるいは「ガチンコ勝負」説に近いのかもしれません。

鈴木　いまの話に付け足すと、ガチンコ勝負の可能性も皆無ではないのです。ただ、結論ありきだというのは、十一月十日に出ている太政官奏から明らかです。

樋口　そうですか。

鈴木　藤原緒嗣は、光仁・桓武天皇の擁立に功績があった藤原百川の息子です。一方の菅野真道は百済系の渡来人で、延暦二十四年正月に病床の桓武の指名を受けて参議になっています。二人とも桓武に非常に近い人です。桓武がシナリオを描いて、こうしなさいと仕向けて徳政相論をやらせたとすれば、二人は役者として適任であるのは確かですね。一方、もしガチンコ勝負とすれば、私はないと思っていますけど、この人はこう言うだろうと桓武が予想して相論させた、という可能性も皆無ではありません。

(6)　アテルイの死の意味

移民・軋轢と蝦夷社会

伊藤　芝居にしろ真剣勝負にしろ、征夷と造都の中止は桓武の意向であったことは動かないようですね。最後に「アテルイの死の意味」を考えたいと思います。蝦夷にとって律令制とは何だったのか、律令国家にとって蝦夷問題とは何だったのか、という問題も含めてご意見をうかがいたいと思います。八木さんからお願いします。

八木　考古学的に蝦夷社会を大きく分けると、南と北に分かれると思うのです。仙台平野・大崎平野のあたりと、栗原から北です。それらを南の蝦夷社会・北の蝦夷社会と仮に名づけるとすれば、それぞれ別の出発点があったのだと思います。南の社会は六世紀代に入ると集落が減って、前方後円墳が造られなくなり、有力層が衰退して地域の支配が弱体化する傾向がみえます。そのために、ヤマト王権に調賦という強制的な貢ぎ物を納められなくなってしまい、ヤマト王権との結びつきが次第に弱くなっていきます。

その結果、南の有力者は国造に任命されることもなくなり、そして国境が設定され、その外側が蝦夷の地域というう位置づけができあがります。ここではじめて蝦夷概念が成立してくるのです。東北地方には昔から人びとが暮らしていたわけですが、蝦夷という位置づけを国家が明確にしたのがこの時期です。

その後、仙台平野と大崎平野には東国からの移民がどんどん入ってきます。国境を策定したことで、当時の新たな政治課題として、北への進出が始まったのではないかと思います。

仙台平野と大崎平野への移民が進んでいくと、地域の人びとが溝や柵で囲まれた中に移住させられ、取り込まれるようになってくるのです。そうなると、今までの在地集落が変貌させられることになる。そこに軋轢がどんどん生じてくる。この軋轢が蝦夷の反乱に結びつくことになる。八世紀後半により顕著に、また北上盆地などにひろがってきます。

蝦夷側は望んで反乱したわけではないのです。自らの生活や土地を守るために立ち上がったというのは、蝦夷側の立場からよくいわれていることだと思います。一九九七年ですからかなり前になりますが、大阪の近つ飛鳥博物館で『あつれき』と『交流』という展示と講演会がありました。東北の私たちの報告が軋轢よりも交流面を前面に出したものですから、当時の大庭脩館長が最後に「もっと軋轢は見えないのか」と言われました。

考えてみれば、軋轢を生む状況は、移民などによって当然起こっていたはずです。東北から都へもたらされた品々の全てが交流や交易の結果だとするポジティブな評価ではなく、移民との軋轢が当然あったことをもっと評価すべきだと思うのです。

一方、北部の蝦夷社会には、そうした動きは最初はなかったのですね。おそらく、南部での動きによって社会の流動化が生じて、間接的な影響を受けたのか、あるいは全部が全部移住者ではないでしょうけど、直接に何人かがやってきて、いろいろなインパクトを与える。その結果、これまでの生活が変わっていく要因になった可能性が考えられます。

もちろん、気候の問題もあります。それまでは寒冷期で農耕もおこなわれなかったし、定住もできなかった社会でした。温暖化により定住と農耕社会へと移ることができた。そこへ外からのインパクトが加わって、北部の蝦夷社会に古代集落が形成されるようになったのでしょう。胆沢地方は四〜五世紀から継続して集落がありますから、必ずしもそうとはいえないのですが、八戸などほかの地域で新たな古代集落が成立する。さらには末期古墳が造られ始め、独自の社会が生まれてくる。それが東北北部全体にも普及していったと考えています。

このように、外的なインパクトがあるにしても、その主体者は誰かというと、地元の人間です。松本建速さんが言うように、*45 全面的な移民による社会変化だとみるのは考えにくい。

鈴木 そうでしょうね。

八木 一方、伊治城では多数の移民がありました。胆沢城でもそうです。城柵造営が北に向かって進められ、それとともに移民がおこなわれ、地域社会も大きな変容を遂げざるを得なくなった場合もあったのです。

ところで、アテルイ以後の問題になりますけど、国家側がいろいろな政策を進めるには、地域の協力が必要になってくる。城柵経営には地元の協力が不可欠です。そのために国家側はいろいろな手を尽くすのだと思いますが、それによって蝦夷社会の内的な発展・変化につながっていった。それらがまた城柵や国家側にも影響を与えるようになっていく。

蝦夷は自らが攻めるのではなくて、国家側から攻められて、あるいは軋轢となる要因を受けて、それに立ち向かっていったのですね。蝦夷独自の内的な部分と、外的な要因がぶつかりあって蝦夷社会はどんどん変容・発展を遂げていったのではないかと思います。その流れの中での大きなエポックがアテルイの時期だろうと思います。

伊藤　ありがとうございます。考古学では八木さんが言ったように内的な状況を分析する向きがあって、そこに外的なインパクトがあるのだろうというとらえ方ですね。文献の立場をお聞きしたいのですが、律令国家にとっての蝦夷問題は何かというのは、夷狄を征伐・征服する、天皇の徳を知らしめるといった辺境支配のありようが指摘されています。それらも含めてアテルイの死の意味をどう考えるか、樋口さんからお願いします。

蝦夷への目線

樋口　アテルイは田村麻呂より年長で、降伏時には六〇歳代くらいが上限だろうと考えられますが、すると彼は神亀二年(七二五)から宝亀四年(七七三)までの五〇年間近くにおよぶ戦いのない時代のうちに生まれたことになります。アテルイとともに戦った蝦夷軍の族長たちも多くは同じくらいの年配で、今の私たちと同じく「戦後世代」・「戦争を知らない世代」だったと言っていいでしょう。養老四年(七二〇)や神亀元年(七二四)の戦いのときには、まだ生まれていない。とはいっても、蝦夷社会内部での小規模な戦闘や内紛を全く知らなかったわけではないかもしれませんから、戦争とはいっさい無縁だったとまではいえないかもしれませんが、少なくとも国家との関係においては、基本的に平和な時代に生まれ育った人びとでした。そうした彼らが、あるとき自分たちの意志とは関わりなく、否応なしに厳しい戦乱の時代に生きることを余儀なくされました。アテルイら当時の蝦夷たちの多くが、そのような自らの非運と悪戦苦闘しながら、戦争体験を重ねつつ必死に人生を生きていった人たちであったことを、まずはしっかり認識しておきたいと思います。

アテルイの死の意味についてですが、彼は国家に対して決して最初から敵愾心を持っていたわけではないと思います。先ほどアテルイの降伏について議論がなされた際に、アテルイと田村麻呂との間に信頼関係が生じていたという話も出ましたが、その際にも指摘しましたように、アテルイと田村麻呂の間で共有されていた最大の一致点は、早期の停戦・和平であったと考えられます。

アテルイと田村麻呂の和平協議が成った後、田村麻呂による助命嘆願もむなしく、結局アテルイとモレは斬刑に処され世を去ってしまいますが、しかしもちろん二人がただの犬死だったわけではありません。先にも述べましたように、アテルイは自らの生命を代償に差し出すことで、真の平和を恢復し蝦夷社会の仲間を救おうとしたのであり、またその結果として、停戦後に蝦夷系の人びとの政治的・社会的地位は大きく向上し、現地社会に対する国家側の政策も穏健なものになっていきました。すなわち、アテルイや蝦夷社会の人びとによる辛抱強い戦いこそが、征夷の終焉や平和の恢復を達成するうえでとても大きな力になったのだ、と私は考えています。

これまでは、国家がマイノリティーである蝦夷を征夷によって圧倒し、戦いに勝った国家が敗れた蝦夷の地を完全に占領支配したというようなとらえ方でした。蝦夷は弱小な勢力にすぎず、国家に無惨にも叩き潰されてしまった敗者だというイメージを懐いている人が、世間でもかなり多いようです。しかし私は、蝦夷はそれほど弱い集団ではなく、アテルイや蝦夷たちの懸命の奮闘が征夷の終焉、平和の恢復の実現に大きく貢献したことを、きちんと見極め、正しく評価する必要があると思います。

現在の通説は、征夷の停止の要因を主に国家側の事情、具体的には征夷のための軍事力や財源を負担していた坂東諸国の疲弊などに求めていますが、それは少々一面的な説明ではないでしょうか。もちろん、そうした説明でも蝦夷側の果たした役割を全然評価していないわけではなく、国家をそこまで追い込むほど蝦夷が善戦したということはそれなりに認識されているようですが、やはり征夷の終焉、平和の恢復において蝦夷が果たした役割をもっと重視しなければなりません。それは、古代日本列島の歴史を再構築するうえでも、必要な視点です。アテルイは自分の死をもって、征夷の終焉、平和の恢復に向けての大きな歴史の流れの道筋をつけた。もちろん、アテルイとともに戦った蝦夷社会の人びとみんなの力によるのですけど、アテルイという一人の人物のもとにそれらの力が結集されることで、蝦夷社会の側がこの時代の歴史に多大な影響力をおよぼしたのだと思います。

そうした蝦夷の地に発する「歴史を根底から動かす力」は、アテルイの死から三年後の徳政相論にも反映されていますし、さらにはその後の国家側の対蝦夷政策・東北政策の動向にも大きく影響しているのです。そして、その一つの帰結が、弘仁五年(八一四)に発された「夷俘と号すること莫かるべし」という嵯峨天皇の勅なのでしょう。

鈴木　樋口さんの話は、私も共感できる点が多々あります。蝦夷は、国家側の圧倒的な軍事力に対抗しながらも、最終的に屈服したことは事実ですが、それで括ってしまったのでは、歴史の理解としては浅薄です。アテルイは自らの死によって、徳政相論ないしは征夷の終焉をもたらし、大多数の蝦夷を救ったというのは、確かだと思います。延暦二十三年(八〇四)正月まで桓武は征夷を続ける気だったけど、その桓武が現実の大変さを理解して、征夷を中止してもよいと思いたった理由は、やはりアテルイの死なんでしょうね。

やはりアテルイが死んでいることに、桓武は最終的に満足できたのだろうと思います。桓武は二回の遷都と三回の征夷をおこなった天皇で、豪快なイメージが強いのですが、ものすごく神経質で、彼がいかに早良親王の祟りを恐れたかは、すでに述べた通りです。桓武が祟りを恐れるのは、自分が相手に対して不当にも死に追いやったという負い目があるからですが、なぜかアテルイの霊を一向に怖がっていないのです。

熊谷　不当に殺したとは思っていないからでしょう。

鈴木　そうです。桓武にとって征夷は正しいことなのです。その征夷に刃向ったアテルイは、いかに自分たちを守るためであろうとも、処刑されて当然という意識が桓武にはあります。一方、坂上田村麻呂はどうだったのでしょうか。アテルイやモレを地元に返して、新しい支配体制を作ろうと主張した人物ですから、桓武とはやはり考え方が違っていたのだと思います。

蝦夷と民族問題

熊谷　アテルイの死の意味については、樋口さんと鈴木さんの話に新しい視点で付け加えるのは難しいので、八木さんが言われた軋轢と交流、蝦夷にとって律令国家とはどんな存在だったのかといった問題について、今考えているところを話したいと思います。

そもそも蝦夷というのは、民族名ではありません。あくまで中央政府・ヤマト王権が「お前たちは蝦夷なんだ」と名づけたラベルなのです。一定のラインの北側、具体的には国造制の支配が及んでいないところに住んでいた人たちを「蝦夷」と呼ぶようになった。そこから始まるのです。時期的には六世紀くらいと考えています。

最近の蝦夷論といえば、工藤雅樹さんの論[*46]が有名で、いわゆるアイヌ説と辺民説(非アイヌ説)の二つを統合するような方向で考えるべきだということを言われていて、私も共感できるところです。その一方で、注目すべき研究もあります。考古学者の藤沢敦さんが蝦夷論の論文をいくつも書いていて[*47]、近年の民族理論を踏まえた議論をしています。非常に考えさせられる内容です。

藤沢さんによると、人類学や社会学という民族を専門に研究する分野では、一九六〇年代以降、民族論が大きく転換するというのです。以前の民族論は、言葉や肌の色、文化といったものを民族の客観的基準とし、それらによって民族を固定的で客観的な実態をもった存在としてとらえ、長期間にわたって存続するようなものととらえていました。これはいまでも常識的な民族論としてあると思います。ところが一九六〇年代以降の潮流によって、そうした民族論が完全に過去のものとなってしまいます。

では、どんな民族論が出てきたのか。民族というのは、客観的・実態的な存在ではなく、他の人間集団との接触と相互関係によって、それこそ軋轢と交流の中で「われわれ」と「かれら」という意識が境界領域から生まれてくる。そのような特定の状況から生み出される同類意識によって民族は形作られるというのです。

近年の民族紛争をみてもそうですね。旧ユーゴスラビアなどは典型です。ついこの間まで近所づきあいしていたり、嫁さんをもらったり、ごく普通の関係であった人たち同士に軋轢が生まれ、ある段階から「われわれ」と「かれら」になって、お互いに戦うことになっていくわけです。

民族は状況によって生み出されてくるもので、状況が変われば流動的に変動する。固定したものではなく、関数なんだとする見方が現在の人類学や社会学の主流のようです。藤沢さんはそうした議論を踏まえて、蝦夷論を立論しています。藤沢さんは客観的な指標として宗教や文化、言語、自意識といったもので民族を考えることはできない、客観主義的なアプローチ自体が間違っているのだと主張します。重要なのは境界の問題であって、蝦夷と言われる人たちが住んでいるところと、そうではないところの間に境界線が引かれていても、文化の違いはその境界線とはかぶらない。境界が変われば文化が変わるわけではないから、客観主義的なアプローチは駄目なのだと藤沢さんは言っているのです。

藤沢さんは考古学者なので境界に着目して遺物から議論しようとするのですが、なかなか難しくて、まだこれからだと思うのです。ただ問題提起としては、非常に重要だと思います。

話が長くなるので結論だけかいつまんで言います。私は藤沢さんの問題提起は非常に重要だけど、客観主義的なアプローチ自体を否定するのは極論にすぎると思うのです。言語の違いや文化の違い、たとえば続縄文文化と古墳文化という言い方がありますが、ある時期、岩手や秋田の地域が両文化の境界領域だとする共通認識はあると思うのです。こうした文化が状況次第によって、特に文献に「夷語」と出てくる言語が重要だと考えていますけど、「われわれ」「かれら」という類別意識を持つことが引き金になって、民族意識をそれぞれ持つようになってくるのは、大いにあり得るし、現にあったのではないかと思うのです。

抽象的な話になってしまいました。少し具体的な話で、蝦夷にとって律令国家がどんな存在かという問題に立ち返りたいのですけど、律令国家という存在が自分たちの目の前に出現してきて、否応なしに律令国家の支配を受けるようになっていくのは、当然、「われわれ」意識を、少なくとも境界に近いところに住んでいる蝦夷たちに芽生えさせる重要なきっかけになったと思うのです。

それに加えて重要だと思うのは、移民の問題です。移民は蝦夷にとって全く新しい存在で、自分たちの世界に侵入してきたよそ者です。自分たちの意志に関わりなく、国家の政策として移民が送り込まれてくる。大ざっぱに言うと大化以降に始まって、八世紀に入ると反乱も起こるようになる。とくに三十八年戦争という長期戦も起こる。もちろん、全て移民が直接の原因だとは言えません。けれども移民の存在は重要な原因であることは間違いない。そうすると、承和の騒乱が典型ですけど、民と夷の間に軋轢が生まれる。いつもそうだとは決して言えないと思うのです。状況次第です。たとえば飢饉になったときや、どこかでトラブルが起こると、それが引き金になって「おれたち」と「あいつら」となって、その間でいろいろな騒動が起こります。事実、大量の民・百姓が逃げだすという記事も八四〇年(承和七)の庚申の年に出てきます。*48

蝦夷論も近年の民族論を踏まえて、もう一回、構築しなおす必要があると考えていて、チャレンジもしてみました。*49 そのなかから蝦夷にとっての律令国家を考えていく必要がある。樋口さんが蝦夷は決して敗北者ではなくて、もっと積極的にとらえるべきだと言いましたけど、私もその通りだと思います。軋轢もありながら、一方で交流もあるわけで、その中から蝦夷社会の中に独自の新しい文化が生み出されてくるのだと思うのです。

国家が介在して蝦夷たちの意志に関わらないことがいろいろ起こる。移民は送り込まれるし、行きたくもないのに九州まで飛ばされたりもする。その飛ばされた先でまた紛争が起こることが記録に出てきます。そうしたところに国家がまさに介在しているわけで、国家の介在によるさまざまな軋轢もありながら、そのなかで自分たちの社会とか文化などをどんどん作り直して、たくましく、変革していくという形で、蝦夷をとらえていったら良いのかなと考えています。

八木 軋轢はあくまで、国家側が動いたことによって生じてくる。

熊谷 そうです。基本的にはね。たとえば、王臣家の使者などが来て馬などを買いあさるということが史料に出てきますが、蝦夷は国家側を引きよせるだけのものを持っていたこともあると思うのです。何もなければ国家は動きませんからね。

(7) 蝦夷・隼人と華夷思想

伊藤 もうそろそろ時間ですけど、国家はなぜ「蝦夷」のラベルを貼って東北に介入してくるのでしょうか。

鈴木 日本の古代国家が蝦夷・隼人を夷狄として設定したのは、列島の周縁部に直接支配できていない人民をとりのこしている状況を隠蔽し、逆にそれを利用して「帝国」の構造を作り上げるためと言われています。[*50] そのため彼らは、征討や城柵の設置、移民政策など、国家による支配拡大政策の対象となるとともに、中華思想に基づいて朝貢や儀式への参加を要求され、天皇の徳の高さと拡がりを表現する役割を担わされます。

この二つの関係は、矛盾するようにも見えますが、「王化」(君主の徳化)の論理で結び付いています。遠方から朝貢する夷狄は「王化」を慕って王宮に詣でる異民族と見なされ、征討も未だ「王化」の及ばない異民族にそれを及ぼす行為として正当化されました。国家側がいかに征夷を正当化しようとも、その目的は支配領域の拡大であり、蝦夷にとっては一方的な侵略行為にほかなりません。

支配領域の拡大は、城柵を設置して柵戸を移住させ、新たな郡を置くことによって進められますが、それが蝦夷の抵抗によって困難な場合に、征夷がおこなわれます。北上盆地では桓武朝に三回、光仁朝を含めれば四回の征夷を経て胆沢城・志波城が置かれます。これほど征夷が繰り返された地域はほかにありません。

一方、蝦夷は上京朝貢もおこなっていました。八世紀には毎年正月におこなわれる元日朝賀に組み込まれ、その後におこなわれる正月節会にも参加します。これに対して隼人の朝貢は、六年一回の在京勤務の交替にともなうもので、隼人はそのまま六年間在京して、儀式や行幸で吠声を発して邪霊を払い、王権を守護する役割を果たしました。

征夷が繰り返された光仁・桓武朝は、夷狄のあり方が大きく変化する時期でもありました。宝亀五年(七七四)七月に三十八年戦争が開始されますが、その年の正月に蝦夷の上京朝貢が停止されます。そして三十八年戦争を経て、北方に未服の蝦夷とその居住地域を残しながらも、支配拡大策が終わります。一方、隼人の朝貢は、延暦二十年(八〇一)に停止が決定されますが、これはその前年に大隅・薩摩両国で班田制が施行されて隼人が消滅した結果であると考えられています。*51 これ以後の隼人は、畿内近国に移配された者だけが残り、引き続き王権に奉仕することを求められます。

上京朝貢を停止した宝亀五年正月の段階で、同年七月の征夷の全面的な展開を予想していたかどうかはわかりませんが、三十八年戦争の期間、蝦夷が朝廷での儀式に参加しなかったことは事実です。延暦十一年(七九二)十一月に爾散南公・宇漢米公が長岡宮朝堂院に入って服属を誓約した例はありますが、宮廷儀礼への参加ではありません。宝亀九〜十年(七七八〜九)に唐から使者が来たとき、わざわざ陸奥・出羽に命じて蝦夷二〇人を連れてきて、平城京の羅城門の前で唐使を迎接させています。[*52]これは斉明朝の遣唐使が蝦夷を唐に連れて行って、天皇が蝦夷の朝貢を受ける有徳の君主であることを主張しているので、[*53]唐の使者の前では蝦夷の入朝が続いているふりをする必要があったのだろうと考えています。

伊藤　蝦夷の格好をさせていたのでしょうか。

鈴木　斉明朝の例から想像すると、ひげが長いとか、夷狄的な要素を含んだ格好をさせたのでしょうね。これらの例外を除けば、宝亀五年以降、征夷の終焉まで、都の人びとは蝦夷を見る機会がないのです。蝦夷が朝廷の儀礼に再び参加するのは弘仁三年(八一二)からで、朝賀ではなく節会に参加します。弘仁三年というのは、征夷が終結した翌年です。

節会に参加する蝦夷は、東北からは来ていません。播磨など畿内近国に移配した夷俘を節会に参加させています。この評価は微妙で、私は、もともと東北から蝦夷が来て儀式に参加しているので、その変質した形態として畿内近国にいる蝦夷を節会に参加させて、王権を飾る役割を担わせたと考えています。熊谷さんは違う考え方ですよね。

熊谷　違います。

伊藤　隼人や蝦夷を畿内近国に住まわせているのですね。

鈴木　深い理由は熊谷さんが説明してくださいますけど、現象面では畿内近国に移住して南九州や東北と無縁になってしまった人たちが都に入ってきます。本来の支配拡大政策が終わった後、辺境から切り離された状態の人びとが、夷狄として王権を荘厳する役割を担わされているのです。辺境への支配拡大政策は九世紀初頭、アテルイの死後ほどなくして終わります。しかし、天皇・王権というのは夷狄の朝貢を受ける有徳の君主でありたいという発想を残すのではないかと思うのです。でも熊谷さんは違うんですよね。

熊谷　およその流れはその通りだと思うのですが、たとえば蝦夷と隼人では、中央政府側の接し方がかなり違っていて、隼人はあくまで呪力です。邪気を祓うという機能を一番重んじていて、隼人は列島の一番南という点で言えば、中華思想と無縁ではないのだけど、平安時代に入ってなおかつ朝貢が終わっても、儀式に隼人が出るのは、基本的には朝廷の儀式で隼人の呪力が必要とされた。その面からとらえられるのではないかと。

蝦夷は、今泉さんが明確に言っているのですが、[*54]奈良時代の上京朝貢は、一つの例外を除いて、正月元旦の朝賀に出るのが目的だったことがはっきりしています。朝賀に出てから正月の節会にいくつか出ることもあるけど、どの節会に出るかは決まっていなくて、節会はついでに出ているだけです。でも、朝賀は原則必ず出るという形です。

朝賀は正月元旦に天皇が大極殿に出御して、臣下が朝堂院に並んで、新羅や渤海使の使節も蝦夷も一緒に参列して、一斉に天皇に拝礼するのです。中華思想を目に見える形で表現しようとしたと思うのです。

征夷が終わって蝦夷が朝廷の節会に出るようになるのですが、朝賀には出ないのです。八世紀の中華思想と結びついた儀礼だったはずの朝賀にも出なくなった。私は、そこを重視したいのです。蝦夷が出るのは正月七日の白馬節会と十一月の豊明節会、これは新嘗祭の最終日におこなわれる節会です。それにだんだん固定化されて、最初は播磨などの数ヶ国から来ているのですが、十世紀くらいに近江の俘囚に固定されます。しかも朝堂院ではなくて、内裏の紫宸殿を使うようになります。その門の東西にテントみたいなものを張って、その西側に蝦夷の座を設けます。蝦夷が来たら見参の儀があります。要するに出席した俘囚の名簿を天皇に進上するのが、蝦夷が節会に出たときの最大の重要行事なのです。あとは、節会に出ているのだから飲み食いはしたのだろうと思いますけどね。

面白いのは、蝦夷と対称の場所に座っているのが、国栖《くず》なんですよ。奈良県吉野地方にいたという土着の民ですね。国栖は夷狄でないことは明らかです。節会ですから朝賀とは非常に意味合いが違うものだと思いますが、国栖と左右対称に蝦夷のテントが設けられているのです。国栖は夷狄ではない人たちなので、それと対称のところに蝦夷の座があるということは、もはや中華観念では解釈できないと思います。ですから、これはまた別の問題でしょう。どういうことだといわれると非常に難しいですけどね。少なくとも八世紀のような中華観念とは結び付けられない。

鈴木　無縁ではないでしょう。

熊谷　そうなると、なぜ国栖が入ってくるのか？

樋口　国栖と隼人の親近性というか、それはよく指摘されていますよね。[*55]

熊谷　国栖と隼人はわかるのですけど、国栖が夷狄と位置づけられているかどうかです。そもそも隼人の場合、夷狄に入れるかどうかで議論がある。夷狄に入っていないという意見もあるので、その問題もからんできます。いずれにしても、朝賀とは別な節会にしか出ない。しかも陸奥・出羽から来ないで、都のすぐそばの近江に固定されてしまう。むしろ、変わったこと、変化したほうを見るべきだと思うのですよ。

ということは、一般的に言っている中華思想・華夷思想は、九世紀の前半まではあるにしても、あとは神国思想ですね。国家のイデオロギーとして重視されたのが神国思想になってきて、そうした指摘はされているのですが、[*56]その研究の流れからみても、九世紀のとくに半ば以降の朝廷の節会に参加する俘囚を、鈴木さんは中華思想の変質と言っているわけだけど、その説明だと、さっき言ったような違いが非常にぼやけてしまう。だから、私は、その考えには賛成できないということです。[*57]

鈴木　両方を正しく評価すべきということですね。

樋口　もうすでに中華思想が実体を失って、かなり変質しているということなのかな。

伊藤　逆らう夷狄というか、そんなことも起こるのではないですか。

熊谷　十二世紀だったかな、俘囚が今度の節会に出ないってごねたことがあります。出てやるかってね。それで朝廷が困っていることが記録に残っていたりする。[*58]だから、どんどん変わっていっているのだと思うのです。そのあたりも面白いですけどね。

伊藤　ありがとうございました。もっと議論すべきことはいろいろとありますが、最後に熊谷さんからこの座談会で得た成果やこれからの課題などを含めて、全体的な感想をいただいて、座談会を終了したいと思います。長時間ありがとうございました。

エピローグ

熊谷　二日間にわたった有意義な座談会でした。

自画自賛になりますが、アテルイとその前後の東北古代史について議論するにはベストメンバーに集まっていただけたと思っております。文献三人、考古学二人という顔ぶれですが、文献の三人は大学の研究室の先輩・後輩の間柄で、つきあいも長いので、忌憚のない議論ができました。読んでいただけばすぐわかりますが、ついつい議論に熱くなったところが何度かありました。おかげで三人の研究者の一致点と相違点が明確になって、今後の研究のためにもよかったと思います。考古学のお二人は、ご両人とも長年にわたって岩手県内で発掘調査に従事し、研究をリードしてこられた方々で、重要遺跡について適切に総括していただいたばかりでなく、文献の研究に対して鋭い問題提起もしていただいて、ハッと気づかされたことも再三でした。文献史学と考古学の対話という点においても、意義が大きかったと思います。

この座談会をお読みいただいたみなさんが、一人でも多く古代の蝦夷と東北史に興味をもっていただければと祈っております。

註

＊1　『続日本紀』宝亀七年五月二日条

＊2　『日本紀略』延暦二十一年正月十三日条

＊3　『日本後紀』延暦二十三年十一月二十二日条

＊4　熊谷公男「秋田城の成立・展開とその特質」（『国立歴史民俗博物館研究報告』一七九集、二〇一三年）

＊5　樋口知志「九世紀前半における奥羽北部の城柵」（『国史談話会雑誌』五〇、二〇一〇年）
＊6　『類聚三代格』巻一八、弘仁六年八月二十三日太政官符
＊7　『日本後紀』弘仁五年十二月一日条
＊8　『日本後紀』弘仁四年二月二十五日条
＊9　津嶋知弘「志波城と蝦夷社会」（『古代蝦夷と律令国家』高志書院、二〇〇四年）
＊10　『日本後紀』弘仁二年閏十二月十一日条
＊11　盛岡市教育委員会『志波城跡Ⅰ　太田方八町遺跡範囲確認調査報告』（一九八一年）
＊12　熊谷公男「平安初期における征夷の終焉と蝦夷支配の変質」（吉川真司他編『展望日本歴史6　律令国家』東京堂出版、二〇〇二年、初出一九九二年）
＊13　『日本後紀』弘仁二年閏十二月十一日条
＊14　渕原智幸「九世紀陸奥国の蝦夷・俘囚支配—北部四郡の廃絶までを中心に—」（同『平安期東北支配の研究』塙書房、二〇一三年、初出二〇〇四年）
＊15　高橋崇『律令国家東北史の研究』（吉川弘文館、一九九一年）
＊16　今泉隆雄「律令国家とエミシ」（『新版　古代の日本9　東北・北海道』角川書店、一九九二年）
＊17　熊谷公男「蝦夷移配策の変質とその意義」（『九世紀の蝦夷社会』高志書院、二〇〇七年）
＊18　平川南「古代における地域支配と河川」（同氏著『律令国郡里制の実像　下』吉川弘文館、二〇一四年、初出二〇〇二年）、津嶋知弘「志波城と蝦夷社会」前掲註9
＊19　津嶋知弘「志波城と蝦夷社会」前掲註9
＊20　西野修『志波城・徳丹城跡—古代陸奥国北端の二城柵—』（同成社、二〇〇八年）、『志波城跡と蝦夷（エミシ）』（盛岡市教育委員会、二〇一六年）
＊21　伊藤博幸「胆沢城と古代村落—自然村落と計画村落—」（『日本史研究』二二五、一九八〇年）、同「律令期村落の基礎構造—胆沢城周辺の平安期集落—」（『岩手史学研究』八〇、一九九七年）、高橋千晶「胆沢城と蝦夷社会」（蝦夷研究会編『古代蝦夷と律令国家』高志書院、二〇〇四年）
＊22　『日本後紀』弘仁二年十月十三日条
＊23　平川南「俘囚と夷俘」（青木和夫先生還暦記念会編『日本古代の政治と文化』吉川弘文館、一九八七年）
＊24　樋口知志「弘仁二年の征夷と徳丹城の造営」（『アルテスリベラレス（岩手大学人文社会科学部紀要）』九一、二〇一三年）
＊25　古垣玲「蝦夷・俘囚と夷俘」（『川内古代史論集』四、

一九八八年）
＊26　熊谷公男「「受領官」鎮守府将軍の成立」（『中世の地域社会と交流』吉川弘文館、一九九四年）
＊27　『類聚三代格』巻一七延暦十七年四月十六日太政官符
＊28　『日本三代実録』元慶五年五月三日条
＊29　熊谷公男「九世紀奥郡騒乱の歴史的意義」（虎尾俊哉編『律令国家の地方支配』吉川弘文館、一九九五年）
＊30　神英雄「蝦夷梟帥阿弖利為・母礼斬殺地に関する一考察」（日野昭博士還暦記念会編『歴史と伝承』永田文昌堂、一九八八年）
＊31　今泉隆雄「三人の蝦夷―阿弖流為と呰麻呂・真麻呂―」（同『古代国家の東北辺境支配』吉川弘文館、二〇一五年、初出一九九五年）
＊32　馬部隆弘「蝦夷の首長アテルイと枚方市―官民一体となった史蹟の捏造―」（『史敏』三、二〇〇六年）
＊33　西本昌弘『桓武天皇　造都と征夷を宿命づけられた帝王』（山川出版社、二〇一三年）
＊34　『日本紀略』延暦四年九月二十四日条
＊35　今泉隆雄「三人の蝦夷―阿弖流為と呰麻呂・真麻呂―」（前掲註31）が、日本では東・西市で死刑が執行された実例はないこと、牡鹿木積磨らが処刑された山崎橋の南は交通の要衝であり、人の会集するところなので、そこでの死刑執行は市でのそれと同じ意味を持ったことを指摘している。
＊36　『貞信公記』天慶三年（九四〇）五月十日条
＊37　今井敬一『百済王敬福』（綜芸舎、一九六五年）
＊38　延暦二十四年十二月七日条
＊39　井上満郎『桓武天皇』（ミネルヴァ書房、二〇〇六年）
＊40　村井康彦『古京年代記』（角川書店、一九七三年）
＊41　『類聚三代格』巻四延暦二十四年十一月十日太政官奏、同巻八延暦二十四年十二月七日（写本はすべて十一月十日）太政官奏
＊42　鈴木拓也「徳政相論と桓武天皇」（『国史談話会雑誌』五〇、二〇一〇年）
＊43　『日本後紀』大同元年四月七日条
＊44　佐藤宗諄「長岡遷都の一背景」（『日本史研究』四六一、二〇〇一年）
＊45　松本建速『蝦夷の考古学』（同成社、二〇〇六年）
＊46　工藤雅樹「蝦夷アイヌ説と非アイヌ説」（『蝦夷と東北古代史』吉川弘文館、一九九八年）
＊47　藤沢敦「倭と蝦夷と律令国家」（『史林』九〇―一、二〇〇七年）など
＊48　『続日本後紀』承和七年三月二十六日条「奥邑の民、共に庚申と称し、潰出せる徒（散り散りに逃げ出す人々）、

抑制することあたわず。是れ則ち往事の所為（できごと）に懲乂する（懲りる）なり。」

＊49 熊谷公男「古代蝦夷論の再構築に向けて」（『東北学院大学論集 歴史と文化』五〇、二〇一三年）

＊50 石上英一「古代国家と対外関係」（『講座日本歴史2 古代2』東京大学出版会、一九八四年）

＊51 中村明蔵『隼人の研究』（学生社、一九七七年）、永山修一『隼人と古代日本』（同成社、二〇〇九年）

＊52『続日本紀』宝亀九年十二月二十六日条、宝亀十年四月三十日条

＊53『日本書紀』斉明天皇五年七月三日条所引伊吉連博徳書

＊54 今泉隆雄「蝦夷の朝貢と饗給」（同『古代国家の東北辺境支配』吉川弘文館、二〇一五年、初出一九八六年）

＊55 水野祐『古代国家と浦島伝説 下』（雄山閣出版、一九七五年）、中村明蔵『熊襲・隼人の社会史研究』（名著出版、一九八六年）など

＊56 佐藤弘夫「神国思想考」（『日本史研究』三九〇、一九九五年など）

＊57 熊谷公男「節会に参加する蝦夷」（『講座 東北の歴史』三、清文堂、二〇一三年）

＊58『台記』久安二年（一一四六）十一月十四日条

第Ⅱ部　考古学とアテルイの世界

胆沢城・志波城・徳丹城

西野　修

はじめに

六国史等には、大化三年（六四七）から弘仁五年（八一四）までの一六七年のうちに、柵・城・塞などと記される約二〇の施設が記録されているが、研究者はこれらを「城柵」と呼び習わしている。城柵の構造や立地環境は、造営時期により異なり［岡田　一九八二］、またその時々の政権によって複数同時に造営されることも珍しくなく、不要になれば廃止もされた。約二〇に及ぶ城柵の変遷と再編は、現在、四段階にわけて考えるのが通説で、第Ⅰ段階は飛鳥時代、第Ⅱ段階は奈良時代前半、第Ⅲ段階は奈良時代後半、第Ⅳ段階は平安時代初めである。本稿ではとりわけ平安初期に造営された第Ⅳ段階の胆沢城・志波城・徳丹城を概述するが、前提となる第Ⅰ～Ⅲ段階の状況も紹介しておきたい。

1　城柵の立地と変遷、そして再編

第Ⅰ段階：飛鳥時代（七世紀後半～八世紀初め頃）に相当　遺跡の実態は不明。越国に渟足柵（六四七）、磐舟柵（六四八）が造営され、さらに都岐沙羅柵（六五八）という柵名も見える。その後、越後国には出羽柵（七〇九初見）が置かれた。八幡林遺跡（新潟県和島村）では、八世紀前半代の遺物とともに「沼垂城」の木簡が出土している。また、威奈大村骨蔵器の墓誌銘（七〇五）には「越後城」あるいは「越城」の城名がみえる。さらに、多賀城直前の陸奥国府として郡山遺跡Ⅱ期官衙（仙台市）があげられる。先行するⅠ期官衙は、名取評家あるいは初期城柵等の諸説がある。また、後に出羽国置賜郡となる地域であるが、陸奥国に優嗜曇柵という城柵があった可能性も推定されている。

第Ⅱ段階：奈良時代前半（八世紀前半）に相当　多賀城（多賀城市）・秋田城（秋田市）に代表され、標高五〇㍍程度の丘陵地に立地し、丘陵縁辺の起伏を這うように築地が巡る。また天平九年（七三七）には、玉造等五柵（色麻柵、新田柵、牡鹿柵、一柵は不明）が、山道から海道へ連なるように設置された。秋田城は天平五年（七三三）に庄内地域にあった出羽柵を高清水の岡に遷置した城柵である。当初は出羽柵と呼称されていたが、天平宝字四年（七六〇）までには「阿岐太城」（『大日本古文書』）と改称している。

第１図　城柵分布図

第Ⅲ段階：奈良時代後半（八世紀後半）に相当　出羽側では天平宝字二年（七五八）に雄勝城、陸奥側では同年に桃生城（宮城県桃生町）、神護景雲元年（七六七）に伊治城（栗原市）が設置された。桃生城・伊治城は丘陵地に立地し、不整形を呈している。また、覚鱉城の名もみえるが、実際に造られたかは謎が多い。

第Ⅳ段階：平安時代初め（九世紀初頭）に相当　出羽側では、八〇〇年初頭に城輪柵遺跡（酒田市）が、八〇二年に払田柵遺跡（大仙市）が造られた。城輪柵遺跡は出羽国府、払田柵遺跡は「小勝」銘の墨書土器の出土などから奈良時代後半の創建雄勝城（所在地不明）を北遷した第二次雄勝城と解釈されている〔熊田　一九九六〕。ともに平地に造られるが、城輪柵遺跡が方形であるのに対し、払田柵遺跡は独立丘陵を取り込んだ楕円形である。陸奥側では八〇二年に胆沢城（奥州市）、八〇三年に志波城（盛岡市）が相次いで造られる。その後、志波城を廃し、徳丹城（岩手県矢巾町）へ移転する。以後、出羽側では秋田城・城輪柵遺跡・払田柵遺跡（第二次雄勝城）、陸奥側では国府（多賀城）・鎮守府（胆沢城）の五城〔柳沢　二〇〇七〕、あるいは玉造塞を含め六城〔八木　二〇〇二〕に再編され、十世紀後半代までに城柵の時代は終わりを告げる。

2　胆沢城・志波城・徳丹城

（1）胆沢城跡

遺跡の位置・立地　胆沢城跡は、岩手県奥州市（旧水沢市）佐倉河に所在し、北上川と胆沢川との合流地点の右岸、胆沢扇状地低位面の北東隅に位置する。標高は五〇㍍前後で、目視すると周囲との比高差は感じられず、平地として認識される地形である。遺跡のほぼ中央部を西から東へ九蔵川が蛇行して流れ、北上川に注いでいる。また北上川に注ぐ手前には大きな入り江が形成され、「舟窪」という地名を残している。

規模・構造の概要　形状は方形を呈し、主軸方位はほぼ真北方向を示す。外郭線は築地で、規模は一辺約六七〇㍍

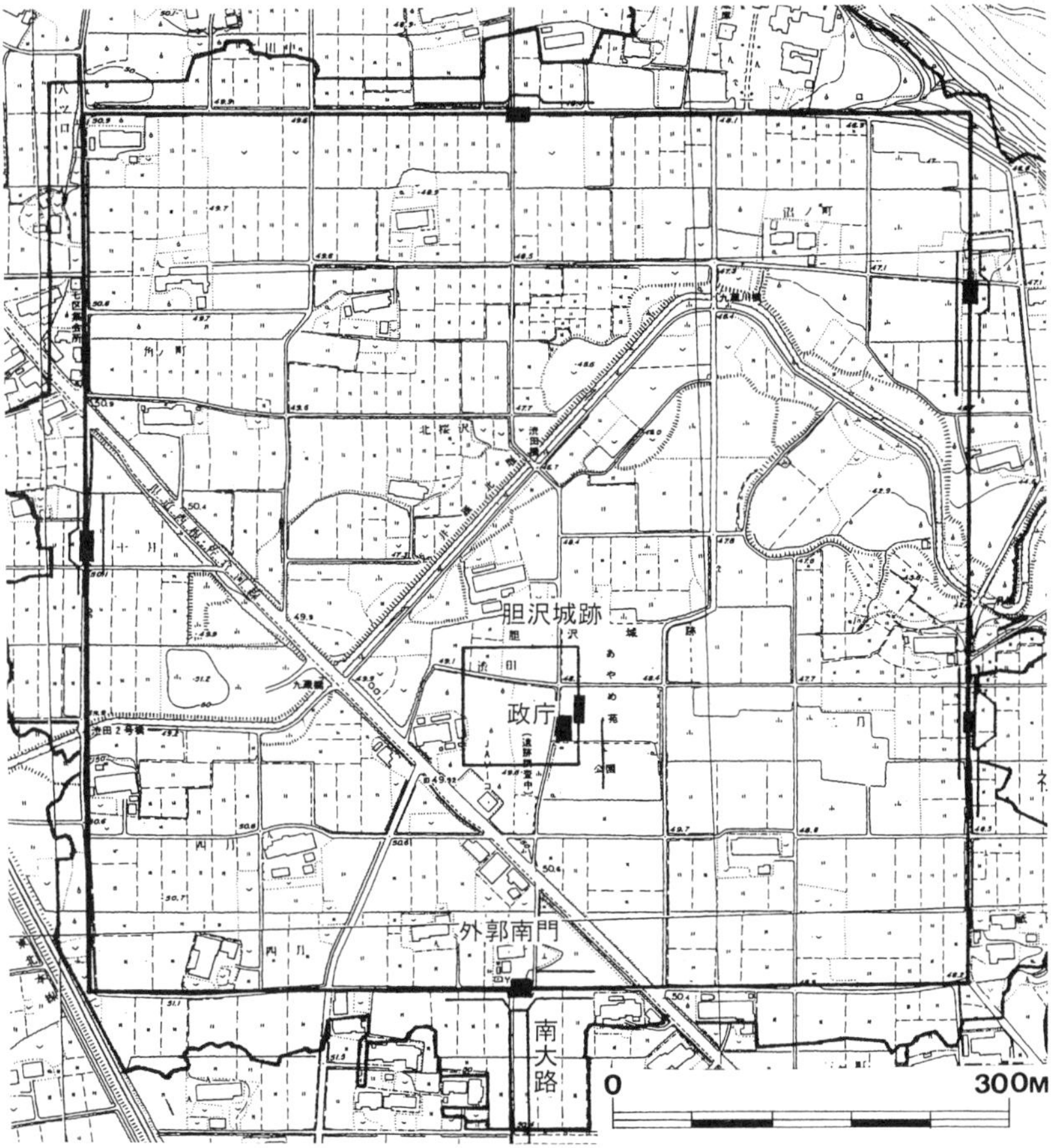

第２図　胆沢城全体図

ある。築地の外周と内周に沿って溝がめぐる。築地各辺には門と櫓がつく。外郭線の修造がなされたかどうかは不明だが、寄柱などにその痕跡をとどめている。門は南門と北門が確認されているが、東門と西門は未確認である。南門は五間一戸の十二脚を有する楼門で、礎石の時期に瓦葺きとなる。北門は掘立柱建物の八脚門である。櫓は築地を跨ぎ、現在二～三棟が確認されているが、全体では三四棟の配置が推定される。

　政庁は、遺跡の中央部南寄りの九蔵川の南岸に位置する。区画施設は、一本柱を基本構

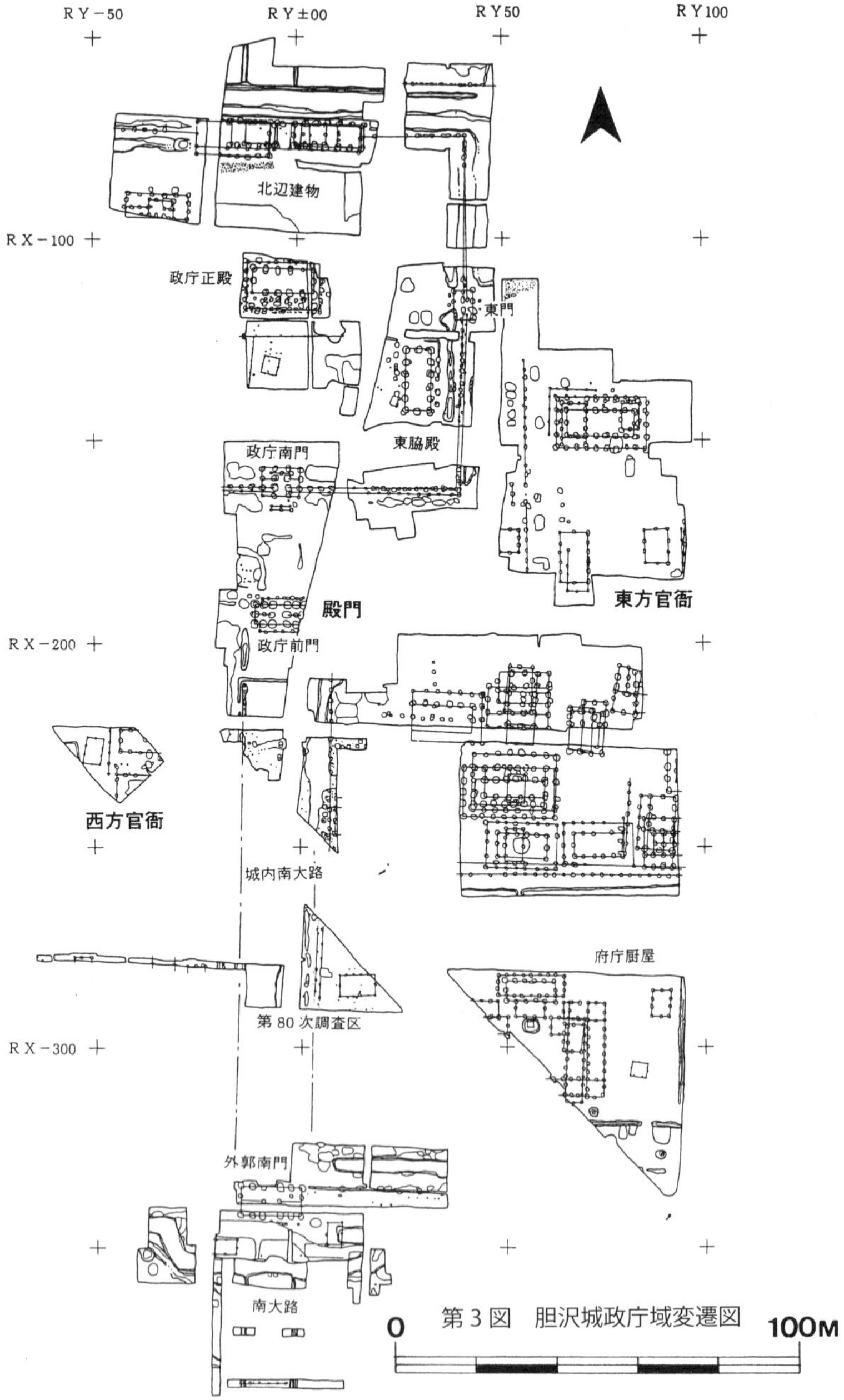

第3図　胆沢城政庁域変遷図

造とする板塀で、規模は一辺九〇㍍である。形状は整った方形を呈する。創建時の門は棟門であったが、九世紀後半になって八脚門に改修される。正殿は掘立柱建物から礎石建物に建替えられ、三期小六期の変遷が確認されている。礎石の時期に瓦葺きとなり、脇殿もこれに同調する。また、北辺には建物が取り付いている。

外郭南門と政庁南門の間に、政庁前門が存在する。志波城跡や徳丹城跡では確認されていない特異な門である。ただし、創建時からの施設ではなく、九世紀中葉～後半以降に設けられた門で、瓦葺き建物である。近接地より「殿門」銘墨書土器が出土している。

官衙域は現在、政庁を中心に北方官衙、北方東官衙、東方官衙、東方南官衙、南方官衙(府庁厨屋)、西方官衙が確認されているが、ほぼ北方官衙、東方官衙、南方官衙(府庁厨屋)に集約される。

北方官衙は、Ⅰ期に三面廂東西棟が配置され、Ⅱ期・Ⅲ期では建物数が減少する。この官衙は、九蔵川の「舟窪」の地形を意識して配置されていることから、物資搬入に関わった官衙だったことが想定されている。一画の小溝から、漆紙文書(具注暦)が出土している。具注暦は表が延暦二十二年四月、裏が延暦二十三年九月のものであった。

東方官衙は、Ⅰ期段階では南北棟の配置による実務的構造だったものが、Ⅱ期以降には南側を重視した東西棟を主とした建物配置が採用され、Ⅲ期になると隆盛期を迎える。出土遺物に灰釉・緑釉陶器、中国産の青磁・白磁などがあり、しかもこの地区に集中して出土する状況からみて、儀式を執り行った官衙だったと想定されている。

南方官衙(府庁厨屋)は井戸を取り囲むように長大な建物が配置されている。この配置はⅡ期以降に確立されたが、機能としては給食センターである。井戸からの出土遺物には、鹿の頭蓋骨などとともに「斯波」銘の墨書土器や「和我連□□進白五斗」と記された木簡がある。蝦夷への「饗給」などを想起させる出土遺物である。

胆沢城の廃絶期は、十世紀中葉頃とみられる。

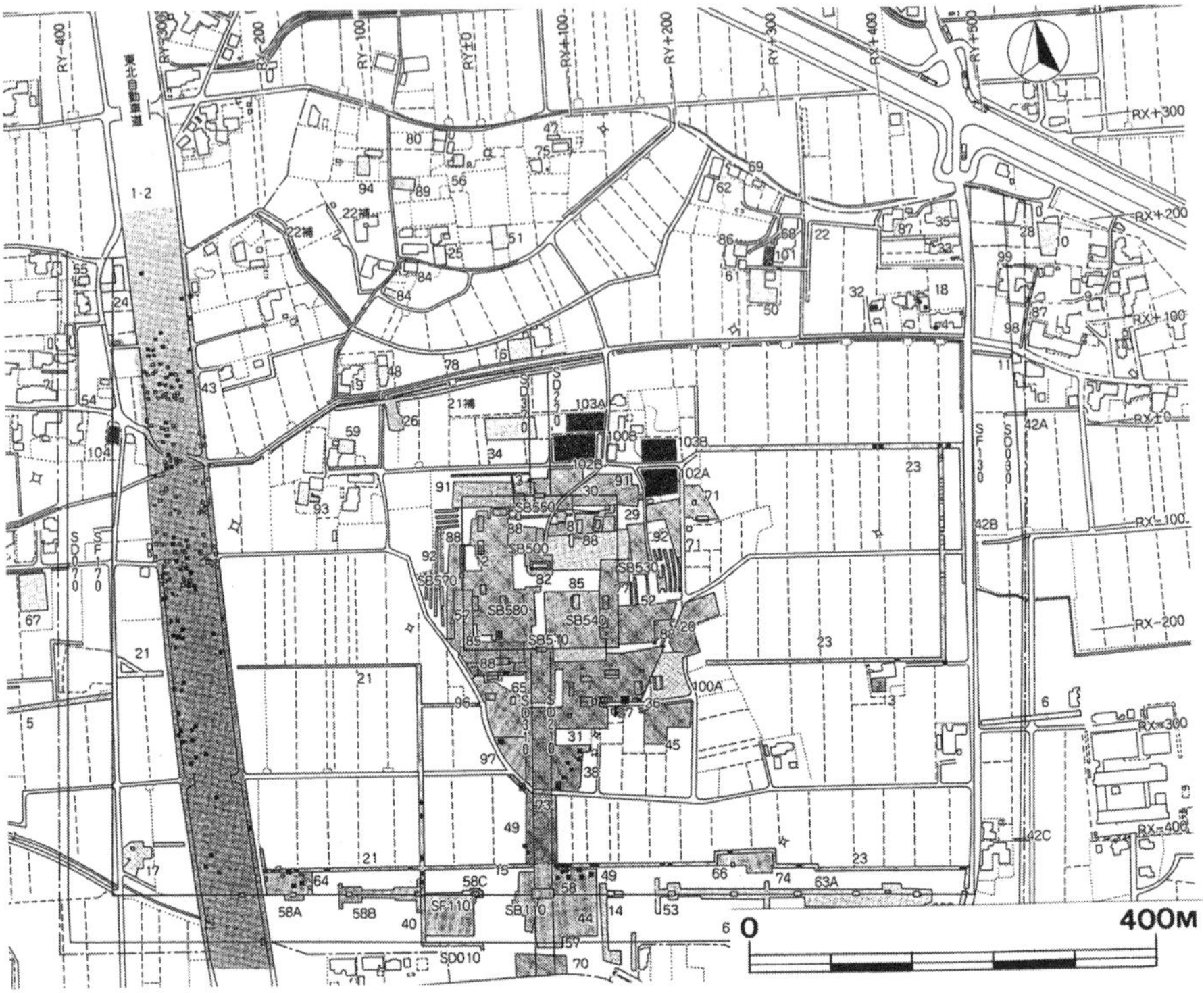

第４図　志波城全体図

(2)志波城跡

遺跡の位置・立地　志波城跡は、岩手県盛岡市太田他に所在し、北上川と雫石川との合流地点から西へ約五キロ遡った雫石川の右岸に位置する。標高は一三〇メートル前後で、胆沢城跡同様、比高差を感じない平地に立地している。

遺跡の北側は、雫石川の流路変更などの浸食によって削られている。また、小河川の痕跡が蛇行して入り込んだ地形を残している。小河川は発掘調査によって志波城の時代の河川だったことが解明されており、胆沢城同様に城内に河川を取り込んでいた。

規模・構造の概要　形状は、方形を呈すると推定されるが、北側三分の一ほどが現存していない。主軸方位は北に対して六度東へ振れている。外郭線は築地で、規模は一辺約八四〇メートルである。築地の内・外周に沿って大溝がめぐり、築地各辺には門と櫓が取り付く。門は南門のみが確認されている。五間一戸の十二脚を有する掘立柱建物の櫓門である。櫓は築地を跨ぎ、南辺で一一棟が確認されている。全体では五二棟が推定される。

外郭築地線から約四〇㍍外側に、一辺約九二八㍍規模の外大溝がめぐっている。外大溝は土塁を伴っており、胆沢城跡・徳丹城跡では発見されていない特異な施設である。さらには、外大溝の一〇八㍍外側をめぐる大溝が南辺と東辺で確認されている。不明な点は多いが、仮に一周している状況を復元すれば、一辺一一四三㍍の区画となり、胆沢城跡・徳丹城跡では発見されていない溝である。

外郭築地線に沿う内側一〇八㍍幅の範囲に竪穴建物群が集中する鎮兵の居住域がある。現在、東北自動車道の敷地を主体に二五〇軒余りが発見されているが、城内全域では一〇〇〇〜二二〇〇軒と推定されている。主な出土遺物には、須恵器・土師器などの土器群や鏃・刀子などの鉄器類、砥石などの石製品がある。特異な遺物には還元炉壁や漆被膜があり、工房を抱えていたことが分かる。また、文字資料としては、「厨」「酒所」「佐秖」「上総」銘の墨書土器が出土している。

政庁は、遺跡の中央南寄りの位置にある。区画施設は築地で規模は一辺一五〇㍍あり、形状は整った方形である。築地の内・外には溝がめぐる。西門と東門は、創建時は棟門であるが、ある時期四脚門に改修されている。また南門と北門も最終的には八脚門に改修されるが、創建時は棟門か八脚門と推定される。正殿は廻り縁が付く掘立柱建物で、床下の足場穴の状況から、高床の建物ではなかったと推定されている。脇殿も掘立柱建物である。政庁内には北東部で三棟、北西部で三棟、南西部で三棟、南東部で二棟の計一一棟の建物群が確認されており、他の城柵の政庁にはみられない特異な配置といえる。

官衙域は現在、政庁を中心に東方官衙、南東官衙、南西官衙が確認されているが、区画施設は確認されていない。

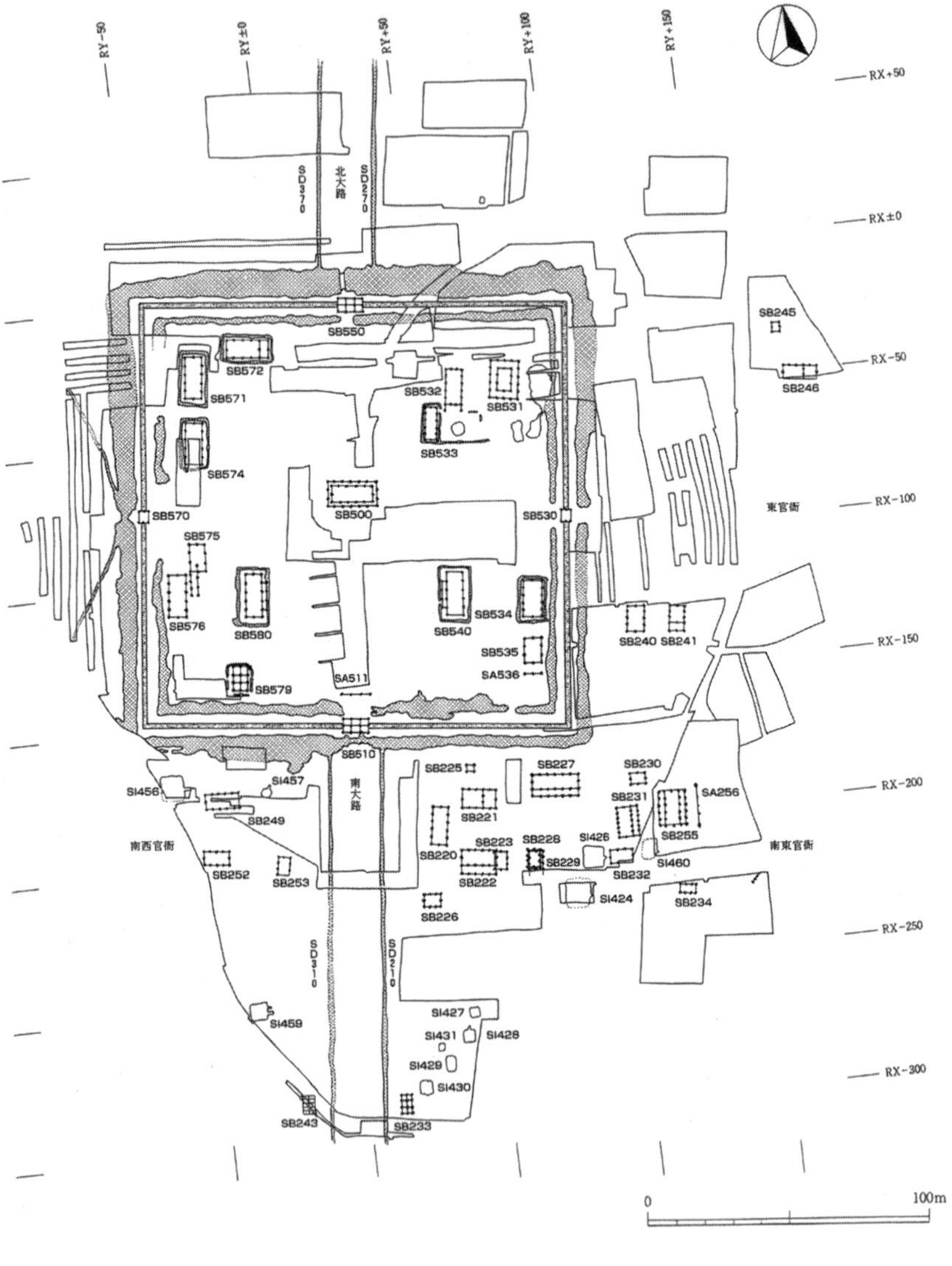

RY−50
RY±0
RY+50
RY+100
RY+150
RX+50
RX±0
SD370
北大路
SD270
SB245
SB550
RX−50
SB246
SB572
SB571
SB532
SB531
SB533
SB574
SB500
SB570
SB530
東官衙
RX−100
SB575
SB576
SB580
SB540
SB534
SB240
SB241
RX−150
SB535
SA536
SB579
SA511
SB510
SB225
SB227
SB230
SI456
SI457
南大路
SB231
SA256
RX−200
SB249
SB221
南西官衙
SB223
SB228
SI426
SB255
南東官衙
SB220
SB229
SI460
SB252
SB253
SB222
SB232
SI424
SB234
SB226
RX−250
SD310
SD210
SI427
SI459
SI431
SI428
SI429
SI430
RX−300
SB243
SB233
0
100m

第５図　志波城政庁

政庁内の改修に同調する形で二段階の変遷が設定されている。東方官衙は、掘立柱建物二棟以上で構成され、南東官衙は掘立柱建物一五棟以上と竪穴建物七軒以上で構成される。重複する建物や方位から二段階の変遷が考えられている。竪穴建物は鎮兵の住居群よりは大形で、鉄滓などが出土するものがあり、工房を抱えた官衙だったとみられる。南西官衙は、掘立柱建物三棟以上と竪穴建物三軒以上で構成されるが、全体の配置などは把握されていない。政庁区画に接近する形で竪穴建物が存在している状況は、徳丹城跡ではみられない特徴的なあり方である。

廃絶期は、造営九年後の弘仁二年閏十二月以降とみられるが、竪穴建物を主体にある期間遺存した形跡がある。

(3)徳丹城跡

遺跡の位置・立地　徳丹城跡は、岩手県紫波郡矢巾町大字西徳田他に所在し、北上川と雫石川との合流地点から南へ約一〇㌔下った北上川右岸の低位段丘に立地する。標高は一〇五～六㍍前後で、胆沢城・志波城と同様、平地という認識で捉えられる。

低位段丘は北上川に向かって三角形に突き出し、現北上川までは一～一・五㌔程離れている。胆沢城や志波城とは異なり、城内に小河川を取り込んでいない。ただし、東側の段丘下から旧北上川の流路とみられる逆堰と呼ばれる河川までの四〇〇㍍の間には運河の痕跡が確認されている。

規模・構造の概要　形状は、湿地帯にかかる南東部が隅切りされているが、基本的には方形である。主軸方位は真北方向を示す。外郭線は、地形的に高い段丘上は築地であり、低い湿地帯は丸太材木による木柵塀である。築地は、北辺の全面と東辺部ならびに南門の両翼である。一方、木柵塀は西辺の全面と南辺の西端、そして南辺から東辺にかかる南東の隅切り部である。規模は東西で三五四・三㍍、南北が三五五・九㍍である。築地・木柵の区別無く、内・

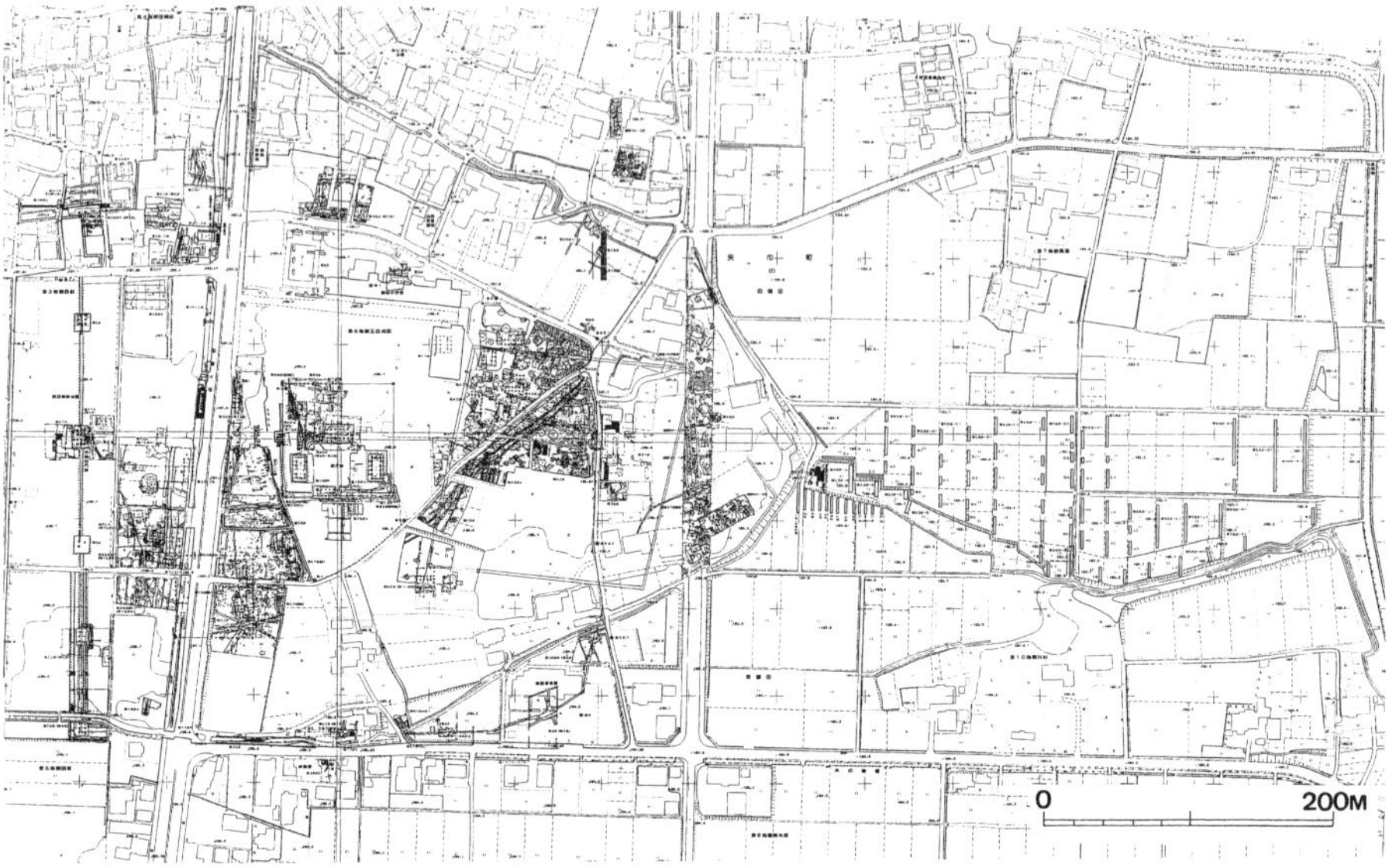

第６図　徳丹城全体図

外周に沿って溝がめぐる。同じく各辺には門と櫓が取り付いている。門は東・西・南・北各門が確認されている。基本的に三間一戸の八脚門とみられる。櫓は築地・木柵を跨ぎ、現在一一棟が確認されており、全体では一七棟が推定される。なお、外郭東門地区では、徳丹城に先行する大規模な官衙が確認されている。

政庁は、遺跡の中央やや北寄りの位置にある。区画施設は一本柱を基本構造とする板塀で、規模は東西七六・三㍍、南北七六・七㍍である。建替えが認められるが、全域に施工されたものかどうかは未確認である。区画外一〇尺の位置で溝がめぐる。西門と北門は、間口・奥行きともに一間の門であるが、構造・形式は不明である。南門は四脚門である。東門は未確認である。正殿は四面廂がまわる掘立柱建物東西棟で、礎石建物に建替えられた可能性が高い。脇殿は掘立柱建物の南北棟で、床束柱を伴う。向き合う内側に中三間分の濡れ縁がつくが、礎石建物に建て替え後には濡れ縁はない。また、南門の両翼に取り付く建物（南辺建物）がある。

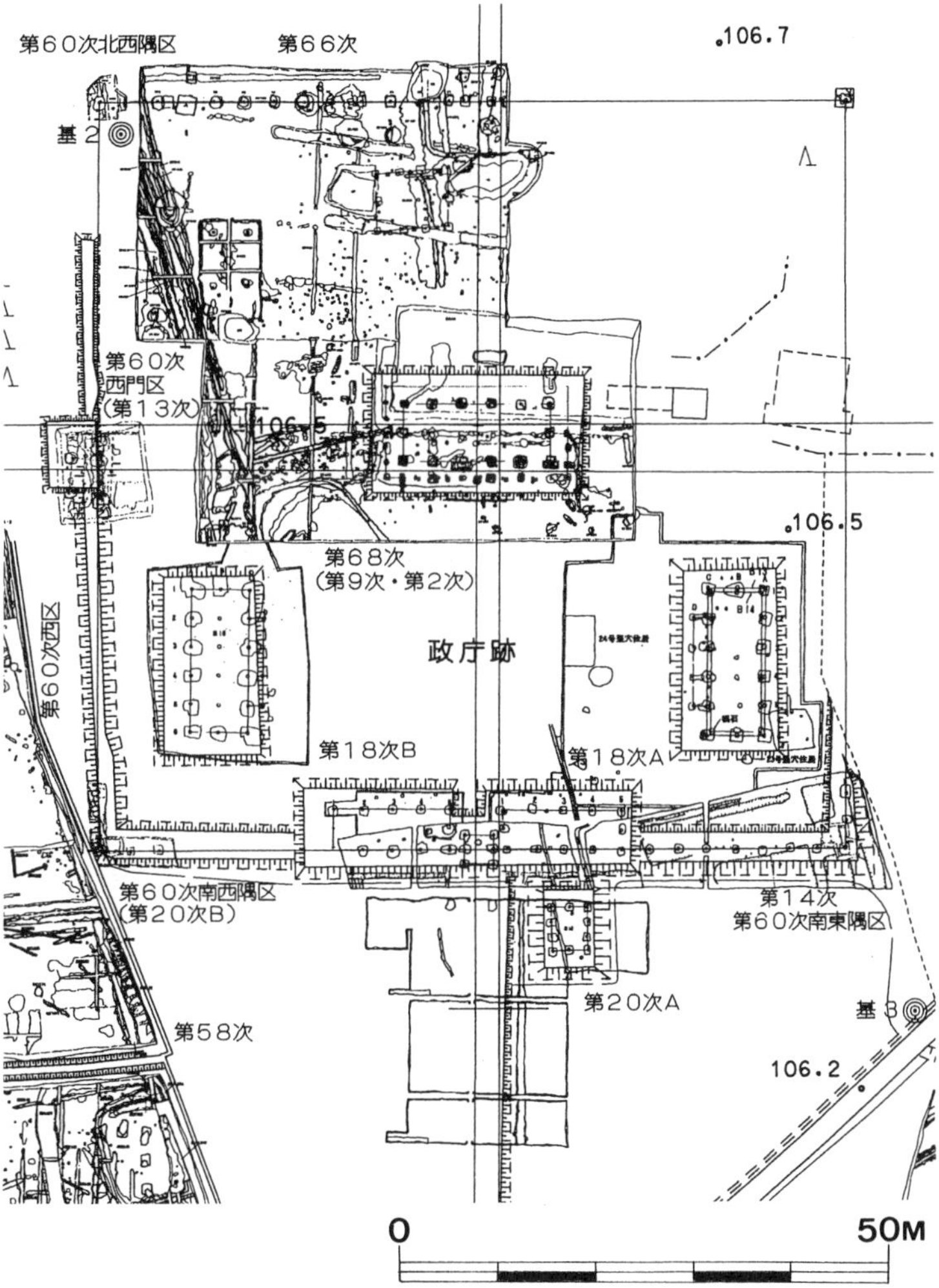
第60次北西隅区
第66次
106.7
基2
第60次
西門区
(第13次)
106.5
第60次西区
第68次
(第9次・第2次)
政庁跡
106.5
第18次B
第18次A
第60次南西隅区
(第20次B)
第14次
第60次南東隅区
第20次A
基3
第58次
106.2
0
50M

第7図　徳丹城政庁

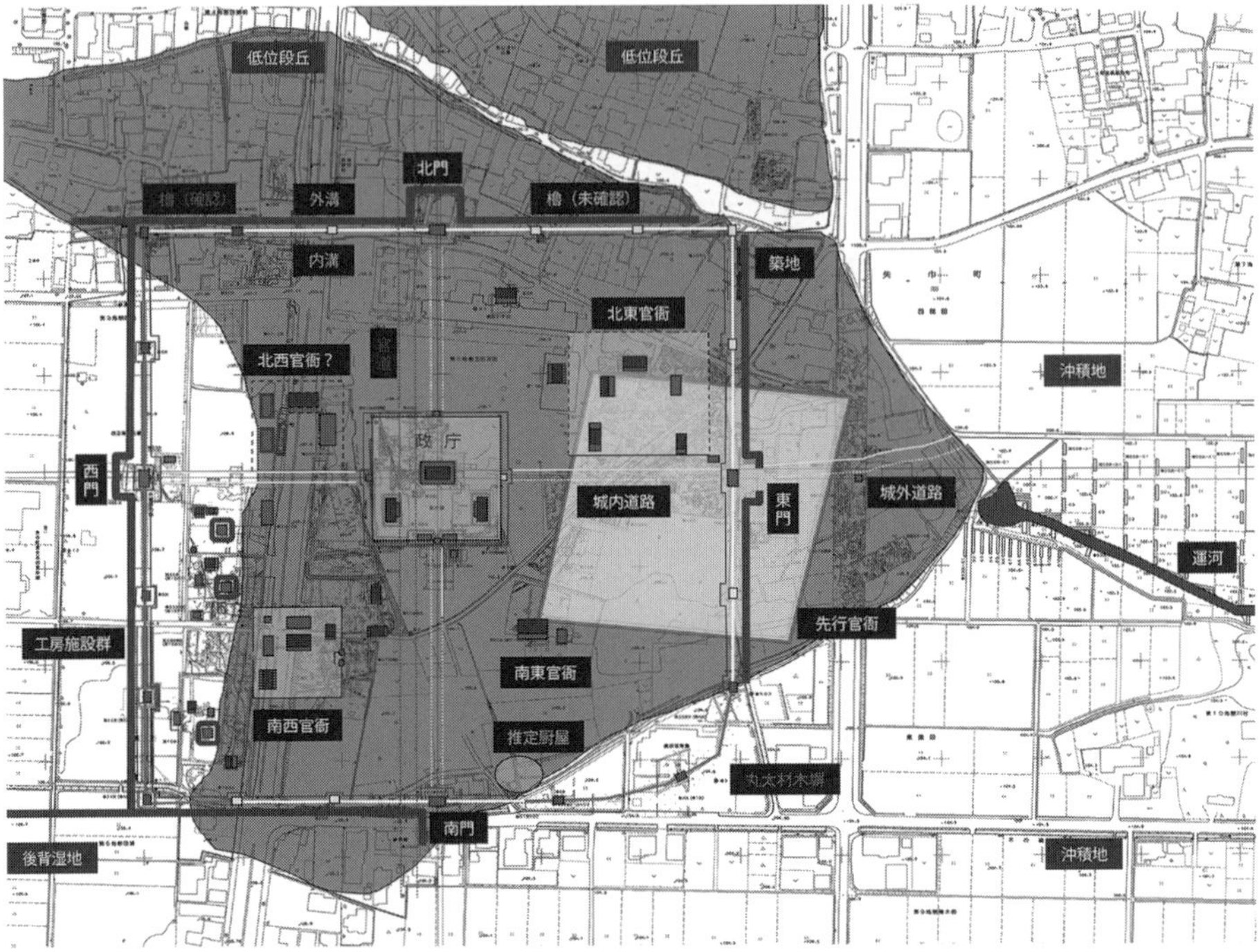

第８図　徳丹城　官衙域

なお、政庁地区の調査では徳丹城以前の道路遺構が確認されている。また、政庁周りには、遺構（施設）がない幅約三〇メートルの空間帯がある。これを避けるように単体の建物数棟や井戸が配置されている。

官衙域は、政庁を中心に北東官衙、南東官衙、南西官衙、北西官衙を確認している。いずれも、政庁の改修に同調する形で二段階の変遷が推定される。北東官衙は、一辺約九〇メートルの小柱列の区画施設を持つ。主殿南側の東西に副舎殿、さらに南側の東西に第二副舎殿を配置する。Ⅰ段階に比べⅡ段階では施設が小規模化してくる。南東官衙は、区画施設の存在と建物の配置や構成が現況で完結するのか不明である。中心建物は南廂から二面廂へと建て替えられており、Ⅰ段階よりもⅡ段階で拡充してくる。南西官衙は、東西五三メートル、南北五六メートルの一本柱塀（板塀）で区画し、東辺中央部には棟門が設置され、Ⅱ

段階時に間口を広げる。その内側には、北側を閉塞した目隠し塀が設置されている。内部に六棟の掘立柱建物が北から西へ逆L字形に配置されている。I～II段階をとおし建物配置に変化はない。区画内の南東部には広場が形成される。北西官衙は、区画施設は不明確であるが、主殿を北側に配置し、南側の東に大形の南北棟一棟、西側には雨落ち溝がめぐる南北棟二棟が南北に配置される。

また、外郭西門の内側の湿地環境下で、工房施設群が確認された。遺構の構成は、周溝を伴う建物(焼土土坑を伴う工房)とその周囲には二～三棟の小規模な掘立柱建物(作業場か)が組合って一群を形成し、これが三群、可能性として四群が発見されている。各群共同使用の井戸もある。出土遺物には、漆が付着した土器片やスケールなどがある。また、井戸より「木製冑」と枠板に転用された「琴天板」が出土した。

低位段丘東端部の直下と、そこから二〇〇㍍東側の沖積地で人工的な水路の痕跡(運河)が確認された。幅三㍍、深さ〇・三～〇・五㍍ある。段丘直下では舟溜まりの様相を呈し、袋状に膨らむ。その部分の最大幅は一二～一五㍍で、深さは一㍍である。火山灰の堆積から十世紀前半には完全に埋没している。

徳丹城の廃絶期は、築地崩壊土から出土した須恵器坏などから、九世紀中葉頃と解される。

3　方形に造営された城柵

既述のように、城柵は造営時期により立地環境や構造が異なり、とりわけIV段階においては、前段階までの城柵とは異なって、平地の立地に、方形を呈した外郭線をもって造営されるのが特徴である。例外は出羽の払田柵遺跡で、平地にありながら方形ではなく、二つの独立丘陵を抱え、外郭と外柵の形状は楕円形を呈していた。払田柵遺跡は前述のように第二次雄勝城と解釈されており、未発見ながら創建期の雄勝城（七五八年造）の地形取りを継承している可能性が考えられるので、新規造営の城柵とは異なる楕円の外郭線になったのかもしれない〔西野 二〇〇八〕。である。

陸奥国北端地域の支配強化策として造営された胆沢城・志波城は、継承すべき前身のない新規造営の方形の城柵である。この方形という形状を採用した背景としては、桓武朝の政権下、延暦八～二十年（七八九～八〇一）にかけて行われたアテルイらの本拠地に対する武力による征夷政策とは別に、特に延暦十一年（七九二）以降に散見される陸奥国の俘囚・夷俘ら帰降夷俘に対する叙位や饗応を主体とした教化政策が考えられる。その政策に沿った行政支配を行う場として、ミニ都城とでもいうべく方形に造営されたと推察される。

徳丹城は、嵯峨朝の城柵ではあるが、前身としての志波城があり、また胆沢城の分身でもあったことから、方形という形状が採用されたと理解できる。従来、志波城と徳丹城との関係は、水害による移転という理由から親子兄弟のように扱われることが多かったが、近年の発掘調査成果からみえてくる両城の実姿は、似て非なる所が多い。規模の大小をおいても、多分に志波城は軍事色が強いのに対して、徳丹城は行政色が強い〔西野 二〇〇八〕。また、志波城は陸奥出羽按察使の管轄する城柵として、陸奥国と出羽国との結節部に造営されたが〔平川 二〇〇八〕、志波城を移転したはずの徳丹城は、陸奥国の管轄下の城柵として造営された。これを考古学的にみれば、丸底の「北陸甕」などの遺物は徳丹城跡からは出土しておらず、出羽方面との関係は志波城ほど濃厚ではなかったようで、むしろ希薄でさえあった。

おそらく、徳丹城に求められたものは、志波城が担った機能の中で、出羽方面の管轄を外された形での、胆沢城の出先機関としての行政分担であったと推察される。したがって、東北三十八年戦争終結後の、戦争のなくなった時代の城柵として、行政色を反映させたコンパクトな方形（構造を含め）という形状を採用したものと解される。

その後、城柵の再編に伴い徳丹城は廃止になり、陸奥国北半地域は胆沢城一城体制による行政支配が行われることになった。

参考文献
岡田茂弘『古代の東北経営―東北の城柵』日本歴史地図原始・古代編(下) 柏書房 一九八一年
熊田亮介『蝦狄と北の城柵』越と古代の北陸 名著出版 一九九六年
西野 修『志波城・徳丹城跡』古代陸奥国北端の二城柵 日本の遺跡三一 同成社 二〇〇八年
平川 南『日本の原像』二 日本の歴史 小学館 二〇〇八年
八木光則「城柵の再編」『日本考古学』第一二号 日本考古学協会 二〇〇一年
柳沢和明「「玉造柵」から「玉造塞」への名称変更とその比定遺跡―名生館官衙遺跡Ⅳ期から宮沢遺跡―」『宮城考古』第九号 二〇〇七年

《参考資料》
伊藤博幸「胆沢城跡の発掘調査成果」『第二八回古代城柵官衙遺跡検討会資料』二〇〇二年
似内啓邦・津嶋知弘「志波城跡の発掘調査成果」『第二八回古代城柵官衙遺跡検討会資料』二〇〇二年
西野 修「徳丹城跡の発掘調査成果」『第二八回古代城柵官衙遺跡検討会資料』二〇〇二年
西野 修「九世紀前半の陸奥北部の城柵―胆沢城・志波城・徳丹城―」『第三五回古代城柵官衙遺跡検討会資料』二〇〇九年

志波・和我の集落遺跡

村田　淳

はじめに

本稿では志波・和我地域の奈良時代（主に八世紀）に形成された集落遺跡について概観する。志波・和我地域は岩手県の中部に位置しており、『日本後紀』弘仁二年（八一一）正月の条にある「於陸奥国。置和我。薭縫。斯波三郡。」のうち、和我郡・斯波郡に相当する地域で、現在の行政区画に照らすと志波地域が盛岡市・矢巾町・紫波町域、和我地域が北上市域にあたる。地形的には、県北部を源流とする北上川の中流域に広がる南北に細長い北上盆地の北側に位置する。北上盆地は北上川を挟んで東西で地形が異なり、東側は背後に北上山地を構える狭い沖積地、西側は奥羽山脈まで比較的平坦な沖積低地が広がる。遺跡は北上川またはその支流沿いに形成される河岸段丘上に立地しており、志波地域では雫石川、和我地域では和賀川といった支流沿いに分布する傾向がある。

志波・和我地域は大規模開発に伴う緊急発掘調査の件数が多く、それに伴い古代の集落遺跡も数多く発見されている。なかには遺跡範囲の大部分を調査した遺跡もあり、当該期の集落の内容が明らかになりつつある。今回はその全てを紹介することはできないが、地域ごとに代表的な遺跡を取り上げその様相についてみていくことにしたい。なお、本稿で対象とする時期は、八世紀だけではなく若干の幅を持たせて七世紀後葉〜九世紀前葉までとする。

1　志波地域

調査件数が多いこともあり、岩手県内で当該期の集落遺跡が最も多く検出されている地域である。遺跡は北上川右岸と雫石川右岸の河岸段丘上に分布し、後に築かれる古代城柵である志波城と徳丹城の付近を中心にいくつかのまとまりがみられる。この中でも特に雫石川右岸、志波城の南東側一帯では盛岡南新都市土地区画整理事業(以下「盛南開発地区」)に伴う緊急発掘調査によって多くの古代遺跡が発見されている。盛南開発地区で当該期の遺構・遺物が検出されている遺跡としては台太郎・野古A・本宮熊堂B・飯岡沢田・細谷地・飯岡才川・飯岡林崎Ⅱ遺跡等がある。また、志波城の南東約五㌔付近には百目木・西鹿渡・高櫓A遺跡、さらに南方の徳丹城周辺では徳丹城下層集落・渋川・館畑遺跡等がある。時期的には台太郎・野古A遺跡のように七世紀から継続して形成される集落と本宮熊堂B・細谷地遺跡のように八世紀に入ってから形成される集落、高櫓A・飯岡林崎Ⅱ遺跡のように八世紀後半～九世紀初頭に形成を開始する集落とに分けることができる。このように当地域では現在までに多数の集落が確認されており、遺構の主体となる竪穴住居を中心として集落の構成及び住居の構造についてみていく。

ここでは代表的な事例として野古A遺跡を挙げておきたい。野古A遺跡は、雫石川右岸の自然堤防上に位置する縄文～古代を中心とした遺跡である。発掘調査は遺跡範囲の東側を中心に行われており、古代の遺構としては竪穴住居八〇軒(うち古墳～奈良時代のもの四二軒)・土坑・溝等が検出されている。まず遺構の分布状況についてみていく(第1図上)。竪穴住居はほとんど重複することはなく、ある程度の間隔を持って造られている。三～一〇軒で一つのグループを構成するように配置されており、グループ内の構成をみると、中心となる大型住居(規模の分類については後

野古A遺跡遺構配置図
(S=1/2000)
(■が奈良時代竪穴住居)

野古A遺跡竪穴住居の諸例(S=1/150)

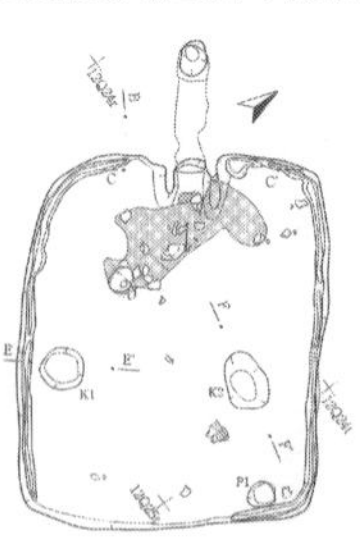

小型竪穴住居(RA081)

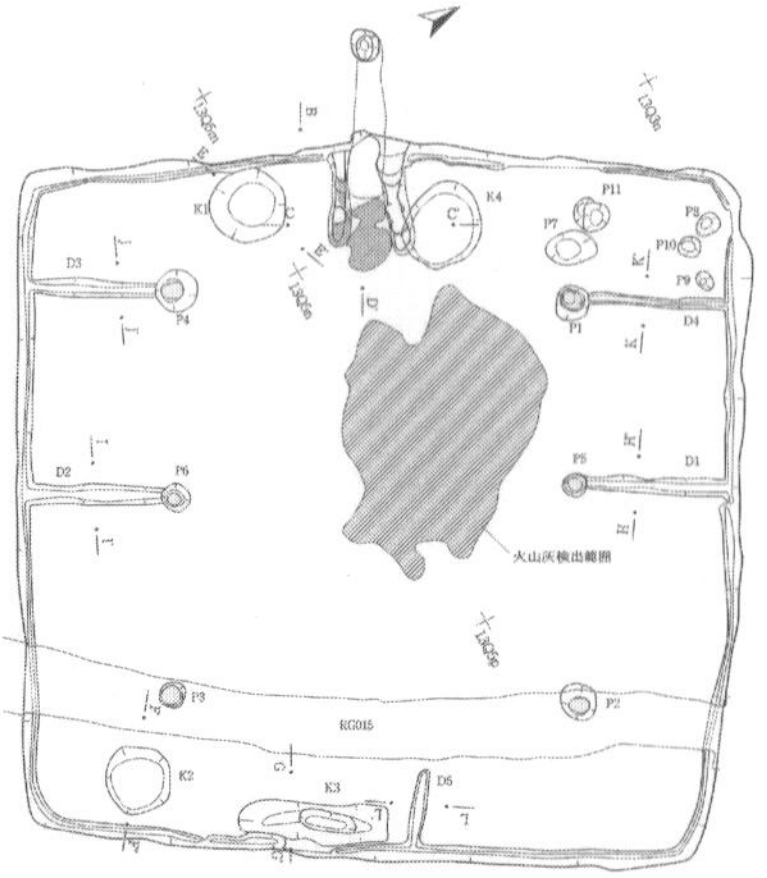

大型竪穴住居(RA083)

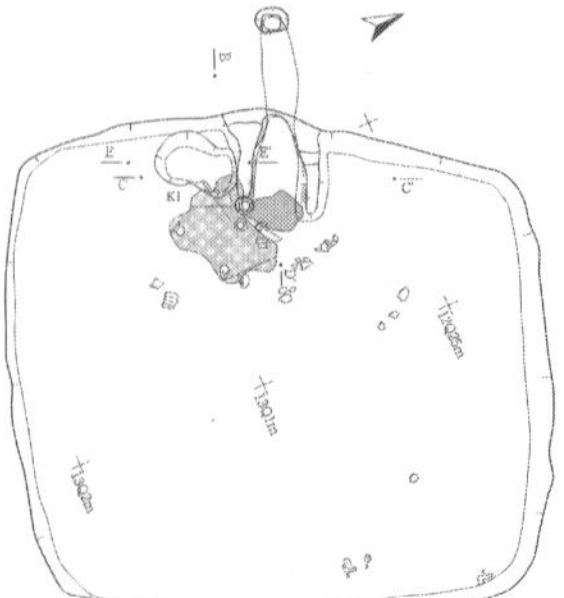

中型竪穴住居(RA082)

第1図　志波地域の集落遺跡(1)

述する)が一軒あり、その周辺にそれより規模の小さい住居が数軒造られている。また、その周辺には同時期と考えられる土坑が作られており、これらの土坑は堆積土の状況から廃棄土坑や焼成土坑と考えられている。このような配置状況は全期間を通じて共通であり、時期的に併行する台太郎遺跡や若干遅れて形成され始める本宮熊堂B遺跡などはもちろん、八世紀後半以降に形成される高櫓A遺跡等でも認められる(第2図下)。

続いて竪穴住居の構造についてみていく(第1図下)。平面形は方形を基調とし、主軸方位はほとんどが北~北西方向を向く。床面積をもとに規模を分類すると、一五平方㍍以下の小型、一五~二五平方㍍の中型、二五~四〇平方㍍の大型、四〇~六〇平方㍍の特大型に分類され、稀に六〇平方㍍以上の超大型がある(八木光則『古代蝦夷社会の成立』)。カマドはほぼ全てが北西方向を向き、造り変えが確認できるものはほとんどない。柱配置は床面中央に四本配置するものが基本であるが、大型・特大型のものには六本配置のものも多くみられる。一方で、中型以下のものには柱穴が確認されないものも多くみられる。また、規模の大小を問わず壁面に溝が巡るものが多いが、特に大型以上のものについては間仕切り溝が確認されるものもある。

出土遺物は土器類が中心である。土器は非轆轤成形の土師器坏・高坏・壺・甕類が主体であり、これに少量のミニチュア土器が伴う。また、七世紀後半~八世紀初頭頃の土師器の中には関東系土師器と考えられる坏や岩手県北部に見られるタイプの甕など、他地域との関連を窺わせるものが含まれる(第2図)。七世紀中葉~八世紀前半の年代が考えられている関東系土師器は、野古A遺跡以外では台太郎遺跡で出土している(第2図)。須恵器は、八世紀後葉までは量的に少なく客体的な存在であるが、八世紀末~九世紀初頭頃になると飯岡林崎II遺跡RA04のように坏類の主体が須恵器となる竪穴住居が出現するようになる。この他の遺物としては勾玉・丸玉・紡錘車等の土製品や刀子・鏃等の鉄製品、礫石器等も出土するが、全体的に出土量は少ない。

野古Ａ遺跡 RA068
（遺構 S=1/150　遺物 S=1/10）

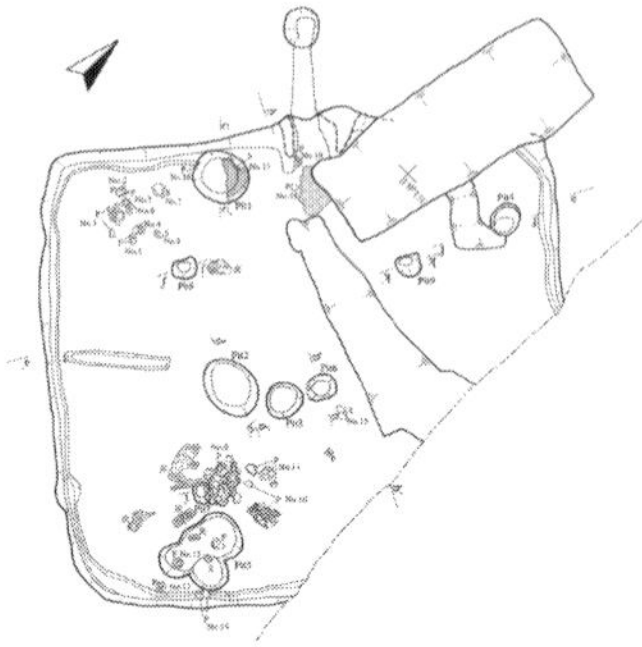

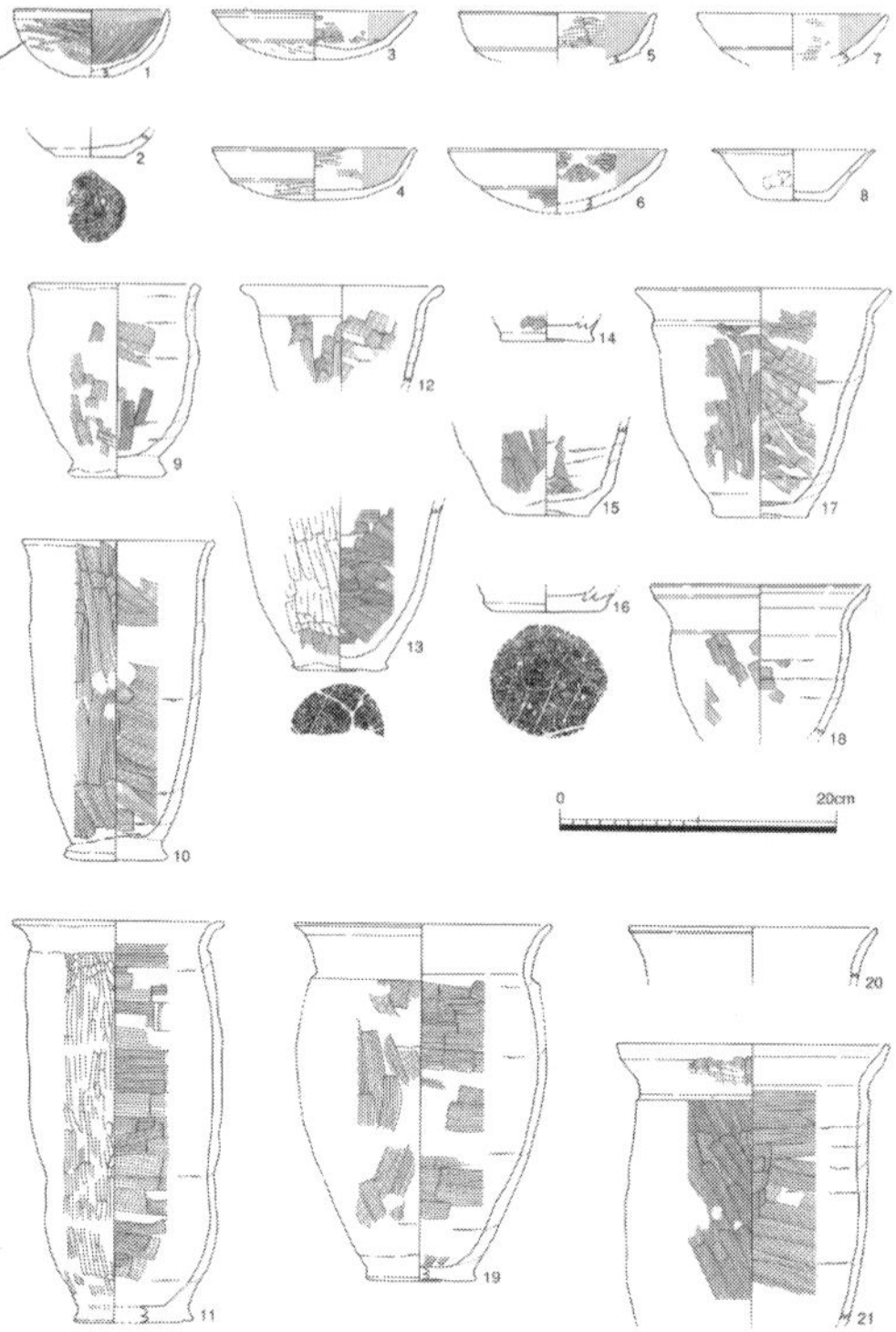

台太郎遺跡 RA580 出土遺物
（S=1/10）

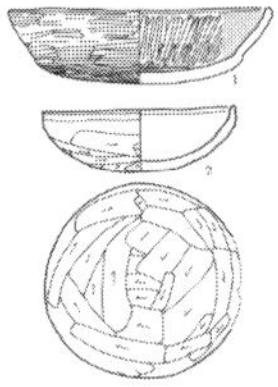

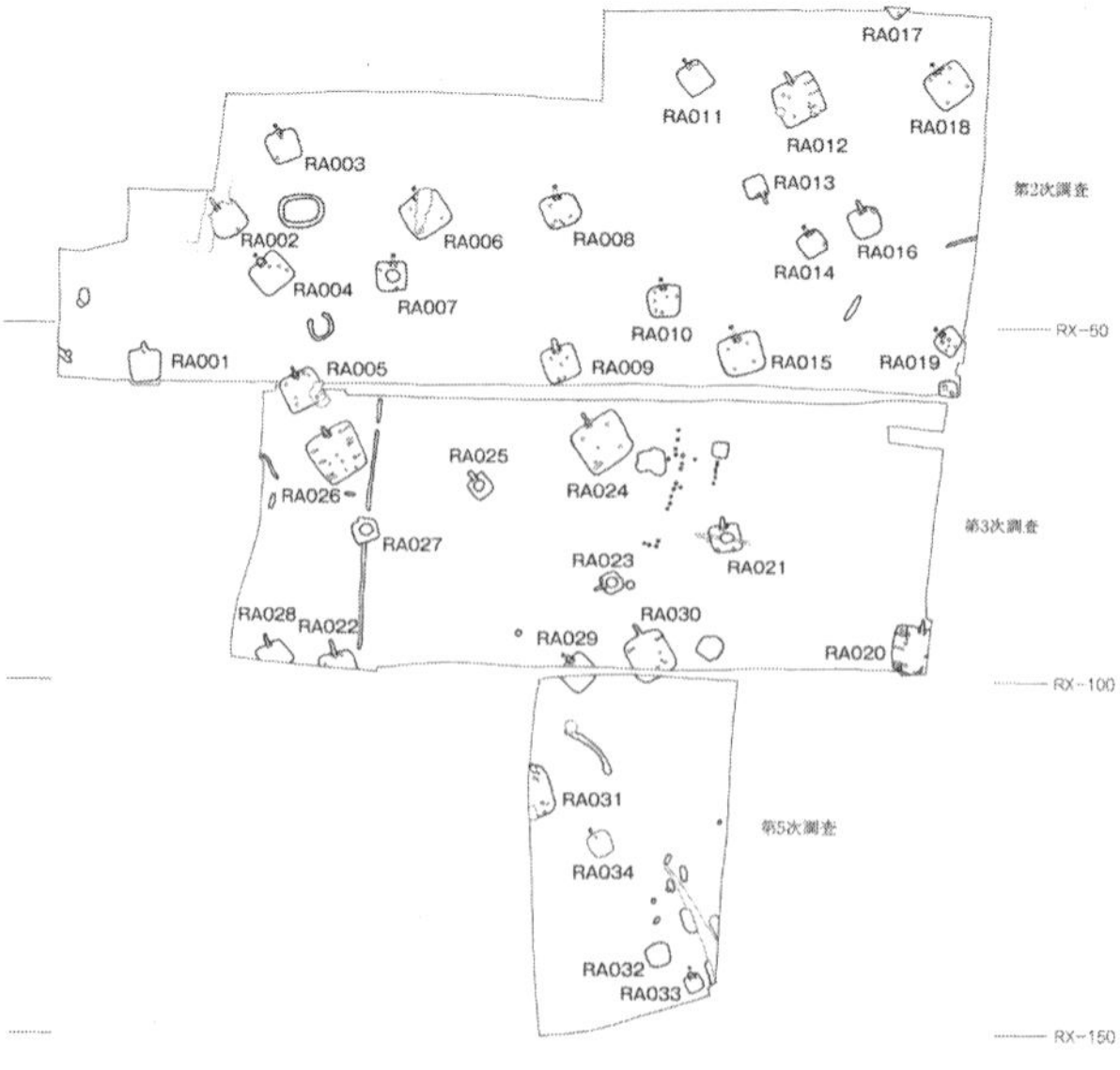

高櫓Ａ遺跡遺構配置図
（S=1/2000）

第２図　志波地域の集落遺跡（２）

2　和我地域

北上川右岸及びその支流である和賀川左岸の河岸段丘上に遺跡は分布する。代表的な遺跡としては下江釣子羽場・猫谷地・八幡・藤沢・牡丹畑・鳩岡崎・鳩岡崎上の台遺跡等がある。和賀川左岸には著名な末期古墳群である江釣子古墳群が存在し、周辺には下江釣子羽場・猫谷地遺跡のように古墳群と同時期（七世紀代）から形成されている集落もみられる。この他、八幡・藤沢遺跡のように八世紀に入ってから形成される集落、牡丹畑・鳩岡崎遺跡のように八世紀後半以降から形成される集落がある。志波地域に次いで調査件数の多い地域であり当該期の遺跡数は多いが、圃場整備に伴う幅狭な調査区による調査が多いため志波地域ほど遺跡の全容がわかる事例は多くない。

ここでは比較的分布状況等がわかる八幡遺跡を例として見ていく。八幡遺跡は、和賀川左岸の金ヶ崎段丘上に位置する古代を中心とした遺跡である（第3図）。これまでに七世紀後半～十世紀前半の竪穴住居・土坑・合口の土器埋設遺構等が検出されており、今回対象とする時期の遺構としては竪穴住居約一五軒や土坑等がある。東西に長い遺跡範囲の両端を調査しており、その両側で遺構が確認されている。結論から言えば、大局的な傾向は志波地域の集落遺跡とほとんど変わらない。八幡遺跡の竪穴住居の分布状況をみると、全期間を通じて重複関係があるものは多いが、当該期の住居だけを抽出すると重複関係はなく、大型住居を中心に数軒で一つのグループを構成していることがわかる。また、竪穴住居に近接した位置には焼成土坑と考えられる土坑も確認されている。竪穴住居の構造も、規模が小～特大型まであり、北壁にカマドが造られる、四本柱配置が主流である点など志波地域と同様の傾向を示す。

しかし、両地域では出土遺物において相違点が認められる。和我地域でも出土遺物は土器が主体で、非轆轤成形の

八幡遺跡遺跡範囲（S=1/20000）

八幡遺跡遺構配置図（S=1/2000）

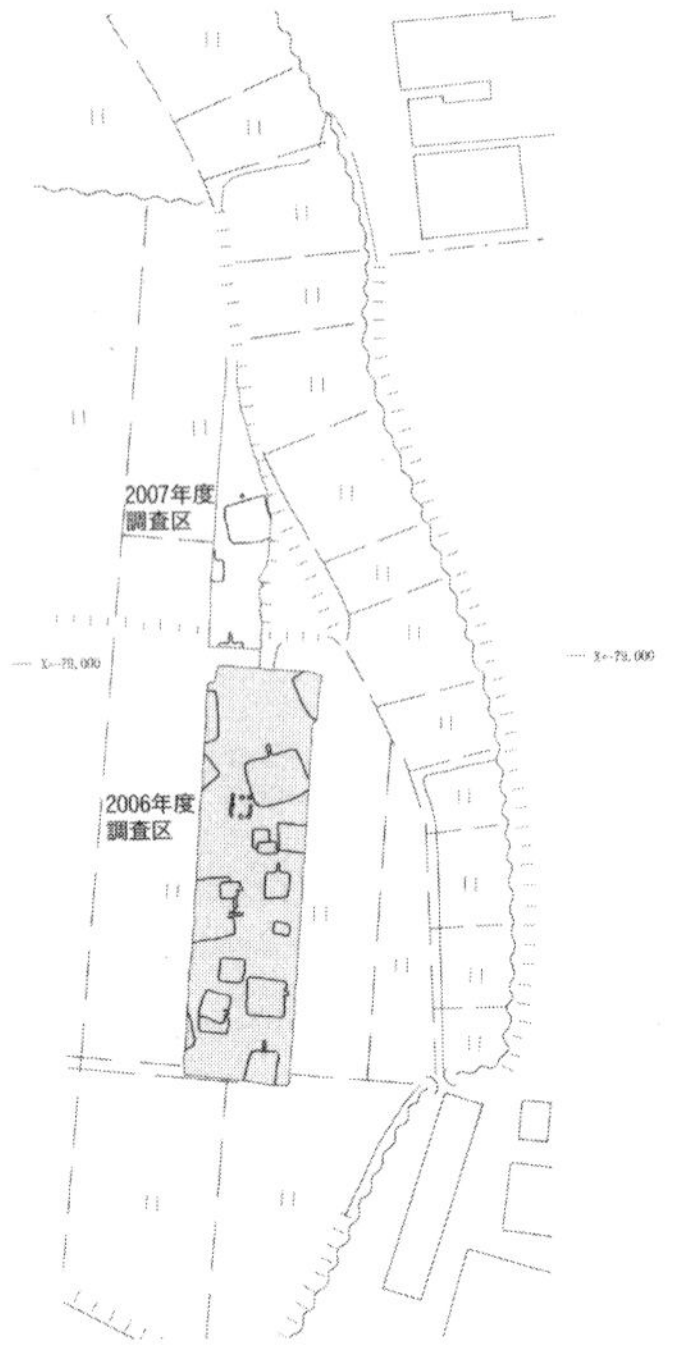

八幡遺跡 SI143（遺構 S=1/150　遺物 S=1/10）

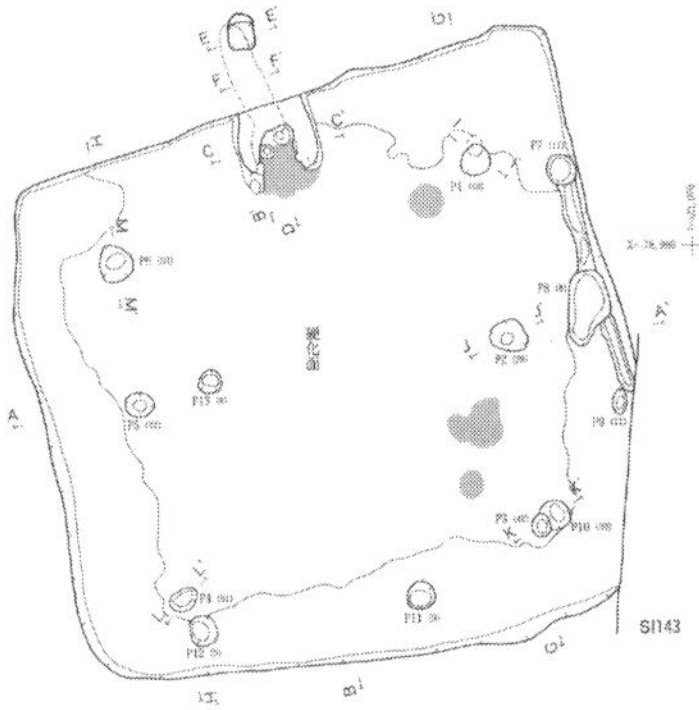

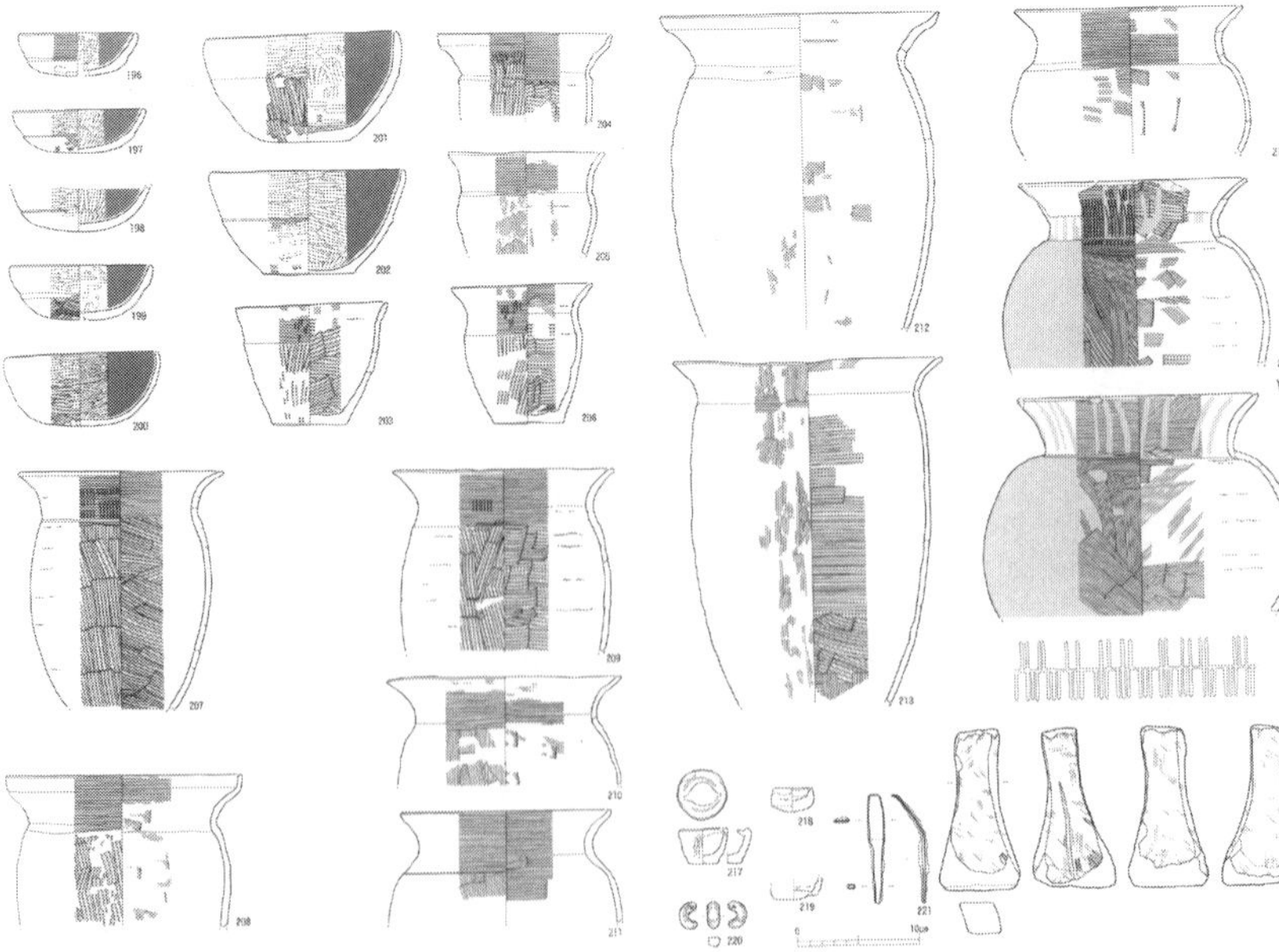

第３図　和我地域の集落遺跡（１）

藤沢遺跡 SI007 竪穴住居
(遺構 S=1/150　遺物 S=1/10)

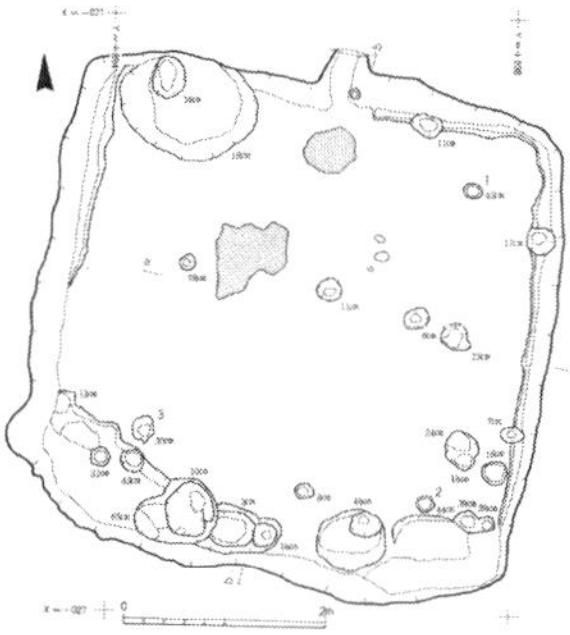

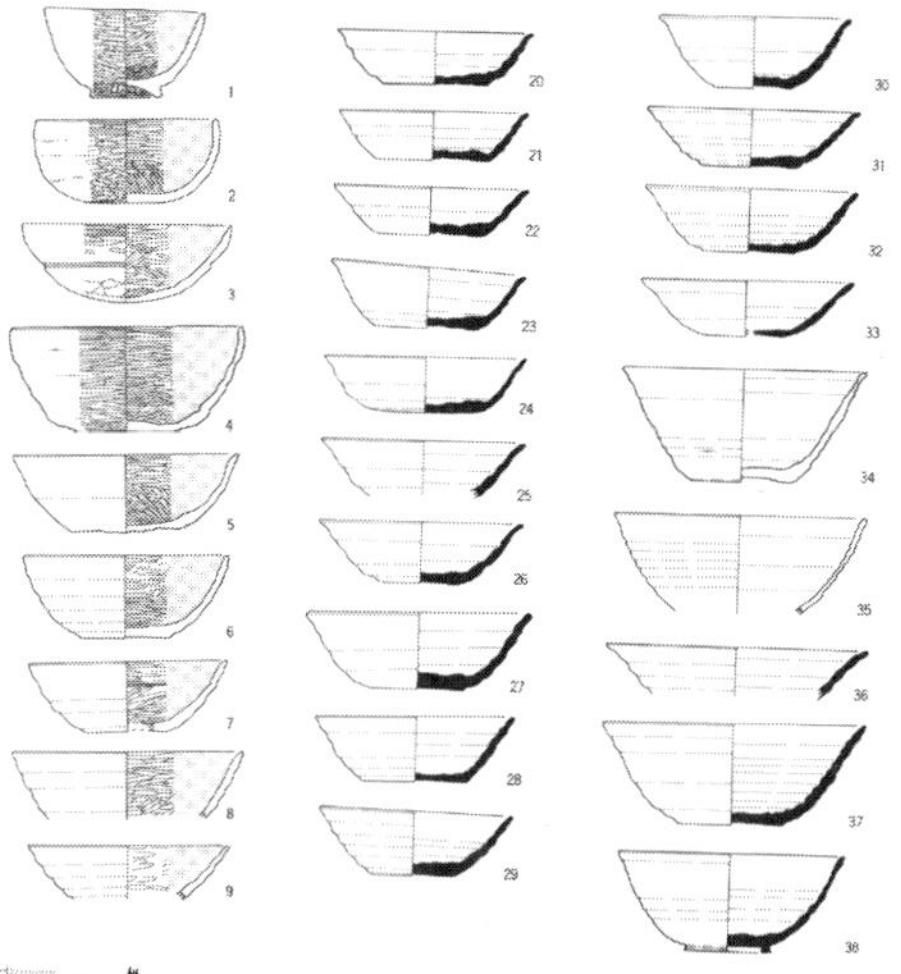

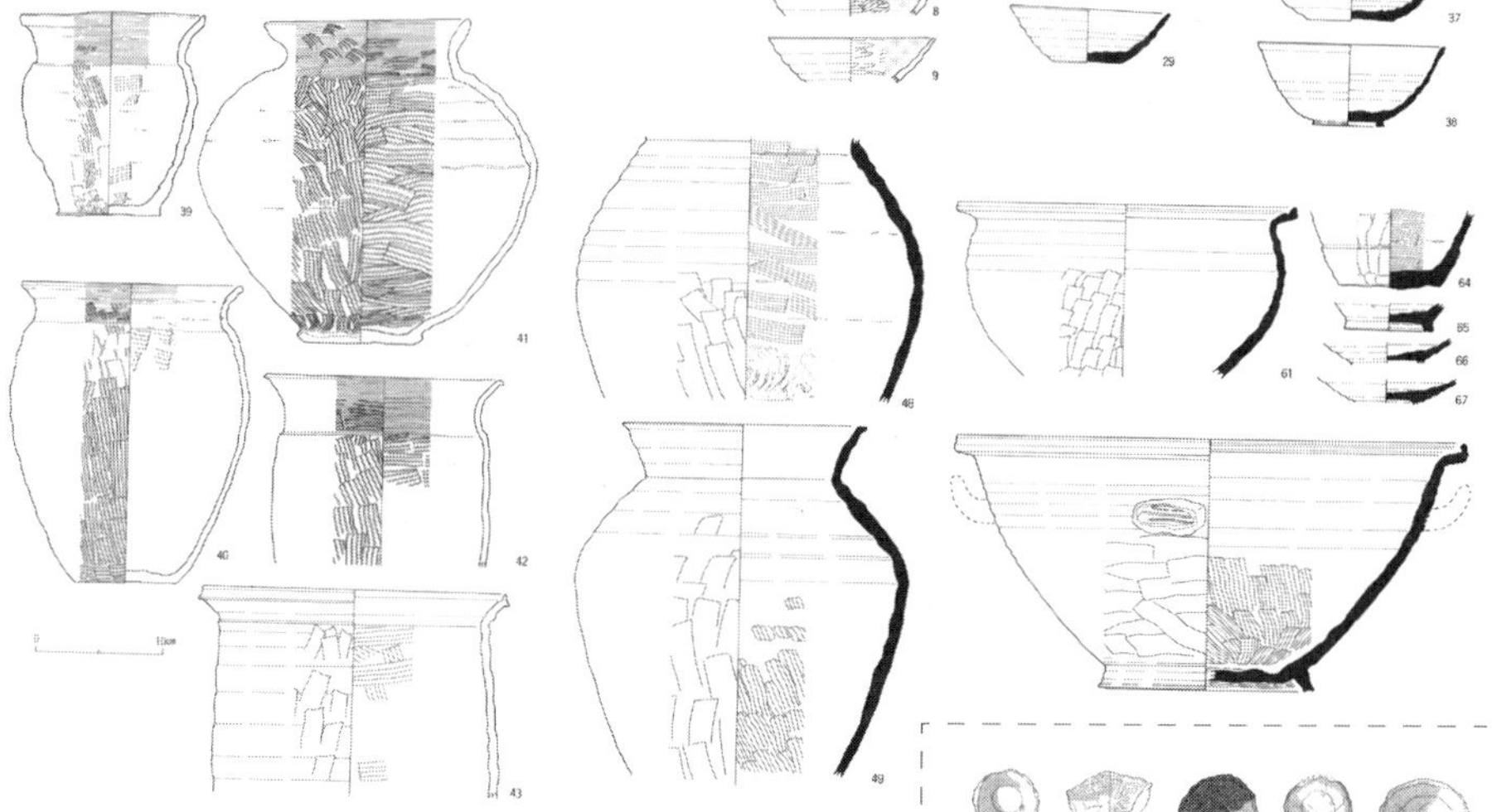

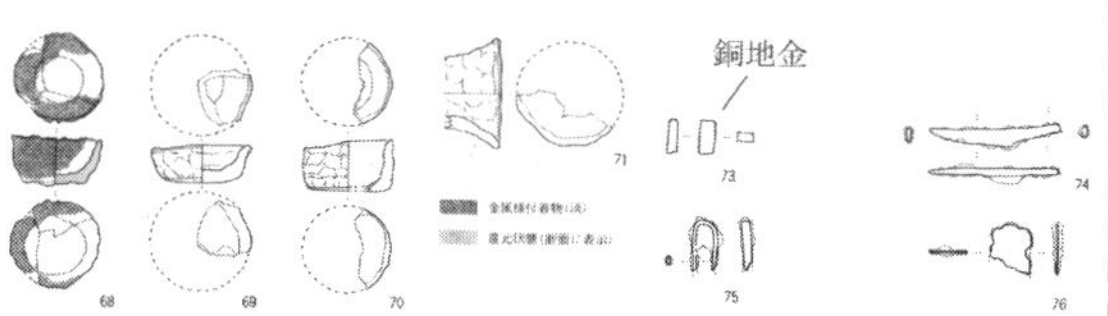

藤沢遺跡 SX010 製銅遺構
(遺構 S=1/150　遺物 S=1/10)

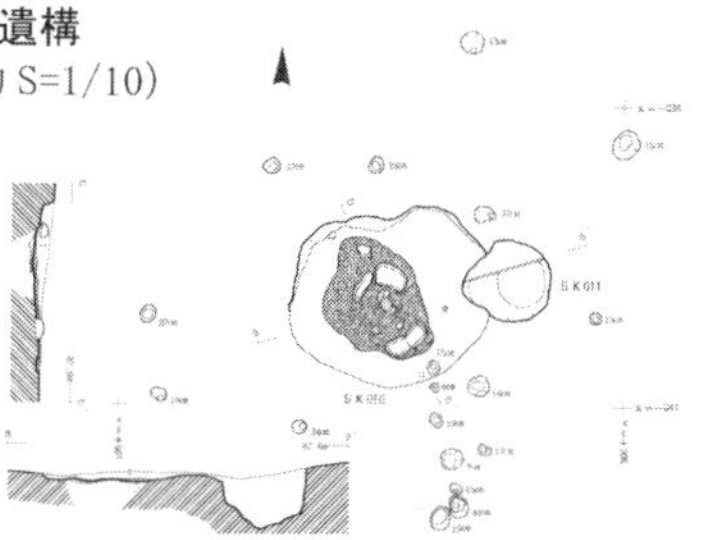

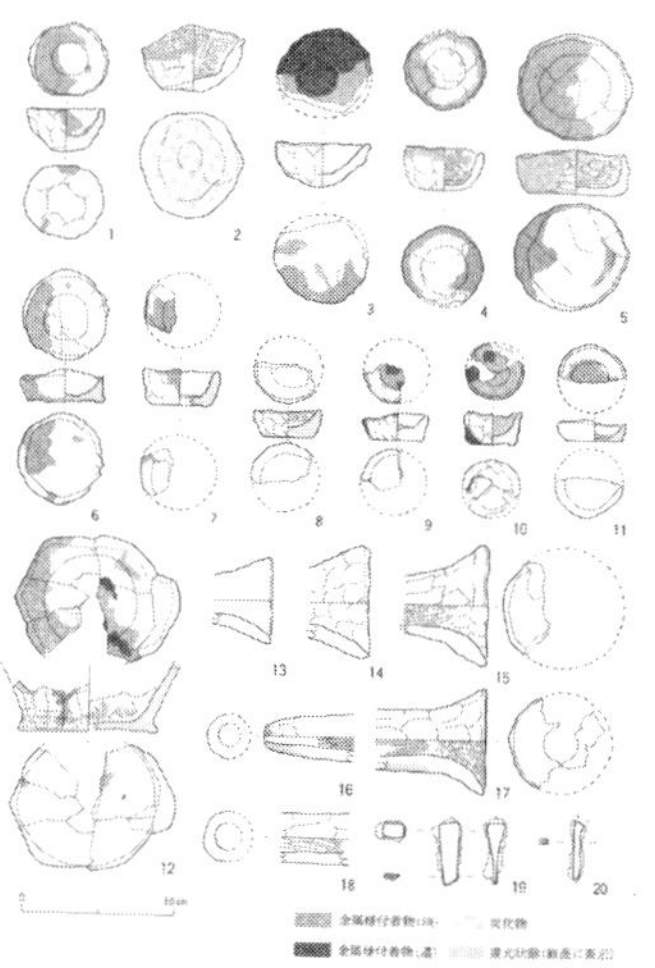

第４図　和我地域の集落遺跡(２)

土師器坏・高坏・壺・甕類が主体となる点は変わらないが、志波地域で出土している関東系土師器は現在のところ確認できていない。一方で、八世紀中葉になると口縁部に線状の文様を施し赤彩される球胴の甕、いわゆる「赤彩球胴甕」が一定量出土するようになる。このタイプの赤彩球胴甕は青森県八戸市域から大崎平野北部まで出土が確認されているが、出土遺跡の大半は北上盆地、なかでも和我地域に集中している（杉本良「岩手県北上盆地における蝦夷（エミシ）集団の動態」）。赤彩球胴甕は志波地域では志波城跡（竪穴住居）等から出土しているが、量は少なく共伴遺物から年代的に新しくなる（九世紀第1四半期か）と考えられている（杉本前掲）。須恵器は志波地域よりやや早く八世紀中葉頃から出土量は徐々に増加し、八世紀末以降には須恵器坏が主体となる竪穴住居が出現するようになる（第4図）。この他、土製品や金属製品等の出土量は志波地域に比べて多い。特に金属製品に関しては、刀子・鏃といった製品以外にも、例えば藤沢遺跡では八世紀後半～九世紀初頭の竪穴住居ＳＩ007から製銅に使用したと考えられる羽口・坩堝、銅地金が出土している。なお、この竪穴住居の近傍には製銅遺構と考えられる炉跡があり、関連が考えられている（第4図）。また、猫谷地遺跡では竪穴住居から和同開珎が出土している。和同開珎も赤彩球胴甕も末期古墳群との関連が考えられる遺物であり（杉本前掲）、集落を形成した集団の性格を窺わせるものといえる。

まとめ

以上が志波・和我地域における奈良時代集落の概要である。これに続く城柵創建後の平安時代の集落遺跡では、大型以上の竪穴住居の比率が減り、規模の点では中心となる住居が少なくなる。また、竪穴住居主軸（及びカマド設置）方向も多様になり、カマドの造り替えも多くなる。出土遺物は土師器・須恵器とも轆轤成形のものが主体となる等、奈良時代の集落とは構成が大幅に変化している。期間の差もあるため一概には言えないが、両地域の奈良時代集落の構成は平安時代の集落に比べて規格的であるといえる。なお、今回は触れることができなかったが、八世紀前葉以前、中葉～後葉、後葉以降では竪穴住居数の増減が著しいことが指摘されている(八木前掲)。この増減及び出土遺物の地域・時期的な差異等の要因については当時の歴史事象を踏まえて検討していく必要があると考えられる。

参考文献

古代城柵官衙遺跡検討会『第三五回古代城柵官衙遺跡検討会資料集』(二〇〇九)
杉本　良「岩手県北上盆地における蝦夷(エミシ)集団の動態」『考古学研究』第四五巻第一号(一九九八)
高橋千晶「岩手県南部」『古代東北・北海道におけるヒト・モノ・文化交流の研究』(東北学院大学文学部　二〇〇七)
津嶋知弘「志波城と蝦夷社会」『古代蝦夷と律令国家』(高志書院　二〇〇四)
西野　修「北上盆地北部の様相」『第二四回古代城柵官衙遺跡検討会資料集』(古代城柵官衙遺跡検討会　一九九八)
西野　修「徳丹城と蝦夷社会」『古代蝦夷と律令国家』(高志書院　二〇〇四)
八木光則「岩手県北部」『古代東北・北海道におけるヒト・モノ・文化交流の研究』(東北学院大学文学部　二〇〇七)
八木光則『古代蝦夷社会の成立』(同成社　二〇一〇)
岩手県文化振興事業団埋蔵文化財センター『台太郎遺跡第五一次発掘調査報告書』(第四六八集　二〇〇五)
岩手県文化振興事業団埋蔵文化財センター『野古A遺跡第二三・二四・二九次発掘調査報告書』(第五〇一集　二〇〇七)
岩手県文化振興事業団埋蔵文化財センター『矢盛遺跡第二七次・野古A遺跡第三〇次発掘調査報告書』(第五九四集　二〇一二)
北上市教育委員会『藤沢遺跡(一九八八年度)』(第五四集　一九八九)
北上市教育委員会『八幡遺跡(二〇〇六・二〇〇七年度)』(第九八集　二〇〇九)
盛岡市遺跡の学び館『高櫓A遺跡』(二〇〇九)
※図面を掲載していない発掘調査報告書については割愛した。

追記　脱稿後、和我地域では岩手県文化振興事業団埋蔵文化財センターが調査を実施した千苅遺跡の成果が公表された。報告によると、八世紀中葉～九世紀初頭の竪穴住居が約二〇棟検出されている。赤彩土器等も豊富であり、この調査により北上川西岸の自然堤防上にも大規模な奈良時代集落が分布することが確認された。

胆沢周辺の集落遺跡と墳墓

髙橋千晶

はじめに

平安時代初期の胆沢城創建以降、その支配下に置かれた胆沢・江刺地域は、岩手県南部、北上川東西岸に位置する。平成二三～二五年度に圃場整備事業に伴う発掘調査が奥州市胆沢区南都田地区で行われた結果、古墳～奈良時代の集落・墳墓の様相をより詳細に捉えることができるようになった。本稿では、これらの新たな調査成果を踏まえて、胆沢・江刺における集落・墳墓の様相を整理し、地域社会の動向を分析する。(1)

1　集落の動向

(1)弥生時代～六世紀前半代

弥生時代～五世紀前半代

弥生時代及び古墳時代前期には、奥州市胆沢区南都田を中心とする水沢段丘低位面南縁と水沢段丘北側高位面南縁

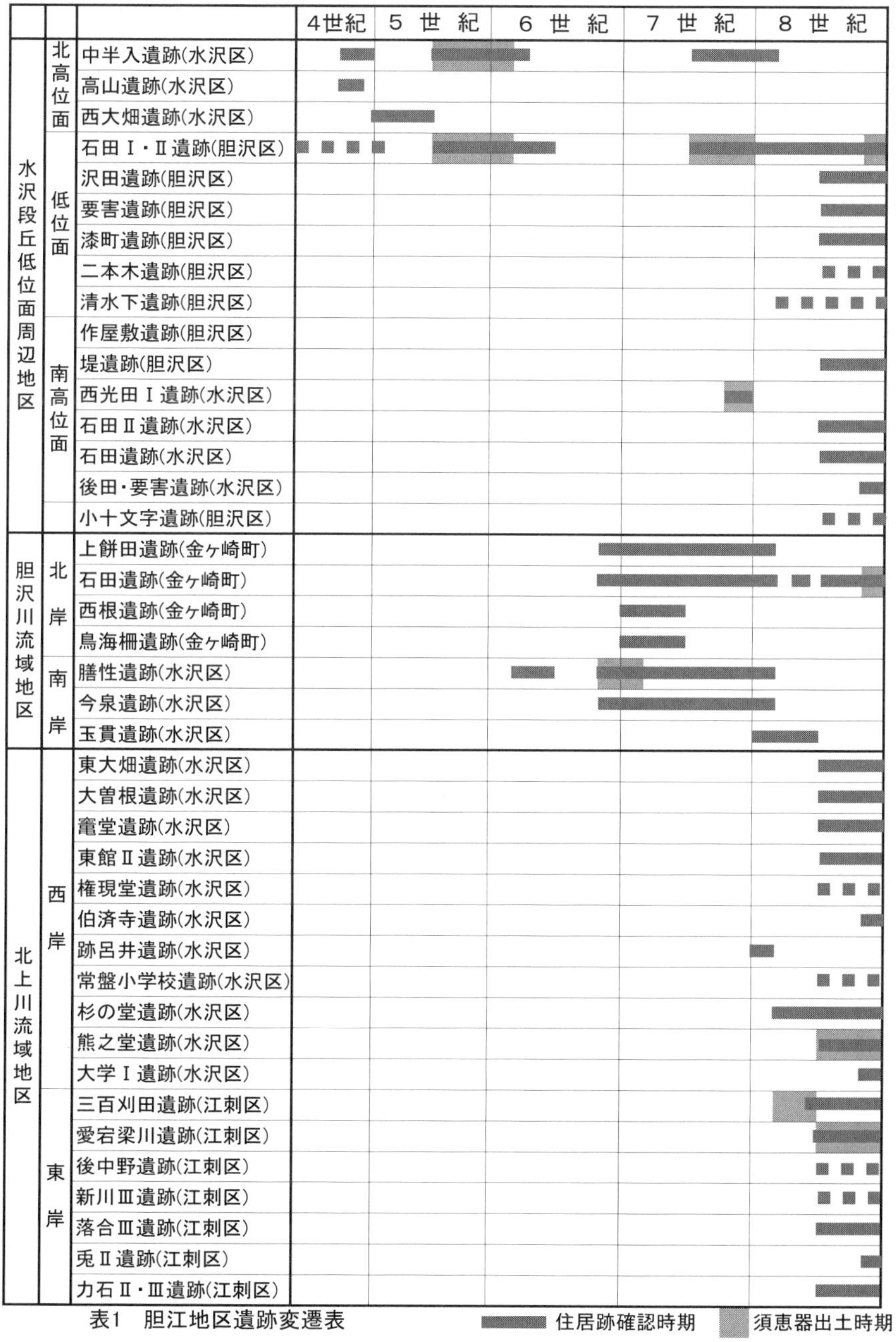
4世紀
5 世 紀
6 世 紀
7 世 紀
8 世 紀
水沢段丘低位面周辺地区
北高位面
低位面
南高位面
中半入遺跡(水沢区)
高山遺跡(水沢区)
西大畑遺跡(水沢区)
石田Ⅰ・Ⅱ遺跡(胆沢区)
沢田遺跡(胆沢区)
要害遺跡(胆沢区)
漆町遺跡(胆沢区)
二本木遺跡(胆沢区)
清水下遺跡(胆沢区)
作屋敷遺跡(胆沢区)
堤遺跡(胆沢区)
西光田Ⅰ遺跡(水沢区)
石田Ⅱ遺跡(水沢区)
石田遺跡(水沢区)
後田・要害遺跡(水沢区)
小十文字遺跡(胆沢区)
胆沢川流域地区
北岸
南岸
上餅田遺跡(金ヶ崎町)
石田遺跡(金ヶ崎町)
西根遺跡(金ヶ崎町)
鳥海柵遺跡(金ヶ崎町)
膳性遺跡(水沢区)
今泉遺跡(水沢区)
玉貫遺跡(水沢区)
北上川流域地区
西岸
東岸
東大畑遺跡(水沢区)
大曽根遺跡(水沢区)
竈堂遺跡(水沢区)
東館Ⅱ遺跡(水沢区)
権現堂遺跡(水沢区)
伯済寺遺跡(水沢区)
跡呂井遺跡(水沢区)
常盤小学校遺跡(水沢区)
杉の堂遺跡(水沢区)
熊之堂遺跡(水沢区)
大学Ⅰ遺跡(水沢区)
三百刈田遺跡(江刺区)
愛宕梁川遺跡(江刺区)
後中野遺跡(江刺区)
新川Ⅲ遺跡(江刺区)
落合Ⅲ遺跡(江刺区)
兎Ⅱ遺跡(江刺区)
力石Ⅱ・Ⅲ遺跡(江刺区)
住居跡確認時期
須恵器出土時期

表1　胆江地区遺跡変遷表

に遺跡が展開する。(2)水沢段丘低位面南縁の清水下遺跡・石田Ⅰ・Ⅱ遺跡で弥生時代の石包丁が出土する。また、弥生時代中・後期の土器が石田Ⅰ・Ⅱ遺跡から、後期の土器が二本木遺跡、中半入遺跡から出土する。これらの遺跡周囲には河川が流れ、旧河道や沼地、湧水地があり水田耕作に適した立地・環境が選択され、集落が造営されたと考えられる。

中半入遺跡では、古墳時代前期後半段階で遺跡南側に集落が成立する。この高位面南縁東方には、中半入遺跡と同時期の方形竪穴住居から土器と砥石が出土した高山遺跡、後続する中期前半代には西大畑遺跡に短期間の集落が確認される。このほか石田Ⅰ・Ⅱ遺跡では、古墳時代前期後葉の完形二重口縁壺が出土する。弥生時代後期と時期的併行関係を持つ続縄文土器の後北C2・D式土器、続く古墳時代前期〜中期前半と併行する北大Ⅰ式土器も中半入遺跡で確認されるが、客体的な存在であり、本地域では四世紀後半代から古墳文化の影響下に集落が成立した状況が窺える。

五世紀後半代

五世紀後半代には本州最北の前方後円墳角塚古墳が低位面南縁に造営される。同時期の中半入遺跡では、多数の住居跡からなる集落が形成される。この時期に集落の中心が古墳時代前期集落より北東に移ることから、胆沢川に近接する立地が選択されたと考えられる。宮城県湯ノ倉産の多量の黒曜石剥片類の出土、黒曜石製石器類の使用痕の分析結果等によって、皮なめし、乾燥・燻蒸といった一連の皮革加工跡が確認されている。出土遺物は、多種類の搬入品が特徴で、須恵器は多数の大阪府陶邑窯製品のほか宮城県大蓮寺窯製品も搬入される。岩手県久慈産の琥珀、古墳文化の祭祀遺物である地元産粘板岩を用いた石製模造品は、原石状態で搬入されたあと、遺跡内で加工された可能性が高い。このほか、首長権執行の場と推測される小型方形区画遺構を中心とした集落構成から、中半入遺跡は古墳文化圏と密接な関係を保ちながら物資の流通、生産を掌握した地域首長が存在した拠点的集落と考えられている。角塚古

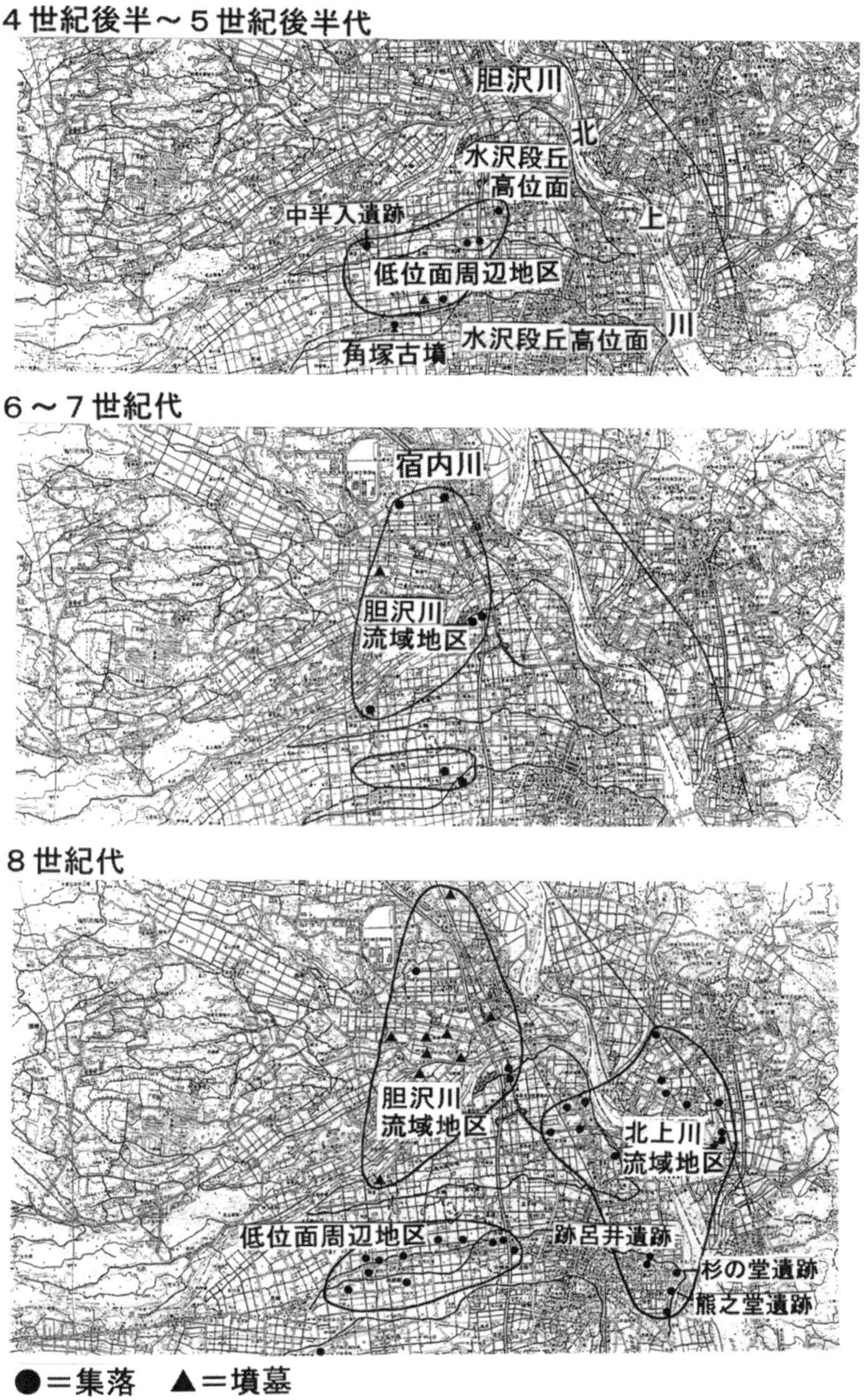

第１図　胆沢地区遺跡分布図

墳北東に確認された低位段丘南縁の石田Ⅰ・Ⅱ遺跡も、中半入遺跡と同時期の角塚古墳築造に関与した拠点集落の可能性が高い。

以上、角塚古墳造営期には、黒曜石製石器による皮革加工など北東北の続縄文文化の生活様式を基盤にしながら、古墳文化を受容する拠点集落が出現、さらに集落拡大の様相が確認される。

（２）六〜七世紀

六世紀前半代には、石田Ⅰ・Ⅱ遺跡のほか胆沢川南岸の膳性遺跡で住居跡が少数確認されるが、これ以降集落の様相は不明瞭となる。六世紀後葉には膳性遺跡のほか宿内川南岸の上餅田遺跡に住居跡が造営され、新たに胆沢川流域に集落の形成が確認される。

続く七世紀前半代には、上餅田遺跡、膳性遺跡で前代に引き続き集落が営まれるほか、胆沢川北岸の段丘南縁に西根遺跡・鳥海柵遺跡、南岸の今泉遺跡で安定した集落が形成される。このほか、中半入遺跡でも七世紀後半に集落が再び形成され、胆沢川流域における集落の拡大が確認できる。また石田Ⅰ・Ⅱ遺跡は、七世紀後半以降、住居跡が多数確認され、七世紀末頃には鞴羽口、鍛冶滓等の出土から、生産を行う拠点集落であったと認められる。

前代までは住居間の格差は小さく均一的な家族構成であったが、この時期、住居規模の格差が明確となり、大型住居ほど玉類・鉄器類、紡錘車等の器財を保有する割合が高くなる傾向が指摘されている［八木 二〇一〇］。また、集落の基本構成単位が大型住居を中心に数棟の竪穴住居から形成され、竪穴住居の方向やカマドの向きが斉一性を示すため、集落の規制の中に方位軸線を基準とする原理があったとされる［伊藤 一九八七］。続く時代に引き継がれる集落の様相が、七世紀前半代には確立していた状況が読み取れる。

また土師器は、北東北と南東北で異なる様相を示し、宮城県大崎平野以南は南東北の、それより北の当該地を含む地域は北東北の土器様式に包摂される様相が、前代より色濃くみられる［辻ほか二〇〇七］。

（3）八世紀代

八世紀前葉に胆沢川流域で新たに玉貫遺跡が成立するものの、集落は急速に衰退する。これらの集落と入れ替わるように、八世紀代には、第1図北上川流域地区とした南縁にあたる北上川西岸南側高位面東端の跡呂井遺跡で住居の造営が開始され、東方の杉の堂遺跡、その南側の熊之堂遺跡、大学Ⅰ遺跡へと集落が拡大し、八世紀中葉以降～後半代に盛期を迎える。北側高位面東端でも同様に遺跡の分布域が拡大する。

北上川東岸の江刺地域では八世紀中葉以降、籾痕を持つ弥生土器が出土した兎Ⅱ遺跡のほか力石Ⅱ遺跡等、沖積地微高地上に住居跡が確認され、集落は水田稲作に適した低地に隣接する微高地上に営まれる。この北上川流域では、住居数の増加に伴う集落拡大が顕著で須恵器の保有数が増加する。跡呂井遺跡群北側段丘下には、弥生時代中期末～後期初頭の常盤式標識遺跡である常盤広町遺跡が存在する。江刺地域同様、耕作地の増加も集落の拡大をもたらした要因のひとつと考えられるが、これらの集落は交通・物流の大動脈である北上川本流両岸に広がる要衝の地にある河川交通の拠点を担った集落との指摘もある［樋口二〇一三］。

また、継続的な集落造営がみられる角塚古墳周辺でも、集落が高位面段丘縁から南へ、そして東西方向へ拡大する傾向が見られる。石田Ⅰ・Ⅱ遺跡のほか新たに二本木、堤遺跡などで須恵器坏が確認され、ここでも遺跡の分布拡大と須恵器の保有集落の増加という変化がみられる。八世紀中葉以降には三十八年戦争の影響と想定される焼失家屋が増加した後、律令国家により直接支配される胆沢城の創建を迎え、本地方は大きな画期を迎えることとなる。

2　墓制の様相

南東北では前方後円墳を頂点とする政治体制の時代、水沢段丘低位面南縁に五世紀後半代の本州最北の前方後円墳角塚古墳が築造され、引き続き群集墳が造営されることが明らかとなった。

角塚古墳は、発掘調査の結果、後円部二段築成、前方部無段、後円部上段斜面に葺石がある前方後円墳と復元された(第2図)。「前方部半裁型」と称される短く低い前方部のほか、後円部下段が低く下段上面の平坦面幅が墳丘規模に比べて広いなどの特徴は、宮城県名取市名取大塚山古墳、色麻町念南寺古墳と形状が類似し、仙台市富沢窯跡系列の埴輪の出土から被葬者間に密接な政治的関係があったとされる[藤沢 一九九八]。

角塚古墳北東に位置する沢田遺跡では、墳丘及び主体部が削平された五世紀後半〜六世紀前半の円墳四基、墓壙一一基の群集墳の存在が判明した(第3図)。墓域及び遺構の規模・全容は不明であるが、角塚古墳に後続する古墳の様相が明らかとなった。四号墳周溝から宮城県湯ノ倉産黒曜石剥片とともに口縁部欠損部分を周溝外部に向け倒立させた土師器甕五個体が出土した。また、円形周溝周囲に存在する墓壙のうち二号墓では、五世紀後半以降北関東・南東北などにみられる竪穴式小石槨が検出された。古式群集墳である円墳群、竪穴式小石槨などの古墳文化圏の埋葬施設が当地方で築造されている状況を確認できる。

一方、東西に長軸をもつ三号墓では、墓壙東底面に礫で土師器小形甕の周囲を囲い、その上に坏が合口に埋納されていた。本地域北に位置する同時期の岩手県雫石町仁沢瀬Ⅱ遺跡(第4図)、秋田県横手市田久保下遺跡では、続縄文文化の墓が確認され、楕円形を呈する遺構の東側端部の袋状掘り込みから合口の土師器坏・甕が出土した。土壙墓埋

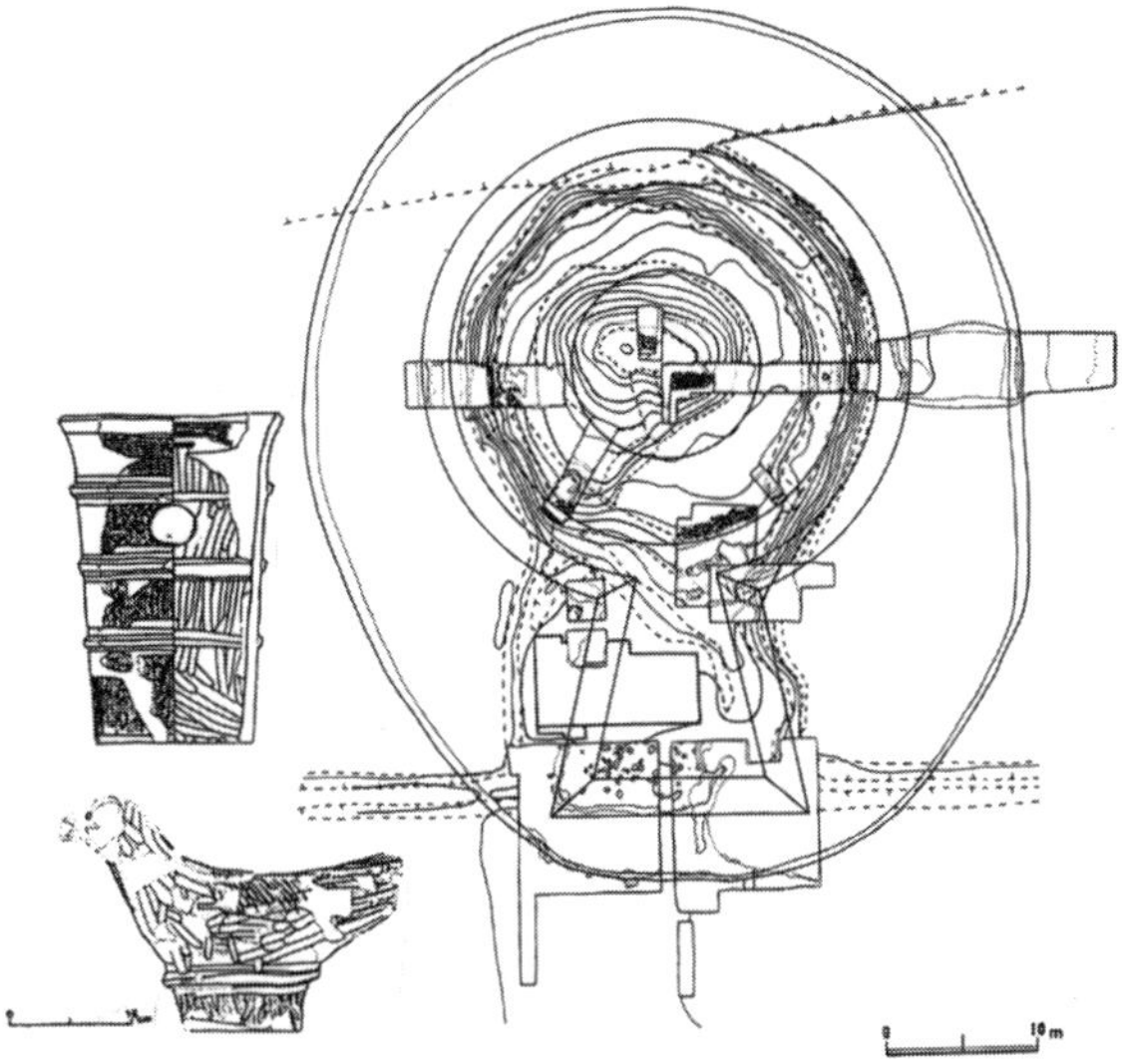

第２図　角塚古墳墳丘復元図
角塚古墳出土円筒埴輪・鶏型埴輪

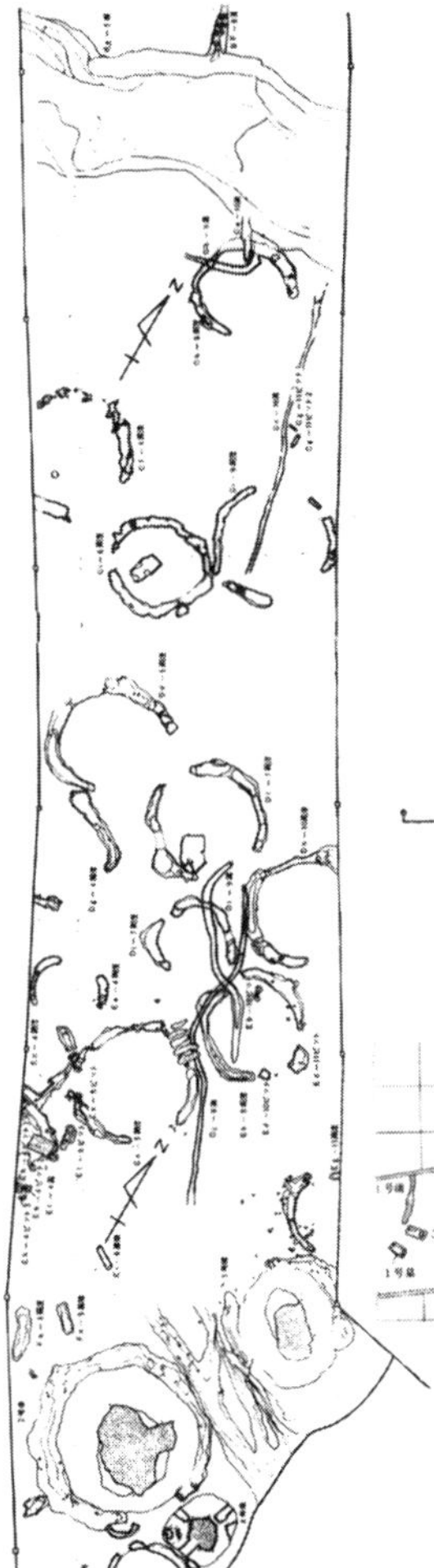

第５図　西根古墳
群調査区全体図

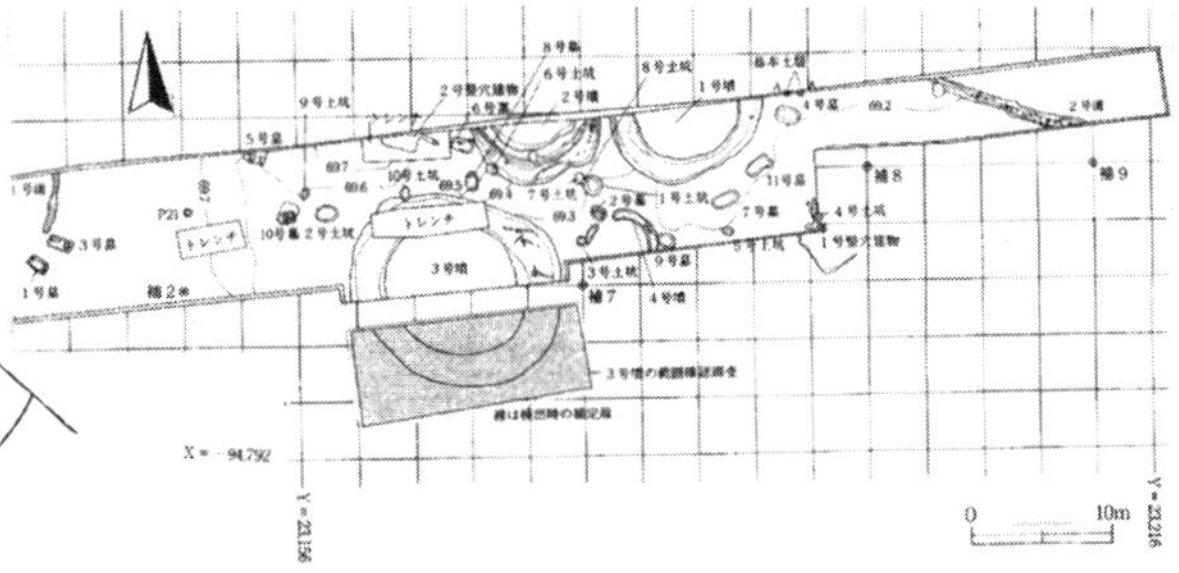

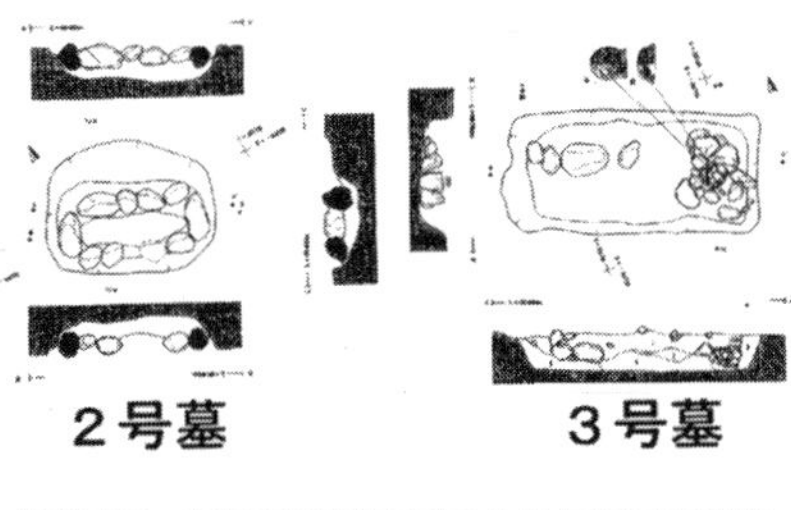

第３図　沢田遺跡調査区全体図及び墓壙

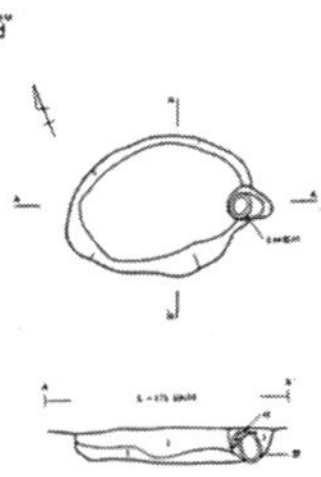

第４図　仁沢瀬遺跡Ⅲ C4h 土壙

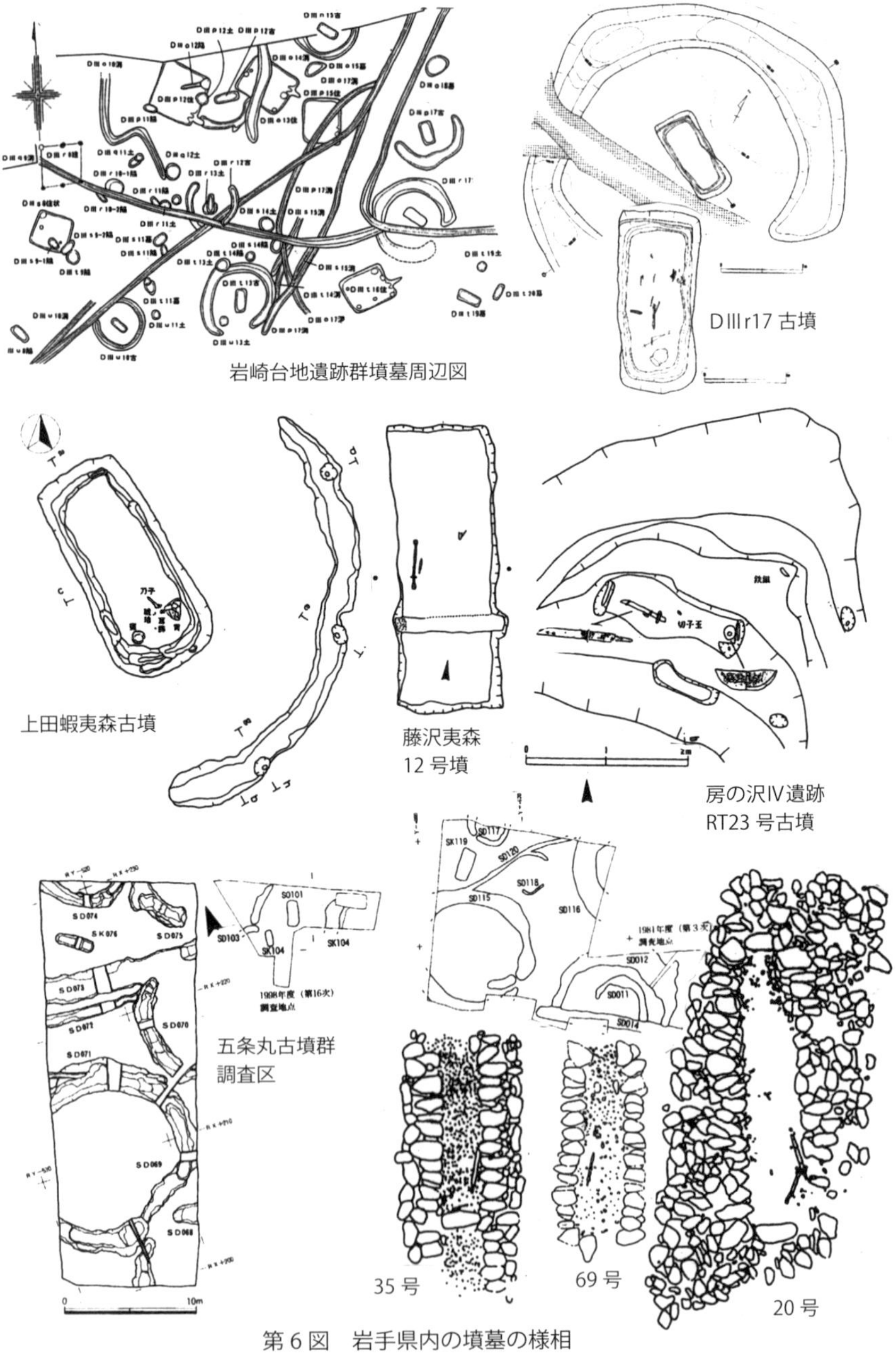

第６図　岩手県内の墳墓の様相

土上位やその周辺には多量の黒曜石破片が出土している。古墳周溝の黒曜石剥片の出土、合口土器の埋納状況から、古墳文化の埋葬施設と北東北の葬送儀礼が融合した墳墓とみられる。

従来北東北では六世紀末〜七世紀前半の北上市岩崎台地遺跡群の造営以降墳丘を持つ「末期古墳」が展開すると考えられてきた。しかし、墳墓周辺から黒曜石破片が出土する続縄文的な様相、円墳と土壙墓により構成される様相は、五世紀後半〜六世紀前半代の古式群集墳に位置付けられる沢田遺跡でも確認され、これ以降本地域で定着し、岩崎台地遺跡群へ引き継がれた可能性を持つ。本稿では、これらの墓を「墳墓」としたが、今後「末期古墳」呼称やその定義など様々な検討が必要と考えられる。

このほか沢田遺跡では、墓壙長軸を東西方向に向けており、九号墓では長軸東側から人の下顎骨が出土することから、東に頭を向けて葬られたとみられる。先の田久保下遺跡等に見られる楕円形の長軸を東西方向にむけ、東側に造られた袋状掘り込みに土器等が埋納される葬法は、北東北の伝統的な葬送儀礼に基づいていたと考えられる。六世紀中〜後葉の宮城県加美町(旧宮崎町)米泉館跡で検出されたＳＫ九土壙木棺墓は、東端部に袋状掘り込みを持つため、北東北の続縄文系の墓の影響下に造営された墓と考えられる。玉類の出土状況から東頭位の伸展葬と考えられる。仁沢瀬Ⅱ遺跡等と岩崎台地遺跡群の墳墓との過渡的な様相が見られる。

北上市岩崎台地遺跡群の埋葬方法は、墓壙長軸が東西軸と南北軸の墳墓が混在しているが、従来の岩手県内における墳墓と比較し、長軸が南北に据えられた伸展葬であることに新たな特徴がある(第6図)。北上川流域の墳墓では、七世紀以降、埋葬部は南北軸をとるようになるが、これは南東北などで南に開口する横穴式石室が採用された影響を受けた可能性が高いと考えられる。

北上川上流部の盛岡市上田蝦夷森古墳でも、冑が墓壙長軸の南東部から出土しているほか、矢巾町藤沢狄森古墳群の第十二・十四号墳では刀、第五号墳、SK〇四土壙跡では刀子の柄が南を向いている。被葬者が刀を佩びて埋葬されたとするならば、南頭位であったと考えられる。また沿岸部の宮古市長根古墳群・山田町房の沢Ⅳ遺跡の古墳群では、丘陵という立地に左右されたのかもしれないが、墓壙長軸を概ね東西とした埋葬部が造られており、その際には刀の柄・鋒の位置や向きから東頭位と考えられる。

本稿の対象である胆沢・江刺地域には、胆沢川とその支流黒沢川北岸に築造される金ヶ崎町西根古墳群が存在し、縦街道、道場、揚場、三反田、五郎屋敷、飛鳥田、桑木田等の支群からなる。胆沢川流域の縦街道支群と奥州市水沢区蝦夷塚古墳群では、周囲の川原石の出土状況から主体部は石室であったと想定される。北上市猫谷地・五条丸古墳群で見られる石室形態は、初期には北関東に系譜をもつ前庭部の構造を残すものが造られ［加部 一九九九］、この地で横穴式石室が導入されたのち、在地で変容した形態の石室が造営され続けた［高橋 一九九七］。北上川西岸の金ヶ崎町水口沢古墳では、両側壁に玄門状立石が三ヶ所ある川原石積石室がある。道場支群では、川原石積石室と南北方向の主体部主軸方向に川原石長軸を据える形態が確認される。玉類、鉄斧、馬具、金環等が出土し、四号墳主体部出土の土師器甕、一号墳周囲出土の須恵器提瓶は川原石積石室導入の時期を示す可能性がある。

縦街道支群（第5図）では、蕨手刀、玉類のほか律令国家の下賜品である八世紀前〜中葉の金銅製銙帯金具、和同開珎等の遺物が出土する。主体部に南北軸を採用した周溝を持つ墳丘墓と土壙墓が、同一墓域に存在する形態は揚場支群でも確認され、七〜八世紀代の本地方に定着していたとみられる。また、岩崎台地遺跡群の墳墓と同様に遺体の伸展葬が採用されるほか、北上市猫谷地・五条丸古墳群第二十・三五・六九号墳でも刀の柄が南を向いており、土壙墓と同様に石室被葬者も刀を佩びて埋葬されたとすれば、南頭位であったと考えられる。

今まで見てきたように角塚古墳造営後の本地方では、埋葬頭位等に北東北に根付く在地的な葬送儀礼が認められる。

この後の大きな変容は、胆沢城造営に伴う南東北以西の生活文化の流入及び多数の人々の定住によるものと考えられる。

まとめ

集落と墓制の様相から当該地域を概観すると、本地方では、①古墳文化と続縄文文化が密接に関係する集落・墳墓が水沢段丘低位面周辺に拡大する五世紀後半代、②胆沢川流域に新興勢力が隆盛する六世紀後葉から七世紀前半代、③北上川流域集落の拡大と律令国家の下賜品を有する胆沢川流域円墳群が造営される八世紀前～中葉の三時期に画期が存在し、南東北以南の政治的変動と連動した変化が認められた。

特に胆沢地域は、土師器を伴う方形竪穴住居が古墳時代前期以降継続的に営まれるほか、前方後円墳、群集墳のほか中半入遺跡の小型方形区画遺構の造営など、古墳文化の要素を多数有する古墳文化圏の周縁に位置し、古墳文化の影響・変化を常に受容していた様相が見られ、その後も角塚古墳周辺集落が有力勢力として存在し続けた状況が確認された。これ以降の胆沢川流域に増加する新興集落・墳墓は、金銅製品などの威信財を有し、古墳文化圏に系譜をもつ川原石積石室を主体部とするため、河川を掌握する勢力を律令国家側へ取り込む動き、または南東北以西の勢力、あるいは北上川支流の河川流域の川原石積石室を有する古墳群を造営した勢力との強い結びつきを示すものと考えられる。

九世紀初頭の胆沢城の造営地は、北上川とその支流胆沢川の合流点という河川交通の要衝の地であるとともに、胆沢川を挟む背後には律令国家の下賜品である銙帯金具、和同開珎を保有する西根古墳群を有しており、現在、周辺には八世紀代の有力集落はみられない。角塚古墳周辺の譜第の拠点集落、八世紀中葉以降の北上川流域の新興集落の存在は、地域支配の拠点である胆沢城の選地にも影響を及ぼしたとみられる。

註

（1）平成二五年度末現在発掘調査報告書が刊行されていない石田Ⅰ・Ⅱ遺跡、沢田遺跡については、現地説明会資料等の記載をもとに調査担当者にご教示いただいた。調査担当者である溜浩二郎氏、米田寛氏に感謝申し上げたい。

（2）本稿における胆沢扇状地の段丘区分は、「胆沢町郷土資料館第一三回企画展　地名・屋号が物語る胆沢の歴史と自然」二〇〇五年資料に基づくが、従来段丘縁と考えられてきた角塚古墳北側の部分に点線を加筆した。

伊藤博幸「七、八世紀エミシ社会の基礎構造」『東北の歴史と文化』第七〇号　岩手史学研究会　一九八七年
伊藤博幸「北上盆地南部の様相」『第二四回古代城柵官衙遺跡検討会資料』一九九八年
加部二生「横穴式石室の前庭について」『国立歴史民俗博物館研究報告第八二集』一九九九年
高橋千晶「岩手県の横穴式石室と前方後円墳」『第二回東北・関東前方後円墳研究会資料』一九九七年
髙橋誠明「古墳築造周辺域の地域社会の動向―宮城県北部大崎地方を中心に―」『古墳と続縄文文化』高志書院　二〇一四年
辻秀人ほか『古代東北、北海道におけるモノ、人、文化交流の研究』二〇〇七年
樋口知志『阿弖流為　夷俘と号すること莫かるべし』ミネルヴァ書房　二〇一三年
藤沢　敦「東北南部の古墳と角塚古墳」『最北の前方後円墳』角塚古墳シンポジウム資料　一九九八年
藤沢　敦「倭の「古墳」と東北北部の「末期古墳」」『古墳時代の政治構造』青木書店　二〇〇四年
藤沢　敦「七　北東北の社会変容と末期古墳の成立」『倭国の形成と東北』吉川弘文館　二〇一五年
八木光則『古代蝦夷社会の成立』同成社　二〇一〇年

なお、今回の分析に使用した報告書については割愛し、脱稿後、下記の論文の存在を知り得たが、本稿に反映できなかった。

林正之「東北北部「末期古墳」の再検討」『古代』第一三七号　二〇一五年四月早稲田大学考古学会
五十嵐聡江「「末期古墳」の展開とその社会的背景(上)」『筑波大学先史学・考古学研究』第一五号　二〇〇四年
五十嵐聡江「「末期古墳」の展開とその社会的背景(下)」『筑波大学先史学・考古学研究』第一六号　二〇〇五年

アテルイ関係史料

史料1　延暦八年（七八九）六月甲戌（3日）条

征東将軍〔紀古佐美〕奏すらく、「副将軍外従五位下入間宿禰《いるまのすくね》広成・左中軍別将従五位下池田朝臣真枚《いけだのあそんまひら》、前軍別将外従五位下安倍猨嶋臣墨縄《あべのさしまのおみすみなわ》らと議すらく、「三軍 謀《はかりごと》を同じくし力を并《あわ》せて、河を渡りて賊を討たむ」といふ。約《ちぎ》れる期已《ときすで》に畢る。是に由りて、中・後軍各二千人を抽出《ぬきいだ》して、同じく共に凌《しの》ぎ渡る。賊帥《ぞくすい》夷《いえみしの》阿弖流為《あてるい》が居に至る比《ころおい》、賊徒三百許人《さんびゃくにんばかり》有りて迎へ逢ひて相戦ふ。官軍の勢強くして賊衆引き遁《に》ぐ。官軍且《か》つ戦ひ且《か》つ焼きて、巣伏村に至るとき、前軍と勢を合せむとす。而れども前軍、賊の為に拒《はば》まれて進み渡ること得ず。是に賊衆八百許人、更に来《きた》りて拒《ふせ》ぎ戦ふ。その力太《はなは》だ強くして、官軍稍《やや》く退くとき、賊徒直《ただち》に衝けり。更に賊四百許人有りて、東山より出でて官軍の後を絶てり。前後に敵を受けたり。賊衆奮《ふる》ひ撃《う》ちて、官軍排さる。別将丈部善理、進士高田道成・会津壮麻呂《たけまろ》・安宿戸吉足《あすかべのよしたり》・大伴五百継等並に戦死す。惣て、賊の居を焼き亡《ほろぼ》せるは、十四村、宅八百許烟《いえはっぴゃくえんばかり》なり。器械・雑物別の如し。官軍の戦死せるひと廿五人、矢に中《あた》れるひと二百卌五人、河に投《い》りて溺れ死ぬるひと一千卅六人、裸身にして游《およ》ぎ来るひと一千二百五十七人。別将出雲諸上《いずものもろかみ》・道嶋御楯ら餘衆を引きて還り来れり」とまうす。是に征東将軍に勅して曰はく、「比来《このごろ》の奏を省るに云はく、「胆沢の賊は惣て河の東に集へり。先づこの地を征《せ》めて、後に深く入ることを謀らむ」といへり。然るときは軍監已上兵を率ゐて、その形勢を張り、その威容を厳しくして、前後相続きて以て薄《せ》め伐《う》つべし。而《しか》るを軍少く将卑《いやし》くして、還りて敗績を致せるは、是れ則ちその道の副将らが計策の失《あやま》れる所なり。善理らが戦亡と士衆の溺れ死ぬるとに至りては、惻怛《そくだつ》の情、懐《こころ》に切なる有り」とのたまふ。

（史料1〜4　岩波新日本古典文学大系『続日本紀』による。一部改変。原漢文。）

史料2　延暦八年（七八九）六月庚辰（9日）条

征東将軍（紀古佐美）奏して偁《もう》さく、「胆沢の地は、賊奴《ぞくぬ》の奥区なり。方《まさ》に今、大軍征討して村邑を翦《か》り除けども、餘党伏し竄《かく》れて、人・物を殺し略《かす》めり。また、子波《しわ》・和我《わが》は僻《さ》りて深奥《しんおう》に在り。臣ら遠く薄《せ》め伐たむと欲《おも》へども、粮運艱《かん》有り。その玉造塞《たまつくりのき》より衣川営に至るまで四日、輜重《しちょう》の受納二箇日なり。然るときは往還十日なり。衣川より子波の地に至るまで、行程仮令《たと》へば六日ならば、輜重の往還十四日ならむ。惣《すべ》て、玉造塞より子波の地に至るまでは往還廿四日の程なり。途中にて賊に逢ひて相戦ひ、及《また》雨に妨げられて進むことえぬ日は程の内に入《い》らず。河陸両道の輜重一万二千四百卌人、一度に運ぶ所の糒《ほしいい》六千二百十五斛《こく》、征軍二万七千四百七十人、一日に食《くら》ふ所は五百卌九斛なり。此《これ》を以て支度《したく》するに、一度に運ぶ所は僅に十一日を支《ささ》ふるのみなり。臣ら商量するに、子波の地を指すときは支度交《こもごも》闕《か》け、征兵を割きて輜重に加ふるときは、征軍の数少くして征討するに足らず。加以《しかのみならず》、軍入りてより以来《このかた》、春夏を経渉《へわた》りて、征軍・輜重並に是れ疲弊せり。進まむとすれば危《あやう》きこと有り、持《たも》たむとすれば利無し。久しく賊地に屯《いわ》みて、粮を百里の外に運ぶは良策に非ず。蠢尓《しゅんじ》とある小寇、且《しばら》く天誅を逋《のが》ると雖も、水陸の田、耕《たかえ》し種《う》うること得ずして、既に農《たつく》る時を失へり。滅せずして何をか待たむ。臣らが議する所は、軍を解き粮を遺《のこ》して非常を支擬するに若《し》くは莫し。軍士の食ふ所日に二千斛なり。若し奏を上りて裁を聴かば、恐るらくは更に糜費《びひ》多からむ。故に今月十日より以前の解出《げしゅつ》の状を牒して諸軍に知らしめむ。臣らが愚議、且《か》つ奏し且《か》つ行はむ」とまうす。

勅し報《こた》へて曰はく、「今、先後の奏状を省《かえりみ》るに曰はく、「賊、河の東に集《つど》ひて官軍を抗拒す。先づこの地を征《せ》めて後に深く入ることを謀らむ」といへり。然るときは深く入ること利あらず。以て軍を解くべくは、状を具にして奏上して、然して後に解出するも未だ晩《おそ》からじ。而《しか》るに、曾《かつ》て進み入らず、一旦に兵を罷む。将軍らが策、その理《ことわり》安《いずく》にか在る。的《いちしろ》く知る、将軍ら兇賊を畏れ憚りて、逗留せるが為《いた》す所なるを。巧に浮詞を飾り、罪過を規避すること、不忠の甚しき、斯より先なるは莫し。また、広成・墨縄は、久しく賊地に在りて兼ねて戦場を経《へ》たり。故に委するに副将の任を以てして、その力戦の効を佇《ま》てども、営中に静処して坐《い》ながら成敗を見、裨将《ひしょう》を差し入れて還りて敗績を致す。君に事《つか》ふる道、何ぞ其れ此《かく》の如くならむ。夫れ師《いくさ》出でて功無きは、良将の恥づる所なり。今、軍を損ひ粮を費して、国家の大害を為す。閫外《こんがい》の寄、豈《あに》其れ然らむや」とのたまふ。

史料3　延暦八年(七八九)七月丁巳(7日)条

持節征東大将軍紀朝臣古佐美らに勅して曰はく、「今月十日の奏状を得るに偁《い》はく、「所謂《いわゆる》胆沢は、水陸万頃《ばんけい》にして、蝦虜《えみしども》存生《いきながら》へり。大兵一挙して、忽ち荒墟と為る。餘燼仮《たと》へ息《や》むとも、危きこと朝の露の若《ごと》し。至如《しかのみならず》、軍船纜《ともづな》を解きて舳艫《じくろ》百里、天兵の加ふる所、前に強敵無く、海浦の窟宅、復《また》人烟《じんえん》に非《あら》ず、山谷の巣穴、唯鬼火のみを見る。慶快に勝へず、飛駅して上奏す」といへり。今先後の奏状を検《み》るに、斬獲せる賊首八十九級にして、官軍の死亡千有餘人なり。その傷害せらるる者殆《ほとほ》と二千ならむ。夫《そ》れ、賊の首を斬るは未だ百級に満たず、官軍の損は已に三千に及ぶ。此を以て言はば、何ぞ慶快するに足らむ。また大軍還り出づる日、兇賊追ひ侵すこと、唯一度のみに非ず。而るに云へらく、「大兵一挙して、忽ち荒墟と為る」といふ。事の勢を准《なずら》へ量《はか》るに、虚飾に似れりと欲《おも》ふ。また、真枚・墨縄ら、裨将を河の東に遣すときは、軍敗れて逃げ還り、溺れ死ぬる軍一千餘人なり。而るに云へらく、「一時に凌《しの》ぎ渡りて、且《か》つ戦ひ且つ焚《や》きて、賊の巣穴を攫《さら》ひて、還りて本営を持す」といふ。是れ溺れ死ぬる軍は棄てて論せず。また浜成ら賊を掃ひ地を略すること、差《やや》他の道より勝《まさ》れり。但し、天兵の加ふる所前に強敵無く、山谷の巣穴唯鬼火のみを見るといふに至りては、この浮詞、良《まこと》に実に過ぎたりとす。凡そ凱表を献ることは、賊を平け功を立てて、然して後に奏すべし。今その奥地を究めず、その種落を称して馳駅して慶と称する、亦愧《は》ぢざらむや」とのたまふ。

史料４　延暦八年(七八九)九月戊午(19日)条

勅して、大納言従二位藤原朝臣継縄、中納言正三位藤原朝臣小黒麿・従三位紀朝臣船守、左兵衛佐従五位上津連真道、大外記外従五位下秋篠宿禰安人らを太政官の曹司《ぞうし》に遣して、征東将軍ら逗留《とうりゅう》して敗軍せる状《さま》を勘問せしめたまふ。大将軍正四位下紀朝臣古佐美、副将軍外従五位下入間宿禰広成、鎮守副将軍従五位下池田朝臣真枚・外従五位下安倍猨嶋臣墨縄ら、各その由を申し、並に皆承伏しぬ。是に詔して曰はく、「陸奥国の荒びる蝦夷等を討ち治めに任け賜ひし大将軍正四位下紀古佐美朝臣等い、任《ま》け賜ひし元《はじめ》の謀《はかりごと》には合ひ順《したが》はず、進み入るべき奥地も究め尽さずして、軍《いくさ》を敗り粮《かて》を費して還り参来《まいき》つ。是を法の任に問ひ賜ひきため賜ふべく在れども、承前に仕へ奉りける事を念《おも》し行《め》してなも勘へ賜はず免し賜ふ。また、鎮守副将軍従五位下池田朝臣真枚・外従五位下安倍猨嶋臣墨縄等愚頑《かたくな》に畏拙《おじな》くして、進退度を失ひ軍《いくさ》の期《ちぎり》をも闕き怠れり。今法を検《かんが》ふるに、墨縄は斬刑に当り、真枚は官を解き冠《かがふり》を取るべく在り。然れども墨縄は久しく辺戍を歴て仕へ奉れる労在るに縁りてなも、斬刑をば免し賜ひて官冠をのみ取り賜ひ、真枚は日上《ひかみ》の湊にして溺るる軍を扶《たす》け拯《すく》へる労《いさお》に縁りてなも冠を取る罪は免し賜ひて官をのみ解き賜ひ、また小《いささけき》功《いさお》も有る人をば其の重き軽きに随ひて治め賜ひ、小罪有る人をば勘へ賜はず免し賜はくと宣りたまふ御命を、衆聞きたまへと宣る」とのたまふ。

史料５　延暦二十一年(八〇二)四月庚子(15日)条

造陸奥国胆沢城使陸奥出羽按察使従三位坂上大宿禰田村麻呂言《もう》さく、「夷大墓公《おおはかのきみ》阿弖利為《あてりい》・盤具公《いわとものきみ》母礼《もれ》等、種類五百余人を率ゐて降る」と。

(『類聚国史』巻一九〇 風俗部 俘囚。原漢文)

史料6　延暦二十一年(八〇二)八月丁酉(13日)条

夷大墓公阿弖利為・**盤具公母礼**等を斬《ざん》す。此の二虜は、並びに奥地の賊首なり。二虜を斬する時、将軍等申して云はく、「此の度は願に任せて返し入れ、其の賊類を招かむ」と。而《しか》るに公卿執論して云はく、「野性獣心にして、反覆定め无《な》し。儻《たま》たま朝威に縁《よ》りて此の梟帥《きょうすい》を獲《う》。縦《も》し申請に依りて奥地に放還すれば、所謂《いわゆる》虎を養ひて患《うれえ》を遺《のこ》すならむ」と。即ち両虜を捉へて、河内国植(椙)山に斬る。

(『日本紀略』原漢文)

執筆者一覧

熊谷公男　奥付上掲載

伊藤博幸（いとう ひろゆき）　一九四八年生れ、前岩手大学平泉文化研究センター特任教授。［主な著書論文］「胆沢城と古代村落」（『日本史研究』二一五）、「律令期村落の基礎構造―胆沢城周辺の平安期集落」（『岩手史学研究』八〇）、『古代を考える　多賀城と古代村落』（共著・吉川弘文館）

八木光則（やぎみつのり）　一九五三年生れ、蝦夷研究会。［主な著書論文］「城柵の再編」（『日本考古学』第12号）、『古代蝦夷社会の成立』（同成社）、「北奥古代末期の囲郭集落」（『中世城館の考古学』高志書院）

樋口知志（ひぐち ともじ）　一九五九年生れ、岩手大学人文社会科学部教授。［主な著書］『阿弖流為―夷俘と号すること莫かるべし―』（ミネルヴァ書房）、『前九年・後三年合戦と奥州藤原氏』（高志書院）、『前九年・後三年合戦と兵の時代（東北の古代史5）』（編著・吉川弘文館）

鈴木拓也（すずき たくや）　一九六五年生れ、近畿大学文芸学部教授。［主な著書］『古代東北の支配構造』（吉川弘文館）、『戦争の日本史3　蝦夷と東北戦争』（吉川弘文館）、「徳政相論と桓武天皇」（『国史談話会雑誌』第五〇号）、『三十八年戦争と蝦夷政策の転換（東北の古代史4）』（編著・吉川弘文館）

西野　修（にしの おさむ）一九五七年生れ、元矢巾町教育委員会

村田　淳（むらた じゅん）　一九七八年生れ、岩手県文化振興事業団埋蔵文化財センター

高橋千晶（たかはし ちあき）　一九六九年生れ、奥州市教育委員会

【編者略歴】
熊谷公男（くまがい きみお）
1949年生れ、東北学院大学文学部教授

〔主な著書〕
『古代の蝦夷と城柵』（吉川弘文館）
『大王から天皇へ』（講談社）
『蝦夷の地と古代国家』（山川出版社）

アテルイと東北古代史

2016年7月25日第1刷発行

編　者　熊谷公男
発行者　濱　久年
発行所　高志書院

〒101-0051 東京都千代田区神田神保町2-28-201
TEL03(5275)5591　FAX03(5275)5592
振替口座　00140-5-170436
http://www.koshi-s.jp

印刷・製本／亜細亜印刷株式会社
ISBN978-4-86215-161-2